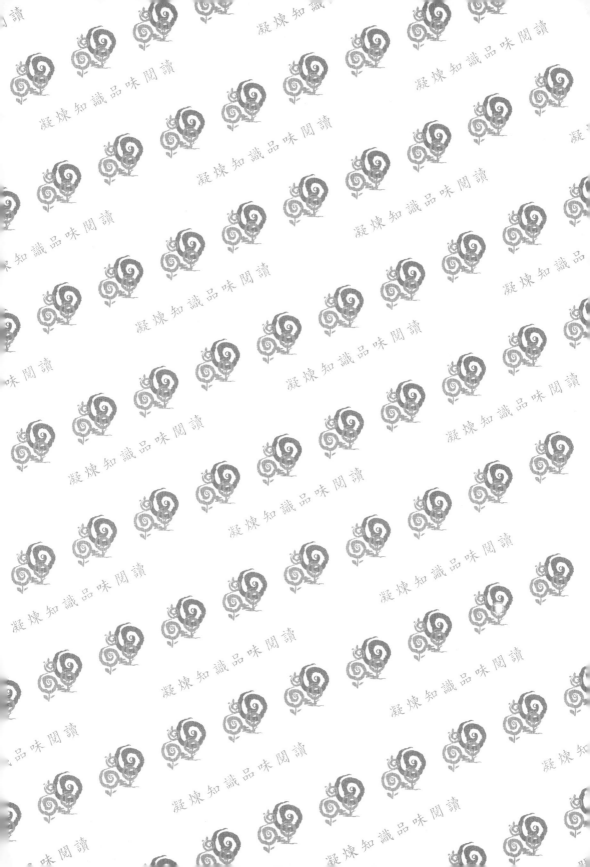

環境：2000 年前於國際關係研究中心革命老區

國際關係研究中心舊大門：東亞所與國關中心並列

東亞所辦公室及教室

由左至右：餐廳、男生宿舍、圖書館

圖書館

東亞所二樓閱覽室

國關中心大飯店

女舍外觀

女舍全景

男舍門口

環境：2000 年後遷至政大綜合院館新基地

2000年8月東亞所遷至新落成的綜合院館

綜院北棟八樓新基地：右方為韓國校友會四十週年所慶致贈母所之紀念牌

東亞所辦公室及所長室

所辦公室前公布欄

所長室前走廊展示早期國際關係研究中心成員大合照

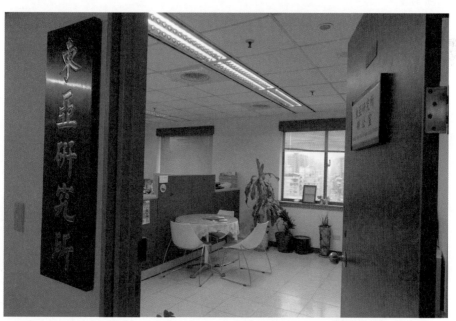

東亞所辦公室

研討室

圖書室：後方書櫃收存歷年博碩士論文

期刊

東亞季刊：1-3卷（1969～1972） 東亞季刊：4-26卷（1973～1994）

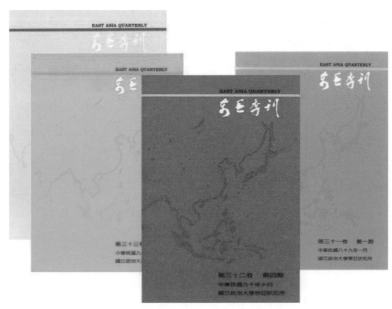

東亞季刊：27-34卷（1995～2004）

東亞研究：35卷-（2005～）

歷年簡介

1970年東亞所英文簡介

2003年、2010年、2019年東亞所中英文簡介

活動

東亞所創所吳俊才所長及吳玉山院士

1992年張煥卿教授率團訪問中國人民大學

1996年施哲雄教授主辦論文發表會

1997年12月施哲雄老師主持二十九週年所慶

2002年11月魏艾教授帶領同學參加政大包種茶節

2003年魏艾教授主持研究成果發表會

2004年12月李英明所長主辦東亞所三十六週年所慶

2008年12月邱坤玄所長主辦四十週年所慶

2011年12月寇健文所長主持四十三週年所慶餐會

2012年10月邱坤玄教授主持解析中共十八大座談會

2013年12月芮和蒸所長及施哲雄所長參加四十五週年所慶

2015年12月於金色漁家餐廳舉辦四十七週年所慶餐會

2016年1月老骨頭籃球隊球聚

2016年12月四十八週年所慶吳玉山院士主持吳俊才所長逝世二十週年紀念會

2016年12月寇健文所長主辦四十八週年所慶及吳俊才所長逝世廿週年紀念會

2017年6月國際事務學院撥穗典禮

2017年10月碩一同學參加東亞所所遊

2017年12月四十九週年所慶舉辦東亞所研究生論文發表會

2017年12月四十九週年所慶舉辦東亞運動會

2018年5月碩士班第49屆畢業團照

2018年6月東亞所赴首爾訪問韓國所友會

2018年6月趙春山教授率團訪問韓國所友會（圖右爲碩士班第2屆所友崔寬藏學長）

2018年12月王信賢所長主辦東亞所五十週年所慶活動

2018年12月五十週年所慶舉辦第14屆兩岸和平研究學術研討會

2018年12月五十週年所慶餐會

2018年12月舉辦東亞所五十週年所慶：歷任所長與吳玉山院士

從一所看一學科：
政大東亞所與臺灣的中國大陸研究

褚填正、鍾延麟、曾偉峯、邵軒磊、蔡文軒、寇健文、張裕亮、孫采薇、趙春山、康埈榮、孔裕植、張登及、邱坤玄

吳玉山、王信賢　主編

五南圖書出版公司 印行

從一所看一學科：
政大東亞所與臺灣的中國大陸研究

作者簡介

吳玉山

美國加州大學柏克萊分校政治學博士，東亞所碩士班第 13 屆。現任中央研究院院士、政治所特聘研究員，臺灣大學政治系合聘教授。研究領域為社會主義國家政治與經濟轉型、民主化與憲政設計、兩岸關係與國際關係理論。領導臺灣的半總統制研究與兩岸關係研究之理論化。

王信賢

國立政治大學東亞研究所博士，東亞所博士班第 18 屆、碩士班第 26 屆。現任國立政治大學東亞研究所特聘教授兼所長、國際事務學院副院長。研究領域為比較政治、政治社會學、中國大陸國家社會關係與兩岸關係。

褚塡正

國立政治大學東亞研究所博士，東亞所博士班第 25 屆、碩士班第 36 屆。現任國立嘉義大學臺灣文化研究中心助理研究員、義守大學通識教育中心兼任助理教授、嘉義縣文化觀光局編輯諮詢委員。研究領域為臺灣歷史與文化、臺灣政治經濟史、臺灣學術社群研究。

鍾延麟

國立政治大學東亞研究所博士，東亞所博士班第 24 屆、碩士班第 32 屆。現任國立政治大學東亞研究所副教授。研究領域為中共黨史、中共政治。

曾偉峯

美國北德州大學政治學博士，東亞所碩士班第 36 屆。現任財團法人國防安全研究院量化分析與決策推演中心助理研究員。研究領域為比較政治、威權政治、中國政治、國際與國內衝突研究與衝突管理。

邵軒磊

國立政治大學東亞研究所博士，東亞所博士班第 24 屆、碩士班第 34 屆。現任臺灣師範大學東亞學系副教授，兼任同校中國大陸研究中心主任。研究領域為中國大陸研究、日本學、數位人文與法律資料分析。

蔡文軒

國立政治大學東亞研究所博士，東亞所博士班第 25 屆、碩士班第 35 屆。現任中央研究院政治所副研究員，國立政治大學東亞所合聘副教授。研究領域為中共政治制度、中共政治發展。

寇健文

美國德州大學奧斯汀校區政治學博士。現任國立政治大學政治系暨東亞所特聘教授、國際關係研究中心主任。研究領域為中共政治、政治菁英、比較共黨研究。

張裕亮

國立政治大學東亞所博士，東亞所博士班第 14 屆，現任南華大學傳播學系教授兼社會科學院院長。研究領域為媒體採訪與寫作、新聞及企劃編輯、中國大陸傳媒研究、中國大陸流行文化研究。

孫采薇

新加坡國立大學政治學博士，現任國立政治大學東亞所副教授。研究領域為比較政治與方法論、東南亞國家選舉制度與政黨競爭、東南亞族群衝突研究、東南亞女性代表權的發展。

趙春山

國立政治大學法學博士，東亞所碩士班第 2 屆，現任淡江大學中國大陸研究所榮譽教授。研究領域為中共政治制度研究、中共與周邊國家關係、中共意識形態研究、中共對外放政策研究

康埈榮

國立政治大學東亞研究所博士，東亞所博士班第 9 屆、碩士班第 19 屆，現任韓國外國語大學中國學科教授，韓國外國語大學國際地域研究中心院長，曾任韓中社會科學學會

會長，韓國臺灣學會會長，大韓民國外交部政策諮詢委員。研究領域為中國政治經濟學、中國政治體制、韓中關係、東北亞國際關係、兩岸關係。

孔裕植

國立政治大學東亞研究所博士，東亞所博士班第 15 屆、碩士班第 25 屆，現任平澤大學教授，韓國外國語大學兼任教授，韓中社會科學學會副會長，韓國臺灣學會事務局長中國學研究會編輯委員。研究領域為中國政治、兩岸關係、臺灣政治、東北亞國際關係。

張登及

國立政治大學東亞研究所博士，東亞所博士班第 16 屆，英國雪菲爾大學政治學博士。現任臺灣大學政治學系教授、臺大人文社會高等研究院副院長。研究興趣為國際關係理論、中國國際關係史、中共外交政策、中共黨政與共黨理論、兩岸關係、古典社會學理論。

邱坤玄

美國喬治華盛頓大學政治學博士。現任政治大學東亞研究所名譽教授。研究領域為國際關係理論、中共外交政策、兩岸關係。

目錄   **Table of Contents**

第一章

導論：周雖舊邦、其命維新

吳玉山、王信賢

國立政治大學東亞研究所正式成立於 1968 年，旨在協助政府培養反共思想鬥爭人才，歷經碩士班、博士班設立，成為中華民國培養中國大陸研究人才的重鎮。創所迄今逾半個世紀，東亞所的發展幾乎與臺灣的命運緊密聯繫在一起，從國際冷戰、兩岸高度對峙、臺灣威權時期，到後冷戰、兩岸開放交流、臺灣民主化時期，東亞所從政策性質濃厚的「匪情研究」、「中共研究」轉變為以社會科學研究為基礎的「當代中國研究」，所址也從「革命老區」的萬壽路遷移至政大校區的指南路。而在這轉變過程中，不變的是東亞所研究的特色，以及在各領域中，眾多所友對中國大陸研究與兩岸關係發展的貢獻。

在以美國為主的國際學術研究中，「中國研究」（China Studies）屬「區域研究」（Area Studies）的一環，主要為政治學的比較政治與國際關係領域，因此，其與一般專業學科（disciplines）相較，不論是重要性或研究人力的投入仍有極大的差距。而在臺灣，由於中國大陸對我國的外交與內政皆無比重要，故對其發展的研究不僅是學術，亦是政策研究的重心，也因此形成極為豐富多元的研究社群。就此而言，「中國研究」領域在臺灣，雖不能說可與社會科學中的政治學、經濟學與社會學等等量齊觀，但從議題的重要性、學術社群人數以及國際影響力等來看，幾乎可被視為一門學科。

去（2018）年正逢創所五十週年，我們在本所期刊《東亞研究》出版了 4 篇與東亞所相關文章的特刊，再加上兩岸關係對我國發展的影響越來越大，東亞所在此領域中又具有無可比擬的重要性，因此，我們認為極有必要在這特殊時刻為東亞所的發展留下更完整的紀錄，這是出版本書的緣起。本書可概分為具有邏輯聯繫的起始、輸入、產出、影響、擴展與總結等六部分，說明如下：

壹、總說與起始

此部分包括本章以及第二章吳玉山與褚塡正的〈東亞所的創建與中國大陸研究：政治與學術的互動〉兩篇文章，吳玉山與褚塡正一文深入探索東亞所創建的歷史脈絡，以及描繪從而建立的學術傳統，其指出了在 1960 年代臺灣的學術菁英說服了執政者突破自我的政治侷限，發揮臺灣研究中國大陸的既有優勢，而將中共研究從情報之學轉化成

為「中國大陸研究」的區域學科領域，而東亞所的創建便是這個轉振點的核心標誌。東亞所的成立顯示了臺灣需要培養理解中共的理論人才，從具有實際與共黨互動經驗的老一輩研究者的手中接棒；在政大創建東亞所也反映了當時的政治領導階層理解到學術發展在深化中共研究上的意義。因此，東亞所從一開始便具有強烈的現實政策與學術發展的雙重意義。自此以後，東亞所成為中國大陸研究的龍頭重鎮，為臺灣培養了研究和經營大陸與兩岸相關事務的骨幹人才。因此要理解東亞所的創建，不能不走入當初創辦者發展中國大陸研究的初衷；而要明晰臺灣中國大陸研究的成長歷程，又不能不探尋東亞所如何設立與其後的成長軌跡。

吳玉山與褚塡正一文從創所的規劃與初期的師資和課程看出東亞所初始的自我定位（研究本國的敵對政權），以及日後帶領臺灣的中國大陸研究成長的軌跡，其中展現了學術與政治的糾結，以及此一特殊學門在發展上的優勢（文化、歷史與認知的掌握）與劣勢（政治正確的侷限）。在這兩者之間，如何截長補短，遂成為學門發展的關鍵所在。因此本文所談的，不僅是東亞所的創建與成長，也是臺灣的中國大陸研究學門之發展軌跡。

貳、輸入：課程訓練

此部分主要涉及東亞所培育人才的基礎──課程訓練，可區分為總體課程設計與具東亞所特色的「中共黨史」課程，前者為第三章褚塡正與吳玉山的〈維繫傳統、與時俱進：半世紀來東亞所課程的變與不變〉，後者為第四章鍾延麟的〈東亞所中共黨史課程的回顧與考察：設置、傳承和影響〉。

褚塡正與吳玉山一文分別從宏觀視角、微觀視角、師資傳承等三個面向探討東亞所五十年來的課程特色與變化。就宏觀視角而言，其指出東亞所課程可概分為兩大系統六大領域，第一課程系統主要是包括中華文化與三民主義等我方的固有文化與政治思想（領域一），第二課程系統初期包括三個，分別是共黨理論與蘇共東歐（領域二）、中國大陸問題（領域三），及東南亞、東北亞與其他自由世界地區（領域四），後又增添兩岸關係議題（領域五），以及社會科學研究方法與論文寫作（領域六）。在五十年的發展中，領域一與領域二逐漸式微、領域三成為教學的主流與重點，領域五、六隨著兩岸關係的重要性、社會科學訓練的提升而受到重視，領域四中的東南亞研究一度在課程地圖中消失、近期又重新浮現，可說是具「新傳統」意涵的領域（可參見本書第九章）。其後並運用「學群」的概念方便研究生更能聚焦，近年則形成共同必修、核心課

程、選修課程的規劃。再進一步針對課程名稱及內容進行分析後，本文發現六個領域的發展與開課比重變化，主要是反映了國際和兩岸局勢的變動、臺灣內部的政治變遷，和東亞所力爭學術表現的企圖。而在東亞所師資傳承方面，一方面東亞所專任教師，表現卓越的所友「開枝散葉」後，在多個學校、不同學科領域教授相關課程，另一方面東亞所內的重要課程也持續有本所訓練出來的師資來持續教授。此種現象既延續了學術傳統，也成爲東亞所精神傳承與擴展的重要機制。作者最後指出，此種半世紀一脈相承的使命感和內聚力，在國內的高等學術機構中，應是獨一無二的。回首東亞所半世紀來的課程演變歷程，將有助於東亞所繼往開來，並爲日後「東亞學派」（具有臺灣特色的中國大陸研究）奠定基礎。

　　鍾延麟一文則專注於討論東亞所始終不輟地教授中共黨史的傳統，討論其淵源及影響，和對於研究表現與培育人才所帶來的功效。與中共黨史相關的課程是區別東亞所和其他國內外從事中國研究的系所與學程最大的不同之處，其設立與延續充分地反映了東亞所的傳統，即能夠並堅持從中共的內部與歷史來了解它。文中指出，雖然該課程的師資在半世紀以來經歷了世代傳承並愈趨學術化（從有實際共黨經驗的「匪情專家」到純學術的教研人員），但東亞所對其重視始終一貫，這是因爲了解中共黨史可以提供學生歷史縱深的視野，使其易於理解對岸在政治、經濟、社會、外交等各方面政策思維的演變，和掌握中共黨國體系的治理作爲。由於對中共黨史的重視，東亞所不但積累了相關的研究成果、培養了一批後來從事中共歷史教學研究的人力資源，更使得臺灣的中國大陸研究者得以形成一種特殊的思考反應與觀察視角，能掌握住中國大陸歷史發展的主軸，並熟悉對岸的思維框架與概念結構。這些特質非常有助於受過黨史訓練的研究者在大陸進行田野研究，掌握對岸的政治訊息，並因而展現突出的學術表現。我們也從中看到東亞所在臺灣中國大陸研究的特色與長處。

參、產出：研究表現

　　此部分是指東亞所的研究表現，包括碩博士論文與所友的學術成果，前者呈現在第五章曾偉峯與王信賢的〈東亞所的學術脈絡：碩博士論文題目分析〉，後者又可區分發表於臺灣出版的中文期刊與國際期刊，分別呈現於第六章邵軒磊的〈中國研究之主題分析與東亞所之位置：基於文字探勘與機器學習之探索〉，以及第七章蔡文軒與寇健文的〈揉合區域研究與學科導向的中國研究：以當代東亞所學術社群的英文著作爲例〉，共計 3 篇文章。

　　曾偉峯與王信賢一文針對 1968～2019 年 966 篇東亞所碩博士論文（含 795 篇碩士與 161 篇博士學位論文）題目進行文字探勘與綜整分析。在研究主題的區域方面，這些學位論文有約 82% 集中在中國大陸，另有 18% 左右涉及臺灣、俄羅斯（含前蘇聯）、美國、日本、韓國與東南亞等國家，此完全符合東亞所為研究「以中國大陸為中心及其周邊區域」之研究機構。此外，此文也從議題取向與時代演進兩條軸線勾勒出東亞所的學術發展脈絡，結果顯示東亞所的學術脈絡與當時政治環境緊密鑲嵌，臺灣的民主化、兩岸的開放以及兩岸關係的變化都牽動著東亞所學生的研究議題與用字遣詞，而 90 年代臺灣學術大量引進西方社會科學概念也影響了東亞所學術脈絡的發展，早期熱門議題多聚焦在意識形態、黨政等，之後中國外交、經濟社會、臺商研究、文化議題等主題也逐漸興起，形成議題多元化趨勢，而此亦與東亞所師資結構的發展相符。最後，對於對岸的稱呼，也逐漸從「中共」、「中國大陸」轉變成「中國」，此種轉變，實則受兩岸關係的轉變以及臺灣政治民主化、學術思想逐漸自主開放的影響，當然也與臺灣民眾的「國家認同」與「身份認同」的變化有關。而從東亞所碩博士論文口試委員所在學科領域分布之廣泛，也可發現東亞所的中國研究並未孤立於學科之外；相反地，東亞所係在眾多口試委員的貢獻下，受到來自不同學科的洗鍊而成。最後兩位作者也提醒，在研究取向的鐘擺擺向學術研究同時，也必須思考這些成果如何轉化為臺灣大陸政策的養分，將是東亞所未來需要持續檢視並且與時俱進之重要任務。歷史巨輪持續轉動，相信未來東亞所仍能扮演作育英才的任務，為我國中國研究相關政策與學術不停地注入活水。

　　邵軒磊一文透過文字探勘（text mining）與機器學習（machine learning）技術，一方面回顧臺灣中國研究主題，並建立「臺灣之中國研究資料庫」，另一方面也嘗試找出東亞所所友在中國研究社群中的表現與位置。本文資料來源為列名於 TSSCI 期刊和本所刊物《東亞研究》中，與「中國研究（含兩岸關係）」相關的論文共計 1,338 篇，結果發現東亞所所友相較於其他領域學者在中國研究上確實能產出較多的論文，但整體而言，東亞所所友在整體中國研究期刊論文中的表現逐漸衰弱，這除與「中國大陸研究」逐漸從獨占轉為公開的大環境轉變有關外，也與東亞所所友的發表逐漸國際化而降低在國內發表亦有關係。在主題分布方面，東亞所的傳統強項為「政治意識型態」、「國際兩岸關係」與「經濟體制相關」之研究主題，其中，「政治意識型態」比率最高，此優勢一直延續到 2015 年左右，但之後急遽減少，「經濟體制相關」的論文趨勢也大致相同；「國際兩岸關係」與「內政財政相關」一直是東亞所的強項之一，此一優勢目前仍持續；「國家政社理論」則是在 2007 年以後成為東亞所新興主力發展領域。最後，作者也提及，對於東亞所的評價不可能完全由「論文發表篇數」來決定，東亞所「價值」還有訓練過程、信任、人際連帶以及各種歷史記憶，公開發表的期刊論文也只是一小部分的學術指標，東亞所對社會的貢獻，也更多是隱而不顯的。誠然，作為高等教育與研

究機構的「東亞所」，或許可能藉由本文來思考自身在學術界的「位置」。

　　蔡文軒與寇健文一文討論當代東亞所師生的國際學術發表，並點出其傳承並創新的特色，此文檢視了東亞所的師生在三份國際上主要的中國區域研究期刊（The China Quarterly, The China Journal, Journal of Contemporary China）中的研究出版表現。本文從「知識社會學」的角度來觀察當代東亞所的學術社群（包括曾在東亞所獲得學位的畢業生和曾在東亞所任教的老師），發現此一社群正以過去的歷史傳統與新興的社會科學方法來爭取更多的國際能見度。而這個趨勢又和當前國際上的中國研究在方法論上已經越來越重視社會科學取向，以及臺灣的高教環境變遷與評鑑機制強調國際期刊發表有很大的關聯。就發表論文的議題而言，東亞所社群表現最為突出的主要是菁英政治、黨政制度與機構，以及中共黨史等，高度體現了東亞所中共研究的歷史傳統，並結合了社會科學的分析方法，因而展現了「傳承與創新」的獨特定位。在這裡東亞所社群一方面不會出現許多西方中國研究學者所擔心的「只重視學科」以及「無法與中國研究的知識社群對話」的問題，另一方面則不免如一般的區域研究一樣受到日新月異的學科研究方法的挑戰。畢竟本文所分析的三份國際期刊，均偏向區域研究，而不屬於政治學或社會學等學科導向。因此東亞所一方面必須在區域研究的範疇內持續茁壯，一方面又必須運用更多的科學性方法，不能自廢武功，也不能抱殘守缺，而必須尋求一條穩健妥當的發展道路，繼續領引臺灣的中國研究，在國際舞台上發光發熱。

肆、影響：所友表現

　　前述邵軒磊以及蔡文軒、寇健文等文章也屬此範疇，這兩篇文章涉及的是學術研究的表現，除學術領域外，東亞所所友在新聞媒體也極具影響力，國內幾乎各大報的大陸或兩岸新聞中心主管皆為東亞所所友，本書第八章張裕亮的〈東亞所所友在兩岸及中國大陸新聞報導的實踐〉一文即鮮活地呈現出東亞所所友在新聞界的貢獻以及如何「學以致用」。文中指出本所所友，任職於國內知名媒體大陸新聞中心的兩岸記者，從早期的「匪情」資料解讀分析，到大陸新聞轉型成兩岸新聞報導，乃至於相互駐點後的兩岸新聞報導歷程中，都有稱職且極佳的表現，而是否具備中國大陸專業知識背景，不僅有助於相關資訊的判斷，更往往是與消息來源互動的重要資本。作者經過大量的訪談得知，東亞所中共黨史、共黨理論，以及中國大陸政經社、外交等各領域課程的紮實訓練，特別是在課程設計中引進「學群」概念，規劃共同必修、黨政、社會經濟、國際政治與兩岸關係等學群後，不僅在關注大陸議題面向上更為多元寬廣，更在研究方法上受到良好

的訓練，此皆有助於對日後各種消息真偽的判斷；而對中共黨史與黨政重大事件的了解則有助於拉近與大陸受訪者間的關係。本所所友在長時期的兩岸記者職涯中，善盡了「知中派」的稱職角色，一則希望藉由專業客觀的報導，不從意識型態出發，正確解讀、分析及預判中國大陸現況及政策，二則扮演好兩岸橋樑角色，以對話取代對抗，消除誤解，讓臺灣讀者正確了解、認識大陸，也讓大陸讀者正確了解臺灣。而東亞所所友在此領域的參與是一棒接一棒，讓此一積極貢獻不僅是過去式、現在進行式，也是未來式。

　　此外，收錄在本書「附錄一」，康埈榮與孔裕植的〈東亞所與韓國的中國研究〉也是所友的表現與影響。然此文更為特殊，談的是以韓國為例的海外所友。由於臺灣早期作為「近身觀察」中國大陸發展的前哨站之一，而東亞所為唯一的教學單位，也成為國際人士來臺學習相關知識的首選，故外籍生幾乎遍及世界各地，其中尤以韓國所友人數最多，也是本所唯一成立海外所友會的國家。康埈榮與孔裕植的文章將韓國中國研究社群歸納為四派：「國內派」、「留美派」、「留中派」以及留學臺灣、畢業於本所的「東亞學派」，東亞學派在各派的夾擊下仍有空間主要乃因：具備良好的社會科學素養、中共黨史黨政與意識形態的訓練，以及對中國保持又犀利又客觀的批判態度，再加上研究範圍又能擴及臺灣與兩岸關係，而這群「知臺派」與「親臺派」目前也開始在韓國臺灣研究有積極的貢獻。本文亦羅列東亞所所友在韓國學界的表現，包括在各大學任教並擔任相關學會的領導工作，更重要的是從創所之初及來臺唸書的第一代，到現在已經出現第三代的研究者，這種一代接一代，正是東亞所的優良傳統。然而，本文也提出目前東亞所在韓國發展的挑戰，即相對於其他派別，東亞所不僅人數相對過少，且來臺唸書的人數也愈來愈少，不利於傳承。本文最後並感性地提及「東亞所過去五十年的發展，對韓國的中國研究作出很大的貢獻，也希望後繼有人，讓韓國與東亞所的緣分持續到下一個五十年」。

伍、擴展：從中國大陸到兩岸和東南亞

　　本部分主要涉及不論是課程規劃或交流對象的擴展，包括第九章孫采薇的〈東亞所東南亞研究的回顧與展望〉，以及收錄於「附錄二」邱坤玄與張登及的〈東亞所與中國人民大學國際關係學院會議交流的歷程與意義〉等兩篇文章。

　　孫采薇一文從課程與學位論文兩面向探討東亞所在東南亞研究領域的回顧與展望。在課程方面，本文指出早期東亞所雖以國際共黨運動和中共作為主要研究對象，然而創

所所長吳俊才主張，本所既然是爲培養反共大業的學術理論菁英而設立，除研究共黨世界外，也應對非共世界有所了解，特別是從周邊區域了解中國大陸的發展，故將東南亞研究置於四個研究領域之一，並延請當時國內少數的東南亞專家學者授課，形成東亞所早期難能可貴的特色。吳所長本身即爲東南亞史的專家，並親自擔任這一方面的早期師資。此領域課程一度逐漸停開，後因時局變遷，近期又再度受到重視。而在學位論文方面，整體而言此領域的論文不算多，且由於東亞所學生所受的訓練是以研究中國大陸爲主，故即便是以東南亞國家或區域組織爲研究對象，還是不脫以中國大陸爲關切的核心，而選擇東南亞國家爲研究對象者則多爲外籍生與因公職因素而有當地國之經驗者。然而近年來，此一發展隨著三位相關領域的老師加入而發生變化，相關課程變得越加豐富，「東南亞研究」課程也進入碩博班的「群修課」之列，相關主題的畢業論文也大量增加，重新開啓了東亞所較爲全面的東南亞研究地圖。作者最後也指出，東南亞對中國大陸而言，不論是歷史文化、政治經濟發展或國際關係，雖非最重要但卻是不可或缺的環節，東亞所既身居中國大陸研究的重鎮，對東南亞區域的研究，自不可能不下著重。當前東亞所在此一領域的擴展不僅符合區域發展的趨勢，使得所的發展彈性更大，也落實了東亞所創所者的部分初衷，從學術傳承的角度來看更具意義。

　　邱坤玄與張登及一文主要探討東亞所的兩岸學術交流，特別是與中國人民大學國際關係學院間每年的定期交流：「兩岸和平研究學術研討會」。在我國政府開放兩岸交流後，作爲臺灣中國大陸研究重鎮的東亞所隨即加入兩岸學術交流的行列，從本書「附錄三」的〈大事記〉可知，80年代末、90年代初，東亞所個別老師與學生開始組團赴大陸進行交流。而在主要交流對象方面，不論是從創校過程、與政府關係以及學科設置來看，政大與對岸的中國人民大學顯然是最適合「結對子」的組合，而東亞所由於特有的研究傳統，也與人大「黨史系」互動密切；然隨著東亞所課程與研究方向轉變以及人大校內院系發展，逐步演變成本所與人大國關學院的密切交流。基於此，本文則以「兩岸和平研究」爲核心，探討其在兩岸關係發展脈絡下的學術與政策意義。文中將雙方交流劃分爲「兩岸關係解凍下的秩序與和平（2007～2008）」、「兩岸關係穩中有變（2009～2013）」與「邁向不確定的新時代（2014迄今）」等三個時期。兩位作者提及，雙方互動的經驗具有「開創循序漸進的制度化交流」、「模糊與不超越底線」、「功能性交流的外溢作用」等三項重要意義，此種長期累積的信任、不造成相互的困擾，且不侷限在兩機構，而是將相關專家學者，甚至是資深退休政務官與政黨領袖帶入此平台中，形成重要的對話機制，不僅兩岸其他學術交流難出其右，且會議超越了許多儀式性的活動，十餘年來對不同世代與機構的參與者，都帶來了寶貴的切磋經驗和同行諒解。就此而言，東亞所與人大國關學院間的良善互動確實是兩岸學界最具代表性與制度化的交流典範。

陸、總結與展望

本書的最後一章爲王信賢與趙春山的〈尋求學術研究與政策分析平衡的中國研究：東亞所的志業〉。王信賢與趙春山一文總結東亞所的成長經驗，包括傳統與變遷，並提示未來的發展重點是要在學術與政策、區域與學科之間兼籌並顧、求取均衡。本文總結了東亞所的發展經驗，並將其放置在「學術研究」vs.「政策研究」，和「區域研究」vs.「專業學科」的兩條軸線上進行分析。本文指出，東亞所多年來致力於平衡學術與政策研究，強調學以致用，並結合決策經驗和教學研究。此種學術與政策的結合已經在課程的開授、師資的延攬，和師生的工作經驗中充分地展現出來。另一方面，東亞所也在課程安排上致力於平衡學科與區域，一方面從學科理論關懷中國大陸的發展，一方面也將中國大陸的經驗反饋到理論，以檢視其適用性。

本文認爲就社會科學的發展而言，臺灣由於學術社群的規模較小，自然不能全面鋪開，而是要找出具關鍵優勢且爲國際所感興趣的領域，而「中國研究」就是其中之一。由於「學術 vs. 政策」與「區域 vs. 學科」是全世界中國研究圈所共同面對的兩條主要分歧，臺灣要想發展具有國際競爭力的中國研究，就必須妥善地處理自身在兩大分歧上所採的立場，而東亞所作爲臺灣在中國研究上的重鎮，自然無法迴避此一充滿張力的研究環境。從東亞所過去的成長經驗來看，未來的發展重點就是要在學術與政策、區域與學科之間兼籌並顧、求取均衡，而不能夠有所偏廢。

這本《從一所看一學科：政大東亞所與臺灣的中國大陸研究》專書，一方面爲紀念東亞所成立五十週年，深具意義，另一方面更是從學術的角度來理解和分析東亞所作爲臺灣最重要的中國大陸研究教研機構，是如何創建成長（吳玉山與褚塡正）、輸入（褚塡正與吳玉山、鍾延麟）、產出（曾偉峯與王信賢、邵軒磊、蔡文軒與寇健文）、影響（張裕亮）、擴展（孫采薇、邱坤玄與張登及）並瞻望未來（王信賢與趙春山）。從本書可發現，就宏觀角度而言，東亞所逾半世紀的發展可說是臺灣中國大陸研究、政治發展與兩岸關係的縮影，衡諸當前局勢，我們更深覺東亞所與臺灣中國大陸研究學術社群的責任重大。而從微觀角度來看，東亞所可貴之處在於情感與傳承，不論是本書中的師資課程、新聞實務界，甚至是海外所友與兩岸交流等面向，都可看到一代傳一代、一棒接一棒，這正是東亞所「傳幫帶」的優良傳統。「周雖舊邦，其命維新」，創所逾半世紀的東亞所，如何能夠在未來持續引領臺灣的中國大陸研究，必須依靠深切的自省、敏銳的觀察、持續的專注，和勿忘初心的理想。東亞所第一個五十年精采絕倫，我們願以此書祝福東亞所第二個五十年更加璀璨輝煌。

第二章

東亞所的創建與中國大陸研究：
政治與學術的互動

壹、臺灣的中國大陸研究：優勢與侷限

　　臺灣在 1949 年後所發展出的「中國大陸研究」與世界各國的「中國研究」有很大的不同，而具有其獨特之處，不可一概而論。此種獨特性的基礎有兩項：「同一國家」與「敵對政權」。因爲是對同一國家、不同地區的研究（大陸爲中華民國的「陷共地區」），因此在資料的獲取和解讀方面，臺灣具有其優勢，這在中國大陸對外封閉的時期最能顯現出來；又因爲是「敵對政權」，因此和反共復國與國家安全息息相關，於是政治性與政策性極強，這也導致學術性不容易建立。這樣由「同一國家」和「敵對政權」所造成的兩重性，預示了臺灣中國大陸研究的優勢和侷限：我們可以看到別人所看不到、或不能理解的現象與發展，但是我們的詮釋受到本身政治的高度影響，不容易客觀深入，也不容易學術化與國際化。如何截長補短，就成爲在臺灣從事中國大陸研究的首要任務。

　　在 1960 年代，一群學術菁英說服了當時的最高統治者，讓他們接受求眞求實的學術研究可以更有利於達成其政策目標，應該善於開放臺灣所獨有的檔案、資訊與情報，從大處建構理論，並進行國際的交流合作，因而開啓了中國大陸研究學術化與國際化的過程，造就了一門從情報分析逐步發展而成的獨特區域與政策研究。這是突破臺灣中國大陸研究的侷限，並開展其優勢的重大歷史轉折。在此一過程當中，淵源於總統府政策研究室，正式成立於 1961 年的國際關係研究所扮演了關鍵的角色。國研所是將中國大陸研究帶向理論化、學術化，與國際化的重要推手。爲了替中國大陸研究培育接班的研究人才，國研所乃與政治大學合作，在 1968 年成立了東亞研究所，迄今已半個世紀，成爲在大學中進行中國大陸研究的龍頭重鎮，爲臺灣培養了研究和經營大陸與兩岸相關事務的骨幹人才。因此東亞所是臺灣中國大陸研究的核心部分。對於東亞所在半個世紀前的創建，勢必要進入中國大陸研究的發展過程當中，才能夠得到深入的理解。

　　本文順著上述的理路，以臺灣中國大陸研究的發展路徑爲主軸，討論 1960 年代此一學科的歷史性轉折、國研所和東亞所如何在轉捩點上開始承擔學術研究與育才的任

務、東亞所初期的規劃（師資、課程、學生）、課程發展的取向（兩大系統與四大領域），以及東亞所的肇建如何奠立中國大陸研究的學術傳統。在對於東亞所發展過程的歷史回顧當中，我們看到臺灣中國大陸研究的從事者如何努力地發揮我們的既有優勢、克服政治侷限，而取得了很大的成果。但是即使今日，我們還是需要面對這個領域當中內在優勢與政治侷限並存的現象；而臺灣的中國大陸研究要想更進一步向前發展，也仍然繫於我們如何能夠效法前輩，在特殊的學科結構中力求突破。

貳、國研所與東亞所：研究與育才

　　由於具有長期統治中國大陸與國共鬥爭的經驗，國民政府與國民黨保有大量研究現代中國政治的珍貴檔案。許多關於 1920 年代國共合作的檔案與 1949 年以前中共黨史的資料，分別庋藏於國民黨黨史委員會、司法行政部調查局、國防部軍事情報局等機構（吳文津 2003, 81-83）。這些珍貴的材料曾引起美國的中國問題研究機構如哈佛大學、哥倫比亞大學等校的注意。許多美方的學者如費正清（John King Fairbank）、韋慕庭（C. Martin Wilbur）等也曾來臺尋求資料（張朋園 1997, 78）。[1] 不過這些資料僅能作為歷史研究的基礎，還不足夠搭建一個以中國大陸為對象的區域研究。

　　臺灣的當代中國大陸研究是從「匪情研究」開始的。此一知識體系是在「同一國家」與「敵對政權」的挑戰情境下產生。在初期「匪情研究」是以情報的蒐集與研判為主。其主要的研究機構包括國防部情報局、國民黨中央委員會第六組、司法行政部調查局、革命實踐研究院，與學術研究機構等五大類（劉惠林 1976, 53-54）。其中在學術研究機構部分，是以國際關係研究所為主。國際關係研究所的前身為 1953 年在總統府成立的政策研究室（對外為國際關係研究會），而於 1961 年改組為國際關係研究所，並於1975 年改隸於政治大學，改名為國際關係研究中心。國研所深受蔣中正總統重視，在成立之初其主要工作是針對大陸局勢、蘇聯情勢，以及其他國際問題，向元首、國家安全局等提供研究報告和出版有關的期刊及專書（佚名 1992, 112）。[2] 因為當時實際負責匪情系統的蔣經國認為情報管道以多元為宜，因此國防部情報局以研究中共經濟與軍事為主，調查局以研究中共的黨政及人事為主，而國研所以研究中共的外交與社會為主

---

[1]　費正清認為以總理衙門檔研究清末自強運動，以國民黨黨史會研究國民政府，以調查局資料研究中共，就是一本中國近代史，由此可知臺灣在史料上的優勢。

[2]　2013 年適逢國研中心成立六十年，學者撰文論述此機構之演變與影響，見 Kou（2014, 9-53）、Liu（2014, 55-88）、Chen（2014, 89-121）。

（張炎憲、許瑞浩 2009, 168）。國研所又是各「匪情研究」單位的綜合性統籌機構。

　　國研所的任務並不止於參與情報的蒐集研判以及綜合統籌各單位的「匪情研究」。從 1953 年成立政策研究室開始，這個機構便被賦予網羅學術菁英、分析敵情與世局的責任。此一結合學術與情報的傳統其實在國民政府中早已存在。在抗戰時期國民政府成立了「國際問題研究所」，由日本專家王芃生負責，對於了解日本內部發展、提供其各方面的情報產生了很大的作用。當抗戰勝利，王芃生過世後，負責結束國際問題研究所業務的邵毓麟後來就成爲政策研究室／國際關係研究會的第一任負責人（劉曉鵬 2013, 163）。抗戰催生了國際問題研究所，而反共則帶來了國際關係研究會，在初始的功能上，二者有其類似之處。不過，此種「情報化」的研究方式，因爲缺乏學術與理論根基，又受到研究環境的諸般限制，自然難以深入，也不利於國際合作與交流，或是擴散影響力。臺灣的中國大陸研究因爲具有高度的政治性，因而壓抑了其潛在優勢。這個研究領域「兩重性」的矛盾，在此一早期發展階段，便已顯露無疑。

　　國研所於 1961 年正式成立，這是臺灣的中國大陸研究往學術化發展的轉捩點。在此之前，蔣中正與蔣經國便曾指示以政策研究室爲基礎，來創立一個學術研究機構，除了對政府提供政策建言之外，更能深化理論研究，並達到對外宣傳的效果，透過輿論產生影響（劉曉鵬 2013, 160-161；吳俊才 1996, 221）。受到周圍開明知識分子的影響，當時的領導階層決定在對於中共的研究上，減少反共八股，並且對學術界公開檔案，擴大研究空間，進行國際交流，並符合公認的學術規範（吳克 1997, 53）。[3] 此一重大的轉型任務，就落到時任政策研究室主任的蘇聯專家卜道明和出身於學術界與新聞界的吳俊才手中。卜、吳二人決定創立一個形式上私立、但與官方密切聯繫的研究機構，以進行轉型的任務（吳俊才 1996, 205-206）。[4] 這樣的機構可以立於情報界和學術界之間，截長補短，達到深化中國大陸研究與擴展臺灣學術影響力的目的。籌辦研究所的另外一層考慮，是卜、吳認爲世界許多國家，都有研究當代中國的研究所，他們的學術界都非常重視中共問題，經費充分且設備完善，獨獨臺灣卻沒有研究大陸問題的學術研究機構，此甚爲不合理，因此決心要改善此種情況（吳俊才 1996, 205）。當時吳俊才蒐集了國內外研究所的相關資料，包括組織章程、圖書設備、研究人員等，然後衡諸當時的環境與需求，以及相關的教育法規，草擬了「國際關係研究所」的成立章程，並拜訪想定的

3　此輩知識分子「讓領導階層了解到學術自由不是可怕的疫疾，而正是對付共產主義的利器」。
4　當時吳俊才曾經考慮到在一般的學術機構內成立研究中國大陸問題的研究所，但是由於各大學缺乏相對應的學系，而學術界又多不認爲大陸研究具有足夠的學術性，因此雖然進行了一些試探，但是均未能成功。而寓大陸研究於學會的想法也被認爲不可行，蓋學會缺乏圖書資料與固定人員，因此無法達成預期的效果。

發起人與董監事，請他們表示意見，最後完成了草案上呈。在卜、吳二人的緊密規劃之下，國研所於 1961 年 7 月舉行發起人會議，選舉卜道明為董事長兼主任，吳俊才、王崇五為副主任，推動臺灣中國大陸研究最重要的學術研究機構便成立了。由於吳俊才在籌備國研所時期擔任的核心角色，因此當卜道明於 1964 年因病過世後，吳俊才便接任了董事長兼主任，以國研所為中心全力推動中國大陸研究學術化的工作。

　　在吳俊才主持所務的時期，國研所的研究部門分為共黨集團與自由世界兩部份，前者設有匪情與俄情（含東歐附庸）兩個研究組，後者設有美國與聯合國組織、日韓、中近東、東南亞、中南美、歐洲各國，以及國際組織與心理作戰等研究組（吳俊才 1985，69）。國研所也出版許多學術期刊，如問題與研究、匪情月報（後為中國大陸研究）、Issues & Studies、問題與研究日文版等（尹慶耀 1997, 10）。吳俊才在國研所期間貢獻卓著，他調整所的研究方向、建立國際學術合作、編修中共名人錄、營建永久所址，以及籌開中美及中日「中國大陸研討會」等。這些努力均起源於他決心將中國大陸研究朝學術化推進的理念，鼓吹敵情研究應突破情報分析的侷限，因而奠定了國研所在此一新學術領域的領導地位（佚名 1992, 114）。[5]

　　當時將臺灣的中國大陸研究向學術化與國際化推動的力量，除了有黨政高層的指示與吳俊才等人的規劃設計之外，美國的學術界也扮演了重要的角色。美方最初試探的對象是中央研究院。在王世杰擔任中研院院長期間（1962～1970 年），適逢美國國家科學院積極推動區域性的國際科學合作，1964 年於中研院召開第一次中美科學合作會議，1965 年在華府召開第二屆會議（費正清主持），1966 年又組織以人文社會方面為主的中美人文社會科學合作委員會（中美合作會）並召開會議。後來美方希望進一步召開「中美對大陸現況的討論會」、「解釋中國歷史發展過程的討論會」，以及為來臺研究的美國學者成立一個輔導機構等。同時，美方還要求公開大溪檔案與國民黨黨部的檔案，讓海外學者閱讀，此舉卻觸及政治的忌諱。臺美一連串的交流會議，隨著美方要求共同研究中共經濟政策與相關議題，陸續引發中研院內各種不同的保留意見，顯示中研院夾處在美方的研究要求及不能逾越國內情治機構政治紅線之間的難處（陳至潔 2016，86-87）。

　　在中研院對美國合作出現瓶頸之時，吳俊才正在帶領與情報系統有密切關聯的國研所一步步地走向學術化與國際化。吳俊才曾向中研院士許倬雲表示國研所如能轉換身分併入中研院將更便於與國際學術界交流（陳永發、沈懷玉、潘光哲 2010, 245）。此議

---

[5]　1970 年 12 月 13～19 日，在臺北舉辦第一屆中美「中國大陸問題研討會」，也帶來研究方法上的衝擊，當時臺灣學界多以歷史研究法、辯證法、歸納法與演繹法為主，以後則逐漸重視社會科學理論，注意分析問題的邏輯觀念、條理性與層次（吳安家 1984, 398-401）。

之後因中研院方面的顧慮以及許倬雲向蔣經國說明中研院的立場而未果（陳永發、沈懷玉、潘光哲 2010, 243-245）。[6] 在此種情況下，吳俊才直接與美方聯繫，而美方也對國研所報以期待。[7] 吳俊才於 1966 年向中美合作會申請製作縮影膠捲設備與出版中共資料的經費補助，此案後來獲得了 40 萬的補助金額，一方面使國研所能出版研究資料以為國際學術交流之用，一方面也滿足了中美合作會對於中國大陸資訊的需求。[8] 此種互利的氛圍自然有利於國研所與美方進一步的合作。1960 年代末美國的對華政策醞釀著對臺灣不利的重大轉向，與美國的學術聯繫變得益形重要。在吳俊才的規劃之下，國研所乃以與美國數個重要的中國研究機構長期合作的關係作為基礎，於 1970 年成功地舉辦了第一屆中美「中國大陸問題研討會」，這是臺灣中國大陸研究國際化的里程碑。[9]

在 1960 年代中國大陸研究學術化與國際化如火如荼進行之際，吳俊才開始思索研究人才的斷層與培育問題。當時對於共黨問題及對大陸問題的研究，多限於情治和軍事單位，並無任何一個學術機構有計畫地培養相關研究人才（施哲雄 1997, 146-147）。而國研所的助理研究員流動性高，且在派遣出國後間有滯留國外不歸的現象（劉曉鵬 2013, 169）。如何在資深研究人員逐漸退休、人才將要出現斷層之際，從頭培育自己的研究梯隊，遂成為當務之急。吳俊才因此向層峰建議應迅速成立一個培養中共研究高級理論人才的研究所。在籌設期間，吳俊才曾與包括臺大在內的數所大學相商，最後決定由國研所與政治大學合辦東亞研究所。[10] 此舉一可運用國研所堅強的師資陣容，把原本視為禁忌的共黨理論及中俄共問題，正式引入國內的學術圈；二則培養這一學術領域的繼起人才；三則可以運用新設研究所的學術地位，更有利於將國研所的研究與國內外同

---

[6]　當時中研院不認為大陸問題可以列入學術研究的範圍，也不認為國研所具有學術地位，同時也擔心研究大陸問題沒有討論與發表的自由，因此排除了學術合作的可能性（吳俊才 1996, 278, 281）。

[7]　例如吳俊才於 1966 年受中研院王世杰院長的邀請參與第一屆中美人文社會科學合作研討會，擔任我方代表之一，報告臺灣對中共問題研究的現況與分析，而獲美方著名民國史學者哥倫比亞大學的韋慕庭教授（Prof. Martin Wilbur）的重視，其後二人更成為好友。韋氏日後積極支持國研所和美方學術機構輪流舉辦的中美「中國大陸問題研討會」，成為此一系列會議的重要推手（吳俊才 1996, 279）。

[8]　較早時（1964）國研所即已向中美文化基金會申請並獲其補助所方的研究工作，但其金額較小（吳俊才 1996, 234）。

[9]　吳俊才最終的期待，是希望能夠將國研所建立成如同英國皇家國際事務研究所（Chatham House, the Royal Institute of International Affairs）或美國蘭德公司（RAND Corporation）那樣國際聞名的智庫，對政府提供權威與專業的建議。這樣的智庫並不僅以建立學術地位相標榜，又能夠脫出一般行政事務的作業程序，因此可使理論與實務相結合，而產生很大的作用（吳俊才 1996, 272）。

[10]　褚塡正訪談，施哲雄前所長訪談資料，2011 年 9 月 19 日。

類學術機關接軌交流（張煥卿 2011, 195）。因此，東亞研究所的設立與國研所有甚大
關聯，東亞所受國研所的大力支持而成立，具有替國研所和中國大陸研究學界培育人才
的任務。[11]

吳俊才的建議，獲得了層峰的同意與支持。1967 年 2 月 14 日，蔣中正總統面見並
勉勵吳俊才，正式籌辦教學之研究所，以培養反共大業的思想人才，分門別類研究共黨
問題，有系統地整理和出版有關資料，並聯繫國內外的學者專家。國研所乃積極進行與
政治大學合作，準備在政大開辦東亞研究所（吳俊才 1975, 1-2）。[12]在 1968 年初，吳俊
才銜命向政大校長劉季洪就籌辦新所的事情請教，劉校長除表示願意盡最大力量加以協
助支持外，也對於在政大校內成立以中國大陸研究為主的研究機構提出一些想法，包括
成立新所一切需要依照教育部的程序與規定，要考慮將來學生的就業出路，國研所應支
援圖書資料與師資，用地可暫時使用金華街政大企管中心，而長久之計則宜考慮與國研
所一起遷入木柵新址，以及必須維持一定的學術水準等。劉校長並建議取「東亞研究
所」為所名。在獲得了政大的承諾支持後，吳俊才密集地拜訪了重量級的學術界人士，
包括羅家倫、曾約農、黃季陸、崔垂言、趙蘭坪、錢穆、鄭學稼等諸先生，後來並與上
述學者舉行座談會，並邀國研所的副所長郭乾輝與鄧公玄、負責行政聯繫的劉岫青，和
吳俊才的留美學生李又寧等共同參與，來籌劃新所的規劃方向，一共決定以下五點（吳
俊才 1996, 346-348）。

第一，所的名字為「國立政治大學東亞研究所」，招收國內外大學畢業之優秀青年
研究共黨理論、制度與現況，以培養反共的理論人才，同時注意東亞地區的研究。所址
設在臺北市金華街政大企管中心，俟將來國研所木柵新址完成，再行遷入。

第二，主要課程及講座規劃為：中國文化之研究─錢穆；中國政治思想史─陶希
聖；三民主義與共產主義之比較研究─崔垂言；馬列主義與社會主義發展史─鄭學稼；
中共黨史─郭華倫；資本論─趙蘭坪；中共專題研究─劉岫青、劉師誠、姚夢軒；俄國
史─李邁先；蘇俄政府與政治制度─魏守嶽；東南亞史與印度史─吳俊才；東南亞經濟
之研究─李登輝；高等理則學─鄧公玄。此一課程規劃反映了當時創設東亞所、培育臺

---

[11] 褚塡正訪談，施哲雄前所長訪談資料，2011 年 9 月 19 日。此外，1980 年代以前，國研所每年
甄選應屆東亞所畢業生任職助理研究員（丁永康2008, 28-29）。例如第一屆畢業的施達郎就在
編制中。東亞所替中國大陸研究儲才的規劃也可以從吳俊才在國研所1969 年年終檢討會中的
致詞中看出來，當時計畫在三年之內，要培養100 位優秀的青年，使其參與研究工作，其中國
研所與東亞所各占半數（吳俊才1996, 331）。

[12] 關於東亞所的創設、發展與影響，可參見褚塡正，2017，《當代中國學在臺灣：政治大學東亞
研究所的肇基與遞嬗（1968-2015）》。

灣中國大陸研究人才的宏觀構想與特色。

第三，國研所圖書資料供東亞所員生使用，迨新圖書館落成後，再由國研所與政大合撥專款大量補充。

第四，有系統地編印共黨基本理論叢書，供員生研閱，同時出版東亞季刊，供員生發表研究成果，交國研所出版發行。

第五，有關於學生的待遇方面，所有研究生一律由東亞所免費供應宿舍，且必須住校，每人一間房，俾能潛心研究。其膳食由所方辦理，與國研所同仁共用餐廳。研究生肄業期間，不得在外兼職，否則開除學籍，但為使其安心求學，每人每月補助定額生活費。限閱資料不得攜出校外，須在圖書館或宿舍研閱。研究生每月必須參加一次生活座談會，由所長主持，鼓勵學生提出積極興革意見，供所方採擇。每學年之迎新送舊會，全體員生均需參加，由研究生主辦，所方予以津貼。

從這些規劃看起來，東亞所實在與一般大學的研究所有所不同，不僅研究的課題特殊、課程大開大闔、講座名師薈萃，對於研究生的照顧更無微不至，而期許也更高。也就在這樣的特殊環境之下，東亞所培育了大量研究與處理中國大陸與兩岸關係事務的人才，又發展出高度團結的精神，和代代傳襲的「革命情感」。當初開創的氣勢與局面，應該是最為重要的原因。

在東亞所成立的初期，共有四年的時間（1968～1972年），吳俊才身兼國研所和東亞所的主任，對新創的東亞所全力支持，將資源大量挹注，於二者間完全不分彼此。從1970年開始，兩所均遷入萬壽路64號的國研所新址，東亞所就位於國研所的所區範圍之內，有新建的學生宿舍與教學行政區域，而在餐廳食堂和圖書資訊方面，則與國研所共享。在創所時期規劃的五大方向都一一實現了，而東亞所便是在此一極為優渥的環境之下開始快速茁壯。

參、創所的規劃：師資、課程、學生

1968年6月29日東亞所召開第一次所務會議，參加者包括五四健將羅家倫先生，以及吳俊才、曾約農、陶希聖、朱建民、雷崧生、崔垂言、鄭學稼、郭乾輝、劉岫青共10位，這次會議廣泛交換有關意見以及決定東亞所的重要措施（吳俊才 1975, 1-2）。東亞所正式成立之後，蔣經國也於同年12月4日在國防部接見師生並予以勉勵（蔣經國 1968）。

　　吳俊才對於東亞所的師資竭盡心力，除精心規劃課程外，還聘請當時國內外的名師前來任教，如錢穆、陶希聖、郭華倫、鄭學稼、趙蘭坪等教授，1970 年還聘請當時於農復會任職的李登輝前來任教。除國內名師之外，也延攬美國知名學者，如饒大衛（David Row）和吳克（Richard Walker）等都曾在東亞所任教（施哲雄 1997, 147）。[13]根據東亞所 1970 年以及 1975 年的師資資料，彙整列表如下：[14]

表 2-1　東亞所的早期師資

	1970	1975
專任教授	吳俊才、鄭學稼、劉岫青	吳俊才、鄭學稼、曹伯一
專任副教授	張煥卿、關中	張煥卿、關中
兼任教授	錢穆、陶希聖、崔垂言、郭華倫、曾約農、劉師誠、趙蘭坪、高信、魏守嶽、鄧公玄、李邁先、曹敏	郭乾輝、李登輝、魏守嶽、林一新、尹慶耀、吳春熙、楊樹藩
兼任講師	姚孟軒、張鎮邦、陳森文、陳珊、何雨文、張維亞、傅宗懋、楊樹藩、酈堃厚	-
專任副研究員	-	施達郎（碩班第 1 屆）
專任講師	-	趙春山、施哲雄（皆為碩班第 2 屆）
兼任講席	-	汪學文（東亞問題研究班第 1 屆）

資料來源：本研究整理。

從這兩份資料比對後可發現：

　　第一，專任教授均為三員，扮演領導的角色。後來曹伯一也接任所長。專任副教授仍是張煥卿與關中，張煥卿後來也接任所長。

---

[13] 當時國研所與美國胡佛研究所建立了合作關係，雙方從事資料和人員交換。依照約定國研所每次可派研究人員一人，至胡佛研究所進行研究一年，而胡佛研究所每次亦可派研究人員一人，至東亞研究所任教一年。美方之資深研究吳元黎博士、張公權先生（曾任國府交通部長）、馬大任先生（兼該所圖書館東方部負責人）、卜遜尼教授（Stefan T. Possony）等均與國研所有良好友誼，吳元黎及卜遜尼也曾在東亞所擔任客座教授（方雪純 1997, 89）。

[14] 1970 年的資料為白中琪先生於 2013 年購贈東亞所。1975 年的資料則來自於政治大學東亞研究所，1975，〈師長通訊錄〉，《東亞研究通訊》：頁 33-35。

第二，兼任教授變化極大，除郭乾輝（華倫）與魏守嶽不變外，如錢穆院士與陶希聖在 1975 年已未在編制內，李登輝、林一新、尹慶耀等則加入。兼任教授除來自國研所如鄧公玄、郭乾輝、尹慶耀等之外，也有來自其他單位如蒙藏委員會的崔垂言、僑務委員會的高信等。另外，還有許多來自臺大的師資，包括吳俊才、鄭學稼、劉師誠、魏守嶽、李邁先、李登輝、林一新等。

第三，兼任講師在 1970 年甚多，1975 則未編制，只有原先的楊樹藩轉為兼任教授。這些講師多來自各「匪情研究」單位的人員，也是第一代中共問題專家，如張鎭邦與姚孟軒來自國安局與軍情局，陳森文來自調查局，何雨文來自中央黨部六組等。他們主要在東亞所主持「專題研究」課程，協助學生了解黨政、共黨組織、經濟制度等問題。

第四，東亞所培育出來的學生已出現在 1975 年的編制內，如施達郎、趙春山、施哲雄、汪學文等，其中趙春山與施哲雄後來也都成為東亞所所長，顯示育才成效。

課程安排上包括必修與選修課程：「必修課程」包括中共黨史、馬列主義之研究、共產國際之研究、東南亞史、馬克思主義哲學批判、三民主義與共產主義之比較研究、中共政治、中共經濟、大陸問題研究等。「選修科目」包括社會主義運動史、華僑問題研究、美國遠東政策之研究、辯證法之研究、東南亞經濟發展問題、蘇聯政府及政治、日本近代史、印度史、東南亞各國政府及政治、俄國史、東南亞各國共產黨等。[15] 尤其是具有共黨背景如鄭學稼、郭華倫等分別講授馬列主義之研究、中共黨史等，是課程最大的特色，且沿承至今。

吳俊才憶述當年首屆招生的報考人數為 143 人（吳俊才 1975, 1）。後錄取 13 人，其中 6 人入營服役，7 人於 9 月註冊入學。[16] 早期的學生分為三部分，一是大學畢業後投考進入的碩士生；二是「在職研究生」，只有兩期共 7 位，服務機關包括大陸工作會、社會工作會、外交部、文化工作會等；三是「東亞問題研究班」的學員（1969～1975，修學分不授學位），來源包括國防部、大陸工作會、總政戰部、國研所等（東亞研究通訊 1975, 36-47）。[17] 另外，外籍生也是一大特色，其中尤以來自韓國的關係最密切，講授軍事課程的蔣緯國與他們甚為友好。[18] 1981 年，東亞所成立博士班，培養更多中國大

---

[15] 2011 年 10 月 31 日於政大國研中心檔案室所取得之資料。
[16] 東亞所首屆註冊入學者包括侯家國、施達郎、洪克晴、吳民佑、余義章、吳正志、張陌珍等 7 人。
[17] 以上為彙整 1975 年出版之東亞研究通訊所收錄之碩士班、東亞問題研究班、在職研究生通訊錄資料所作之分析結果。政治大學東亞研究所，「碩士班同學通訊錄」、「東亞問題研究班通訊錄」、「在職研究生通訊錄」。
[18] 王信賢訪談，涂秀玲、廖筱綮整理，〈芮和蒸中國研究經驗口述歷史訪談紀錄〉，2008 年 10

陸研究的人才。東亞所早先有幾個特色，一是吳俊才對老師與學生呵護備至，大家群策群力；二是東亞季刊的創刊；三是堅強的師資陣容；四是專兼任老師每個鐘點除政大薪水外，多加發 40 元；五是研究生不在外兼職者，每月除教育部的 400 元，再加發 400 元；六是老師上下課都用轎車接送；七是國研所蓋有男女學生宿舍，免費住宿；八是國研所員工餐廳，師生幾乎免費搭伙。凡此都為政大及全國科系所無，東亞所之為政大與全國「第一所」之名不脛而走（張煥卿 2011, 199）。

肆、兩大系統與四大領域

就前述課程來看，東亞所的課程迥異於西方，深具自身特色也形成傳統。施哲雄指出課程可分為兩大系統與四大領域，其中兩大系統：一是中國傳統文化與政治，也包含三民主義思想的引介與探討。二是關於共黨理論與社會主義運動史，以及國際關係的發展。[19] 其中第二個系統中明顯沿承當時國研所的研究組模式，呈現為「共黨理論蘇共東歐」、「中國大陸問題」、「東南亞及東北亞及其他自由世界地區」等三個領域，再加上第一個系統而成為四個領域（參見表 2-2）。

這樣獨特的課程設計反映了東亞所的創立者對於所的定位。東亞所是為了培育反共大業的學術理論菁英而建立的。其研究的主體自然是共黨局勢，又分為蘇共（或國際共黨）和中共這兩個部分，也就是領域二與領域三。然而，從政策研究室開始，一直到國研會與國研所，分析與了解敵情以及世局就是設立智庫、網羅學術菁英進行研究的最主要目的，而東亞所正是為了這樣的大業而培育人才，因此在設計東亞所的課程時，也著重培養對於非共世界的了解（領域四）。吳俊才本人所負責教授的就是印度史與東南亞史，足為其證。這一個傳統也讓東亞所有向除了中國大陸以外區域（特別是東亞與亞洲其他地區）擴張的可能，使得所的發展彈性更大。[20] 在初設課程當中，還有一個最為獨特的地方，就是延請錢穆等大師教授中華文化與儒學等相關課程，又再再強調三民主義與共產主義的比較（領域一）。此類課程的設計，有其特殊的用意，必須從其歷史的淵源求取理解。國共內戰所反映的，其實是兩種如何使中國現代化的思想與制度之間的競

月，載於臺灣大學政治學系中國大陸暨兩岸關係教學研究中心，「中國學研究的知識社群─訪談與資訊」，http://politics.ntu.edu.tw/RAEC/act02.php。

[19] 褚塡正訪談，施哲雄前所長訪談資料，2011 年 9 月 19 日。

[20] 此一彈性，使得東亞所在民進黨政府推動「新南向政策」時，得以掌握此一契機，而大幅地擴張其對於東南亞地區的研究。

爭，其中國民黨所代表的，是結合了歐美自由主義與中國孔孟儒家（大傳統）的一種混合路徑，而中共所代表的，則是結合了蘇聯共產主義與中國農民革命（小傳統）的另一種混合模式。國民黨在中國大陸失敗了之後，仍然堅信其揉合儒家和西方思想的途徑是全中國所需的，因此在培育反共的理論人才時，一方面需要使其了解共黨的意識形態，一方更需要強化本身的思想武裝，堅固自身對於中華文化與自由民主的信仰，以免被對手的論述所吸引。此一防範措施在左派思想具有高度吸引力，東西方持續進行意識形態競爭的冷戰時代，是可以理解的。是以這些課程一則反映了國民黨菁英對於「大傳統」的堅持與執著，一則反映了他們對於共產黨「小傳統」的警惕與防範，因此中華文化與三民主義的課程是理念也是工具。不過日後因為國內外局勢的變遷，此一課程領域的重要性也逐漸降低。

表 2-2　東亞所的早期課程系統

系統一：建立研究生與學員的中心思想，避免左傾		
領域一	中華文化、政治思想、三民主義	1980 年代逐漸廢除
系統二：源自國研所的共產集團與自由世界研究業務		
領域二	共黨理論蘇共東歐	早期有馬列主義之研究、俄國史等課程，隨著蘇東集團解體，轉為社會主義思潮與後社會主義國家轉型
領域三	中國大陸問題	早期多聚焦在毛與黨政議題，於今形成中共各執政世代如鄧、江、胡、習之下的國家與社會互動關係議題
領域四	東南亞及東北亞及其他自由世界地區	早期課程有東南亞史、美國遠東政策、日本近代史等，後多轉變為中共與對外關係及政策模式之研究

資料來源：本研究整理。

　　1991 年，東亞所為因應蘇聯東歐與中共的變局，張煥卿所長調整課程而將前述的四大領域改為「基本課程」與「實務課程」兩大領域，「基本課程」包含共產主義理論（即馬列毛鄧思想）、俄羅斯研究、中共黨史等；「實務課程」包括政治、經貿、外

交、國防、社會、軍事、文教及黨的建設等九個項目。[21]以後許多課程多由東亞所博碩士班畢業的學生承接講授。

1997年，邱坤玄所長再進一步引進「學群」的概念，使得課程規劃更有系統並沿用至今。[22]例如碩士班分爲「共同必修」與三大學群「黨政學群」、「社會經濟學群」、「國際政治與兩岸關係學群」計36學分。博士班分爲「共同必修」（「中國研究方法論」）與三大學群計30學分，學群一爲中共黨政專題研究、中共黨史專題研究，學群二爲國際關係理論與中共外交、中共與國際關係體系，學群三爲中國大陸經濟與社會發展專題、兩岸經濟社會發展比較。[23]這些課程的調整轉變至今仍在持續，張五岳教授指出未來應該朝「東亞學派」方向持續努力。

東亞所課程的調整，主要是反映了國際和兩岸局勢的變化，以及臺灣內部的政治變遷。早期對於國際共黨運動和蘇聯東歐的著重，在中蘇共分途發展後漸失重要性，最後轉成對於比較社會主義國家政經轉型的課程；對於中國文化、政治思想和三民主義的討論，也在對岸推動經濟改革與實質上逐漸放棄社會主義的理想、和臺灣本身政治變遷的情況下逐漸消失；對於東南亞與東北亞的課程，則經歷了幾波起伏，一直到政府大力推動南向與新南向政策後獲得了較大的重視，這也彰顯了當初設定東亞所之名時所內建的架構彈性；而在所有課程當中，東亞所持續著重並不斷加以深化的部分，厥爲對於中共和中國大陸的研究，這包括黨史、意識型態、政治、經濟、社會與外交等項目，同時也大幅增加社會科學的部分，也就是擴張了對研究對象「就事論事、實事求是」的理解，包括強調和鼓勵至中國大陸進行田野調查與研究，以及對於各種量化和質化方法的講求等，使得東亞所的研究更爲國際化，並更能產生與國際學者對話的機會與空間。就是在這個領域，東亞所累積了最多的專業、培育了最多的人才，並產生了最大的學術和政策影響。

東亞所的學術影響廣被，研究著作發揮了很大的影響。[24]東亞研究所師生除持續在

---

[21] 王綺年訪談，胡依蝶謄稿，〈張煥卿教授口述歷史手稿〉，載於臺灣大學政治學系中國大陸暨兩岸關係教學研究中心，「中國學研究的知識社群－訪談與資訊」，http://politics.ntu.edu.tw/RAEC/act02.php，2008年。

[22] 褚塡正訪談，邱坤玄前所長訪談資料，2011年12月13日；褚塡正訪談，張惠梅助教訪談資料，2012年8月7日。

[23] 見政治大學東亞研究所，「碩士班－課程資訊」，https://eastasia.nccu.edu.tw/master2/pages.php?ID=master2；政治大學東亞研究所，「博士班－課程資訊」，https://eastasia.nccu.edu.tw/phd2/pages.php?ID=ph2。

[24] 例如在中國大陸研究教學用書方面有曹伯一等著，大陸問題研究集（臺北：幼獅，1985）；張煥卿、段家鋒、周玉山主編，中國大陸研究（臺北：三民，1991）；楊開煌、魏艾編著，中國

各大專院校任教之外，也於1992年首開國內籌辦兩岸學術研討會風氣之先。[25]另外，他們在歷任政府的大陸政策與兩岸關係也有諸多實質影響，例如對於蔣經國時代「三不政策」的型塑（丁永康 2008, 28-29）。1988年，也曾於東亞所任教過的李登輝總統成立政治、經濟、外交、大陸等四個研究小組，大陸組的成員有趙春山、曾永賢、吳安家、趙先運、張榮豐等，皆與東亞所有關（張炎憲、許浩 2009, 221-223）。其中的曾永賢與張榮豐，後來也銜命主導兩岸溝通密使的任務（王銘義 2016, 205-216）。陳水扁時代，張榮豐因長期追隨李登輝，並歷經1996年飛彈試射與1999年兩國論危機，因此於國安會擔任副秘書長（蘇起 2014, 200-201）。馬英九時代，趙春山擔任亞太和平基金會董事長而成為兩岸關係的首席諮詢角色；此外邱坤玄轉任總統府國安會諮詢委員後，也於2015年11月出席「馬習會」。凡此都可見到東亞研究所在學術與政策實務上的持續影響力。[26]

伍、奠立中國大陸研究的學術傳統

　　東亞所奠基於1960年代，其目的在為中國大陸研究培育理論人才，並與當時的反共國策緊密關聯，建立了持續至今的學風傳統，而成為臺灣中共研究的代表性教學研究機構。在創立之初，東亞所相當程度是依附在國研所之下成長，不論在師資、圖書、房舍、生員照料，甚至就職出路上，東亞所都從國研所獲得極大的支援。在臺灣的中國大陸研究領域當中，國研所是研究的標竿，而東亞所則成為最重要的學術人才培育所，相互配合，共同替此一學術領域紮根，而成為世界上極具特色的一種中國研究。隨著內外時局的發展，國研所的任務不斷變遷，逐漸向學術化靠攏，而東亞所一開始即在教育學術領域當中，始終不懈地從事百年樹人的工作，逐漸茁壯，迄今已有半世紀，為臺灣培

大陸研究概論（臺北：空大，1992）；黃中天、張五岳主編，兩岸關係與大陸政策（臺北：五南，1993）；施哲雄等著，發現當代中國（臺北：揚智，2003）；李英明主編，中國大陸研究（臺北：巨流，2007）；趙建民主編，大陸研究與兩岸關係（臺北：晶典文化，2008）；趙春山主編，兩岸關係與政府大陸政策（臺北：三民，2013）；王信賢、寇健文主編，邁向公民社會？當代中國「國家—社會」關係分析（臺北：五南，2014）等。

[25] 王綺年訪談、胡依蝶謄稿，〈張煥卿教授口述歷史手稿〉。

[26] 東亞所師生是在各種的工作崗位上發揮其影響力，除了在學術界從事中國大陸研究的教研工作之外，他們還廣泛地在民間的商界和媒體等部門從事兩岸關係的觀察與探討，在政黨機構與各智庫（如亞太和平研究基金會）從事相關研究，並在政府各部門與單位服務（如總統府、國家安全會議、陸委會、國安會與行政院其他各個部會等）。

育出研究和處理大陸與兩岸事務的骨幹人才，發揮越來越大的影響力。在中國大陸研究此一學術領域的開展上，國研所起初是站在帶領者的地位，扶助東亞所的成長；然而在日後的發展過程當中，東亞所因爲培育了大批的人才，其影響力逐漸更爲深遠廣布。總體而言，兩所共同爲臺灣建立了一個重要的學術傳統。今天我們要理解東亞所的創建，不能不走入當初創辦者發展中國大陸研究的初衷；要明晰臺灣中國大陸研究的成長歷程，又不能不探尋東亞所如何設立與其後的成長軌跡。

　　創建國研所與東亞所的諸先輩們，將臺灣對於中國大陸的研究去情報化、學術化、理論化，與國際化，耕耘出一塊重要的區域研究領域，提升了臺灣的國際學術地位，爲中華民國的存在、發展，與理想作出了很大的貢獻。無可諱言地，中國大陸研究是在當局「光復大陸」的信念之下投注資源始能產生的，並且是爲了反共大業而效力的。兩所的成立與學術化固然是重大的突破，然而臺灣的中國大陸研究仍然是受到政治框限的，因而在追求學術發展的過程中，還是不免受到較大的阻礙。即便如此，在將中國大陸研究從情報分析往學術研究移動的過程當中，整體國家社會還是獲得了極大的利益，並且奠定了日後處理兩岸關係的人才基礎。時至今日，臺灣的政治雖然多元，但是對於中國大陸的研究還是不免受到各種的政治框限，影響到我們研究時所採用的概念、立場、取材、方法，甚至結論。如何能夠推動在研究上進一步的突破，走出意識形態和國家認同的爭議，就事論事並且深刻地透過我們的研究優勢來了解中國大陸與兩岸關係，是我們緬懷當年開明而愛國的知識分子創建中國大陸研究的學術傳統時，所不能不縈繞於懷的。

參考文獻

一、 中文

丁永康，2008，〈所友憶當年—東亞所碩士班第十一屆簡介與軼事〉，《政大東亞研究所四十週年特刊》：28-29，臺北：政治大學東亞研究所。

尹慶耀，1997，〈俊才先生與國際關係研究所〉，吳俊才先生紀念文集編輯委員會編，《懷念吳俊才先生文集「愛國與愛才」》：95-104，臺北：正中書局。

方雪純，1997，〈吳叔心先生與國際關係研究所〉，吳俊才先生紀念文集編輯委員會編，《懷念吳俊才先生文集「愛國與愛才」》：81-94，臺北：正中書局。

王信賢、寇健文主編，2014，《邁向公民社會？當代中國「國家—社會」關係分析》，臺北：五南。

王銘義，2016，《波濤滾滾：1986-2015兩岸談判30年關鍵秘辛》，臺北：時報文化。

佚名，1992，〈政要養成所（上）—揭開『國關中心』的神祕面紗〉，《中外雜誌》，52（4）：112-115。

吳文津，2003，〈當代中國研究在美國的資料問題〉，淡江大學中國文學系主編，《書林攬勝：臺灣與美國存藏中國典籍文獻概況》：81-83，臺北：學生書局。

吳安家，1984，《中共史學新探》，臺北：幼獅。

吳克（Richard L. Walker），吳玉山譯，1997，〈寧靜致遠—懷念吳俊才先生〉，吳俊才先生紀念文集編輯委員會編，《懷念吳俊才先生文集『愛國與愛才』》：50-60，臺北：正中書局。

吳俊才，1975，〈作反共思想的鬥士〉，《東亞研究通訊》：1-2，臺北：政治大學東亞研究所。

吳俊才，1985，〈長憶郭副主任乾輝教授〉，郭教授乾輝先生追思錄編輯委員會，《郭教授乾輝先生追思錄》：69-71，臺北：政治大學東亞研究所。

吳俊才，1996，《回憶錄》，未出版。

李英明主編，2007，《中國大陸研究》，臺北：巨流。

政治大學東亞研究所，1975，〈師長通訊錄〉、〈碩士班同學通訊錄〉、〈東亞問題研究班通訊錄〉、〈在職研究生通訊錄〉，《東亞研究通訊》：33-47。

政治大學東亞研究所，2018，〈博士班—課程資訊〉，https://eastasia.nccu.edu.tw/phd2/pages.php?ID=ph2，查閱時間：2019/11/01。

政治大學東亞研究所，2018，〈碩士班—課程資訊〉，https://eastasia.nccu.edu.tw/

master2/pages.php?ID=master2，查閱時間：2019/11/01。

施哲雄，1997，〈無限懷念吳師叔心〉，吳俊才先生紀念文集編輯委員會編，《懷念吳俊才先生文集『愛國與愛才』》：142-163，臺北：正中書局。

施哲雄等著，2003，《發現當代中國》，臺北：揚智。

張朋園，1997，《郭廷以、費正清、韋慕庭—臺灣與美國學術交流個案初探》，臺北：中央研究院近代史研究所。

曾永賢、張炎憲、許瑞浩、王峙萍，2009，《從左到右六十年：曾永賢先生訪談錄》，臺北：國史館。

張煥卿，2011，〈懷念政大東亞研究所的父母—吳俊才老師〉，《情誼涓滴訴不盡》：194-204，臺北：文史哲。

張煥卿、段家鋒、周玉山主編，1991，《中國大陸研究》，臺北：三民。

曹伯一等著，1985，《大陸問題研究集》，臺北：幼獅。

陳永發、沈懷玉、潘光哲訪問，2010，《家事、國事、天下事：許倬雲院士一生回顧》，臺北：中央研究院近史所。

陳至潔，2016，〈建構相互主觀的想像體：剖析冷戰起源時期的國際關係研究所及其中國研究（1953-1975）〉，《人文及社會科學集刊》，28（1）：61-104。

黃中天、張五岳主編，1993，《兩岸關係與大陸政策》，臺北：五南。

楊開煌、魏艾編著，1992，《中國大陸研究概論》，臺北：空大。

褚塡正，2017，《當代中國學在臺灣：政治大學東亞研究所的肇基與遞嬗（1968-2015）》，臺北：臺灣大學政治學系中國大陸暨兩岸關係教學與研究中心。

趙建民主編，2008，《大陸研究與兩岸關係》，臺北：晶典文化。

趙春山主編，2013，《兩岸關係與政府大陸政策》，臺北：三民。

劉惠林，1976，〈論「中共研究」的途徑及中西方在研究上的分歧〉，《東亞季刊》，7（4）：50-63。

劉曉鵬，2013，〈敵前養士：「國際關係研究中心」前傳 1937-1975〉，《中央研究院近代史研究所集刊》，（82）：145-174。

蘇起，2014，《兩岸波濤二十年紀實》，臺北：遠見天下文化。

二、 英文

Chen, Titus C. 2014. "The Cold War Origins of Sino-American Conference on Mainland China: An Obscure Legacy of Chen-tsai Wu in Trans-Pacific China Studies." *Issues & Studies* 50(1): 89-121.

Kou, Chien-wen. 2014. "The Changing Role of the Institute of International Relations in Taiwan's China Studies: Trajectories and Dynamics." *Issues & Studies* 50(1): 9-53.

Liu, Philip Hsiao-pong. 2014. "Gathering Scholars to Defend the Country: The Institute of International Relations before 1975." *Issues & Studies* 50(1): 55-88.

第三章

維繫傳統、與時俱進：
半世紀來東亞所課程的變與不變

褚塡正、吳玉山

壹、前言

　　東亞研究所的創所所長吳俊才先生曾憶及在 1967 年 2 月 14 日，蔣中正總統在總統府召見吳所長，告知應成立一個教學的研究所，培養反共思想鬥爭的人才，分門別類研究共黨問題，有系統地整理和出版有關資料，並聯繫國內外的學者專家。[1] 因此東亞研究所最初創建的目的，是爲國家培育對敵鬥爭的理論人才，故而其課程在規劃上自有其特殊的考量，而與一般大學的研究所有所不同。此後隨著時代的演進，東亞所也不斷因應局勢的發展而調整其課程的方向。總體而言，在 1968 年成立之初，吳俊才所長擘劃了兩大系統和四大領域。到了 1990 年代初期，在張煥卿所長與施哲雄所長任內，因應 1989 年的東歐震盪與 1991 年的蘇聯解體，東亞所的課程也進行調整而擴增至六大領域。1997 年後，邱坤玄所長將學群概念引入課程規劃。近年在寇健文與王信賢所長任內持續進行改進，使碩士班與博士班的課程與學群更加明確。從整體發展的脈絡來看，東亞所的師資也隨著課程演進而展現其特色。早期師資多具有共黨背景或是對敵工作的經驗，因此對於中共領導階層的變動與形勢的發展自能依其長期經驗而有準確的判斷。此後因爲東亞所獨特的性質，因此接續教學的師資也多來自於東亞所本身，因而形成代代相傳的接班梯隊，並展現其學術傳統，許多老師復優游於學仕之間，爲政府提供建言與服務。以下將從宏觀視角、微觀視角、東亞所師資傳承等三個面向，來探討東亞所五十年來課程的特色與變化。

---

[1]　吳俊才（1921～1996）係中央政治學校新聞科畢業、印度德里大學歷史研究碩士，曾入英國倫敦大學政治經濟學院研修國際關係，專長在東南亞區域研究。1951 年由英回臺，曾任教於臺灣大學歷史系、政治大學、師範大學歷史系等，也擔任國際關係研究所主任，創辦政治大學東亞所，也先後擔任中國國民黨文化工作會主任、副秘書長，其後兼任中國國民黨革命實踐研究院副主任。曾應聘爲總統府國策顧問、中國國民黨考核紀律委員會主任委員、中國電視公司董事長等職，對國家社會貢獻卓著。吳德里主編，1997，〈吳俊才先生年表〉，《愛國與愛才：懷念吳俊才先生文集》：218-223，臺北：正中書局。有關蔣中正總統召見之事，參見吳俊才，〈作反共思想的鬥士〉，《東亞研究通訊》：1-2。

貳、宏觀視角：從具有臺灣特色到社會科學化課程的演進

　　由於東亞所創辦於冷戰時期，在國際上有美蘇的兩極對壘，在兩岸間也是相互敵對，清楚地分為敵我陣營，因此要讓學生與學員深入探討社會主義陣營的思想、理論與政策，不免產生可能出現左傾現象的顧慮，也因此東亞所在創建初期的課程發展出兩大系統、四大領域，其中第一個系統的設計是為了建立學生的中心思想（包含領域一），第二個系統則是了解對手與世界（包含領域二、三、四），而與國際關係研究所的研究範圍密切相關。其後隨著時勢演變，這四大領域又擴增為六大領域。具體而言，第一個課程系統主要是包括中華文化與三民主義等我方的固有文化與政治思想，這也就是領域一。第二課程系統初期包括三個領域，就是共黨理論與蘇共東歐（領域二），中國大陸問題（領域三），及東南亞、東北亞與其他自由世界地區（領域四）。後來增添的兩個領域是兩岸關係議題（領域五），和社會科學研究方法與論文寫作（領域六）。經過五十年的演變，第一個系統的課程逐漸式微，第二個系統則多出兩岸關係及社會科學研究方法等兩個新領域，同時也逐漸發展出學群的概念，使碩博士生在研究取向上能更加聚焦。宏觀五十年的課程演進如表 3-1 所示：

表 3-1　東亞所五十年課程系統

系統一：建立研究生與學員的中心思想		
領域一	中華文化、西方政治思想、三民主義	1980 年代開始逐漸取消
系統二：源自國研所的共產集團與自由世界研究業務		
領域二	共黨理論與蘇共東歐	早期有馬列主義之研究、俄國史等課程，隨著蘇東集團解體，轉為社會主義思潮與後社會主義國家轉型
領域三	中國大陸問題	早期多聚焦在毛澤東與黨政議題，後逐漸形成中共各執政世代（鄧、江、胡、習）之下的國家與社會互動關係議題
領域四	東南亞、東北亞及其他自由世界地區	早期課程有東南亞史、美國遠東政策、日本近代史等，後多轉變為中共對外關係及政策模式之研究
領域五	兩岸關係議題	1990 年代隨者兩岸關係的突破而開啟。相關課程從分裂國家的角度逐漸擴及社會經濟等議題，並呈現多元的探討

（接下頁）

領域六	研究方法與論文寫作	隨著與國際學界的接軌與影響，從早期的文獻研究與歷史研究法，逐漸加重社會科學研究方法的理論與模式，成爲今日重要的學術研究基礎

資料來源：本研究整理。

在 1968 年創所初期，碩士班的課程包括「必修課程」與「選修課程」兩部分。根據東亞所的初期課表所示，[2] 此時第一個系統的課程包括「中國文化之研究」（錢穆院士講授）[3]、「中國政治思想研究」（陶希聖講授）[4]、「三民主義與共產主義之比較研究」（崔垂言講授）[5]、「中國文化史」（傅宗懋講授）[6]、「中國政治思想史」（楊樹藩講授）。[7]據施哲雄所長所述，這些課程設置的目的，是爲了加重對於中國歷史文化的相關研究，以平衡學生在研讀馬列主義時所可能受到的左傾影響。[8]以後東亞所還邀請了胡一

[2] 2011 年 10 月 31 日於政大國研中心檔案室取得之資料。

[3] 錢穆（1895～1990）爲國學大師。在 1967 年 10 月，錢穆應蔣中正總統之邀自港來臺，並於 1968 年當選中央研究院院士，定居於士林外雙溪素書樓。錢穆於 1968 年秋在金華街的政大東亞所任教，應爲其於臺灣正式授課之始，時年 73 歲。

[4] 陶希聖（1899～1988），北京大學畢業，早年任教於上海法政大學、上海大學、中央大學、北京大學等，以講授法律政治思想史爲主，曾參與「社會史論戰」，創辦「食貨」半月刊，提倡社會經濟史研究甚力。後任職汪精衛政權，1939 年逃至香港揭露日汪密約。抗戰期間於重慶任職，後任中央日報總主筆，與中共筆戰不休。1949 年冬來臺，歷任立法委員、國民黨中央委員等職。著作等身，政論與研究皆甚具影響。中華民國當代名人錄編委會，1978，《中華民國當代名人錄》：1940，臺北：中華書局。並可參見陳存恭等，1994，《陶希聖先生訪問紀錄》，臺北：國防部史政編譯局。近期陶晉生院士編輯其父陶希聖在 1947 年到 1956 年的日記內容，內容多爲陶希聖參加國民黨各種會議的詳細經過速記，可以窺知各種會議的情形，陶晉生編，2014，《陶希聖日記（上）（下）－中華民國立足台澎金馬的歷史見證》，臺北：聯經。

[5] 崔垂言，生於 1907 年，吉林長春市人，北京大學英文系、清華大學研究院國學研究所畢業，曾任制憲國民大會代表、國民參政會參政員、吉林省政府委員兼秘書長、革命實踐研究院研究所所長、中央日報總主筆、中國文化學院哲學研究所所長、行政院蒙藏委員會委員長等。中華民國當代名人錄編委會，《中華民國當代名人錄》：100。

[6] 傅宗懋，生於 1927 年，臺大政治系畢業，政治大學政治研究所碩士，1965 年獲得國家法學博士，曾任政大公共行政研究所長及公企中心主任等職，著有《清代督撫制度》、《清代軍機處組織及執掌之研究》、《清制論文集》等專著，並曾主持「如何改進訴願制度以加強保障人民權益」等多種專題研究。中華民國當代名人錄編委會，《中華民國當代名人錄》：914。

[7] 楊樹藩，生於 1919 年，政大政治所畢業，1956 年任政大政治系講師，1973 年任教授，於東亞所講授「中國政治研究」與「中國政治思想史」課程，1977 年兼任政大三民主義研究所所長。中華民國當代名人錄編委會，《中華民國當代名人錄》：975。

[8] 2011 年 9 月 19 日，施哲雄前所長的訪談資料。施哲雄，東亞所碩士班第 2 屆及博士班第 1 屆畢業，1994 至 1997 年擔任東亞所所長，其後任職致理科大兩岸經貿研究中心主任，長期帶領東亞所師生致力推動兩岸學術文化交流，可參見施哲雄等著，2003，《發現當代中國》，臺

貫先生加入講授此一系統的相關課程。[9] 在 1981 年東亞所成立博士班後，這些課程則由國學大師南懷瑾主講，顯見此一方面師資的分量。[10]

在創所初期，東亞所第二個系統的課程主要是源自國研所的研究業務範圍，包括對共產世界與自由世界的研究。這個系統的領域二為「共黨理論與蘇共東歐」。早期於政大東亞所講學的曾永賢教授即指出，[11] 要正確認識共產黨，就必須研讀基本理論，包括列寧、斯大林、毛澤東等書籍與選集。[12] 因此，當時的必修課程就有「馬列主義之研究」（鄭學稼講授）[13]、「共產國際之研究」（鄭學稼講授）、「馬克思主義哲學批判」（林一新講授）[14]；而選修課程則有「社會主義運動史」（鄭學稼講授）、「辯證法之研

北：揚智文化。

[9] 胡一貫，生於 1904 年，安徽巢縣人，於國立東南大學攻讀教育，並赴日本攻讀社會學。北伐時回國，先後擔任政大、東吳、文化等校教授，並創辦黨軍日報、文藝先鋒、國魂等雜誌，並為新生報、自立晚報、青年戰士報等主筆，也歷任中央文化運動委員會副主委、中國青年反共救國團副主任等職，1976 年退休後仍任中華文化復興運動推行委員會副秘書長。中華民國當代名人錄編委會，《中華民國當代名人錄》：750。

[10] 南懷瑾（1918～2012），生於浙江，早年於中央軍校政治研究班畢業、金陵大學研究院社會福利系肄業。1949 年來臺，並受邀在多所大學講學，後曾旅居美國、香港等地，其論著的主要方向包括儒家、道家、佛教等領域，致力推廣中國傳統哲學，2012 年於蘇州太湖大學堂辭世。參見周瑞金、張耀偉，2015，《南懷瑾：一代大師未遠行》，臺北：風雲時代。

[11] 曾永賢，生於 1924 年，二戰後加入中共臺灣省工作委員會，曾在臺灣參與共黨活動，後被調查局破獲，之後在調查局工作長達三十多年，主要是從事「匪情研究」，包括中共黨史、中共黨政現勢、國際共產主義運動、中蘇共鬥爭等，同時在政大東亞所、臺大等校擔任教授。以後歷任國家統一委員會籌備工作、總統府國策顧問與資政等。

[12] 張炎憲、許瑞浩訪問，許瑞浩、王崎萍記錄整理，2009，《從左到右六十年：曾永賢先生訪談錄》：185，臺北：國史館。

[13] 鄭學稼（1908～1987），福建福州人，早年曾參加托洛斯基派活動，曾任上海暨南大學、復旦大學教授，抗戰時曾為托派刊物抗戰嚮導寫文。1948 年，張國燾辦創進周刊，鄭氏為總編輯。參見陳玉堂編著，1993，《中國近現代人物名號大辭典》：618，浙江：杭州古籍出版社。另一資料顯示，鄭氏原先在 1929 年專攻畜牧獸醫，後來轉向社會科學，1933 年到東京研究日本史。1935 到 1943 年為復旦大學經濟系教授，1945 年以後歷任暨南大學、臺灣大學、政治作戰學校與政大東亞所教授，1976 年退休，退休後仍於東亞研究所兼任講學。著述甚勤，著作有50 多本，以經濟學、經濟史、歷史、文學、馬克思主義等為主，其中較著名者如日本史、第三國際史、中共興亡史等。見中華民國當代名人錄編委會，《中華民國當代名人錄》：1060。此外，由於自從 1953 年中共就在金門對岸設立 5 個喊話站，進行心理戰，臺灣方面乃作出因應，成立心戰指導會報，於是海峽兩岸就此進行了四十年的心理戰。此會報原由蔣經國主持，以後則由王昇負責。王昇為提升心理戰的「說理」，約請對共黨有專精研究的胡秋原、鄭學稼、林一新、曹敏、李廉、金達凱、李正中、高旭輝等人，組成研究小組並成立「心廬研究所」。尼洛，1995，《王昇：險夷原不滯胸中》：284-287，臺北：世界文物。

[14] 林一新，早年留學蘇聯，後於臺大經濟系講授資本論等課程，於東亞所講授馬克思經濟學與哲學。林一新遺著、姜新立整理，1990，〈馬克思的資本論〉，載於李英明編，《資本論導讀》：11，臺北：時報文化。

究」（曹敏講授[15]，後由尹慶耀講授[16]）、「蘇聯政府及政治」（魏守嶽講授）[17]、「俄國史」（李邁先講授）[18]、「高等理則學」（鄧公玄講授）[19]、「社會主義比較研究」（任卓宣講授）[20]，其中鄭學稼、林一新、魏守嶽、李邁先等都是臺灣大學教授。另外，知名經濟學家趙蘭坪先生則是講授馬克思主義經濟思想，[21] 後由臺大法學院院長林霖接續講授經濟方面的課程。[22] 以後，知名蘇聯問題專家關素質也於東亞所講授蘇聯問題等課程。[23]

　　第二系統的領域三為「中國大陸問題」，必修課程為「中共黨史」（郭華倫講

[15] 曹敏，生於 1907 年，早年失學而自學有成，1926 年參加北伐並擔任黨務工作，之後辦北方日報。大陸失守後，曾到香港經商，1951 年到臺灣，1952 年到幹校教書，開始翻譯黑格爾哲學，同時研究易經，對中西哲學有所心得。著有《匪黨政策之研究》、《俄國思想史：兼論破蘇聯思想之道》、《俄帝侵華策略之研究》（與王昇合著）、《曹敏七十文錄》等。

[16] 尹慶耀，生於 1913 年，字迪光，河北深縣人，日本拓殖大學經濟學碩士。曾在中華民國國際關係研究所、政治大學國際關係研究中心擔任研究員，並任中國大陸組及國際共產黨組召集人，著作甚豐。見尹慶耀，1990，《共產主義在中國大陸的實驗》，臺北：幼獅。

[17] 魏守嶽，知名蘇聯問題專家，著有《蘇聯的戰時外交（1939～1945）》、《蘇聯與非洲新興國家的關係 1956～1960》、《蘇聯與迦納的關係：1961～1965 年蘇聯非洲政策的個案研究》、《蘇聯政治史大綱（1917～1941）》、《蘇印關係及蘇印「和平友好合作條約」的研究》等。

[18] 李邁先（1917～2007），河北任丘人，北京大學歷史系畢業，後赴美留學，曾於華盛頓大學、哈佛大學從事史學研究。返臺後先後任教臺灣師範大學、政大東亞所、臺大歷史系，曾任臺大歷史所所長及文學院長等職。長期致力於西洋近現代史、俄國及東歐史之研究，造詣頗深。中華民國當代名人錄編委會，《中華民國當代名人錄》：664。

[19] 鄧公玄（1901～1977），湖南人，留美碩士，北伐期中回國參加工作。抗戰期中，曾任桂林行營秘書長，也曾任立法院外交委員會召集委員，亦是國研所的副主任。在副主任期間，綜理國際問題研究兼問題與研究月刊主編，1975 年自國研所退休。見鄧公玄，1979，《浮漚掠影》，臺北：中外圖書出版社。

[20] 任卓宣（1896～1990），四川南充人，筆名葉青。1920 年曾赴法國勤工儉學，1923 年加入中國共產黨，任中共旅法支部書記，後赴莫斯科中山大學就讀。1927 年轉投國民黨並成為三民主義理論健將，1949 年來臺。曾參與 1962 年的中西文化論戰，著有三民主義與社會主義、中國政治問題等。可參見中華民國當代名人錄編委會，《中華民國當代名人錄》：573；紀念任卓宣教授百年誕辰學術論文集編輯委員會，1995，《紀念任卓宣教授百年誕辰學術論文集》，臺北：政治作戰學校政治研究所。

[21] 趙蘭坪，生於 1897 年，浙江人，中華民國前副總統連戰之母舅，經濟學泰斗。早年於日本慶應大學專攻經濟，回國後在中央政校任教二十餘年。1934 年，因當時國際情勢使得中國現銀外流嚴重，因此主張廢除銀本位制，其後政府接受並廢除之，可見其對於政策影響與貢獻。中華民國當代名人錄編委會，《中華民國當代名人錄》：1011。

[22] 褚塡正，2017，《當代中國學在臺灣：政治大學東亞研究所的肇基與嬗遞（1968-2015）》：225，臺北：國立臺灣大學政治學系中國大陸暨兩岸關係教學與研究中心。

[23] 關素質，知名蘇聯問題專家，著有匪黨策略及對策之研究、國際共黨研究等書，並任教於政戰學校政治研究所、政大東亞所博士班，其研究脈絡可參見關素質，1983，〈自序〉，《蘇俄黨政演變之評析（上）（下）》，臺北：黎明文化。

授）[24]、「中共政治」、「中共經濟」、「大陸問題研究」。其中曹伯一所長親自講授中共黨政專題之課程，[25]另有劉岫青主持「專題研究」課程，[26]其主題包括「中共經濟制度與經濟結構」、「中共之財政與金融」、「中共之工業商業與外貿」、「中共之農業與糧食」、「中共之組織與策略」、「中共之黨政關係與幹部策略」、「中共之政府組織」、「中共之公安檢察與司法」等。在這些課程中都由研究生提出報告，並由不同主席與講評人指導，參與之學者皆為臺灣之第一代中國大陸問題專家，包括劉師誠[27]、何雨文[28]、姚孟軒[29]、曾永賢、李喆、張維亞[30]、陳定中[31]、張鎮邦[32]、陳澤民、陳森文[33]、周培

---

[24] 郭華倫（1909～1984），即郭乾輝，曾為資深中國共產黨員。1931 年於中央蘇區擔任要職，1934 後化名「郭潛」，以地方工作團團長身分，參加 2 萬 5,000 里長征，其間在張國燾另立中央後，擔任秘書長。後張國燾失勢，郭氏被派至中央黨校，講授「中華民族革命運動史」，即中國共產黨的歷史。1939 年在華南被中統局逮捕（時為中共中央南方局組織部長兼江西省委書記），以後即在調查局服務。1946 年擔任臺灣省調查處處長，1957 年升任調查局副局長。1964 年卸任後，蔣經國召見並指派擔任國際關係研究所副主任，開始撰寫中共史論。郭氏有好幾個化名，在蘇區時期，對內稱「郭潛」，對外稱「陳然」；到延安改稱「郭乾輝」，到國際關係研究所則為「郭華倫」。張炎憲、許瑞浩訪問，許瑞浩、王峙萍記錄整理，《從左到右六十年：曾永賢先生訪談錄》：105-107。

[25] 曹伯一（1926～2004），浙江定海人，東吳政治系、政大政治所碩士及博士。早年曾參加十萬青年十萬軍的從軍運動，在軍中曾協助王雲五先生主編東方雜誌。後任政大東亞研究所所長、政大國研中心副主任、第 8 屆考試委員（1990～1996 年）。在主持東亞所期間（1974～1980 年），培養理論與分析人才，印行東亞季刊這份具聲譽的中文學術期刊，致力於中國現代政治思潮的研究工作。中華民國當代名人錄編委會，《中華民國當代名人錄》：846。

[26] 劉岫青，長期倡議土地改革，於 1937 年即曾出版南京土地徵收之研究（此書於 1977 年由成文出版社重印），並為臺灣省三七五減租、土地改革計畫之起草人。1970 年於東亞季刊發表〈臺灣省土地改革（耕者有其田）〉，《東亞季刊》，1（3）：56-77。

[27] 劉師誠，時為國立臺灣大學、省立中興大學教授，1971 年 1 月，〈關於第一屆中美「中國大陸問題」研討會文件〉，《東亞季刊》，2（3）。

[28] 何雨文，時為大陸問題研究所研究員，1972 年 1 月，〈中日「中國大陸問題」研討會出席人員名單〉，《東亞季刊》，3（3）。

[29] 姚孟軒，曾任調查局副處長，後調任國安局與國際關係研究所匪情研究組召集人。著有《匪偽對外政治活動之研究》（盛岳合著 1960）、《匪黨內部鬥爭問題論集》（1975）、《周匪恩來死後的共匪政治情勢》（1976）、《中共對外政策的變化（1949～1979）》（1980）等。

[30] 張維亞，時為政治大學東亞所講席、國防研究院講座，1971 年 1 月，〈關於第一屆中美「中國大陸問題」研討會文件〉，《東亞季刊》，2（3）。

[31] 陳定中，時為中共研究雜誌社研究員、國防研究院講師，1971 年 1 月，〈關於第一屆中美「中國大陸問題」研討會文件〉，《東亞季刊》，2（3）。

[32] 張鎮邦，生於 1915 年，筆名張敬文，廣東東莞人，資深中共問題專家，早年畢業於清大史學系，後任職政大國研中心並兼中國大陸組召集人，同時於臺大、清大、文化等大學講授中國大陸研究課程，著有對中共第 11 次代表大會之分析、剖析中共對臺灣的和平統戰陰謀、從中共審判林、江集團看中國共產黨、共產主義的理論與實際、國共關係簡史、鄧小平思想研究、中國大陸的和平演變、毛澤東與鄧小平等。

[33] 陳森文，時為國際關係研究所兼任研究員，1971 年 1 月，〈關於第一屆中美「中國大陸問題」

蓮等人。[34] 此外，於美國任教的張以淳教授也曾於 1970 及 1975 年到東亞所客座，講授中共問題與英文專書研究等課程。[35] 以後這些關於中國大陸各面向情勢的專題研究，逐漸各自獨立爲政治、經貿、社會、文教等課程。

　　第二系統的領域四爲「東南亞、東北亞及其他自由世界地區」。其必修課程爲「東南亞史」（吳俊才講授）[36]，選修課程有「印度史」（吳俊才講授）、「美國遠東政策之研究」（李其泰講授）[37]、「華僑問題研究」（高信講授[38]，後由吳春熙講授[39]）、「日本近代史」（陳水逢講授）[40]、「東南亞經濟發展問題」、「東南亞各國政府及政治」、「東南亞各國共產黨」。李登輝前總統於 1971 年在東亞所講授「東南亞經濟發展問題」，後來前考試院長關中在東亞所講授「國際關係」。除前述碩士班課程之外，當時學生修畢學分後還需要考學科考，考科爲「東南亞史」與「中共黨史」。

　　1981 年成立東亞所博士班。[41] 博一上下學期的必修課程爲「馬列主義專書選讀」、「馬列主義專題研究」、「中共黨政專題研究」，選修爲「研究方法論」。博二上下學

研討會文件〉，《東亞季刊》，2（3）。

[34] 政大國研中心檔案室資料，2011 年 10 月 31 日。

[35] 張煥卿，2011，〈由摯友變恩師的張以淳教授〉，《情誼涓滴訴不盡》：163-165，臺北：文史哲。

[36] 可參見吳俊才，1977，《東南亞史》，臺北：正中書局；吳俊才，1981，《印度史》，臺北：三民。

[37] 李其泰，曾任政大外交系系主任（1957～1972），著有《國際政治》、《聯合國與外太空》、《國際政治論集》、《國際政治論集續編》、《美國外交政策》（翻譯）、《蘇俄由對抗到共存中之冒險行爲》、《核子武器與毛共策略》（翻譯）、《外交學》等。據政大校友會記載，李教授常任十五年的系主任，職志爲學生皆能成爲優秀的外交官。參見政大校友會校友季刊，〈外交系子弟兵赴三峽謁陵難忘恩師李其泰〉，2011/11/19，http://www.nccualumni.club.tw/ch/CH2/2444/News/401170.html，查閱時間：2019/11/20。

[38] 高信（1905～1993），廣東省新會人，早年於德國佛萊堡大學專攻土地經濟。1940 年升任廣東省政府秘書長，1947 年當選第一屆國大代表。其後歷任內政部次長、教育部次長等。1962 年出任逢甲工商學院董事、院長與董事長，對校貢獻極鉅。不久出任僑務委員會委員長，後任總統府國策顧問、總統府資政。中華民國當代名人錄編委會，《中華民國當代名人錄》：98。

[39] 吳春熙，生於 1914 年，福建人，中央政治學校第一期華僑班畢業，後從事新聞傳播工作。1950 年任僑委會委員，1970 年任國際關係研究所研究員。1969 年任東亞所與外交所合聘「華僑問題研究」兼任教授，多從事東南亞與華人社會問題研究。中華民國當代名人錄編委會，《中華民國當代名人錄》：31。

[40] 陳水逢，嘉義人，政治大學政治所碩士與博士，著名日本問題學家，曾任政大副教授、新加坡南洋大學教授，也歷任中國國民黨臺北市黨部主委、臺灣省政府委員，1978 年調任中央委員會副秘書長。著有《日本政黨史》、《日本近代史》、《日本政府與政治》、《日本現代史》等。參見中華民國當代名人錄編委會，《中華民國當代名人錄》：127。

[41] 由於東亞所博士班早期的課程資料未得，在此以第 1 屆博士生蔡國裕所提供的資料爲根據。

期的必修課程爲「國父全書暨總統蔣公言論研讀」、「比較三民主義與共產主義專題研究」，選修課程爲「中國文化研究」、「近代戰略思想研究」。另外博士班還需考「學科考」，科目爲「馬列主義專題研究」、「中共黨政專題研究」與「比較三民主義與共產主義專題研究」。[42] 從東亞所給博士班所安排的課程來看，課程領域一至三是最被著重的。

　　從 1968 年至 1991 年將近二十多年的時間裡，東亞所由郭華倫代所長、曹伯一所長、芮和蒸所長[43]、趙春山所長[44]以及楊逢泰所長[45]接續領導，在課程上大致維持了原有的規劃，當然在師資上有所變動與傳承，而各領域之間也開始呈現比重上的改變。就目前從政大行政系統所掌握的紀錄，截至 1991 年以前的相關課程可整理列表如下：

表 3-2　政大行政系統關於 1991 年以前所列之課程

系統二	課程名稱	説明
領域二	辯證法研究、俄羅斯專題研究（一）（二）、列寧主義研究、斯大林主義研究、辯證法專題研究、思想理論專題研究（一）（二）、共黨群衆心理學、資本論研究、比較共產主義等	計 9 門
領域三	中共意識型態專題研究、中共鬥爭戰略與群衆運動、中共派系政治專題研究、中共領導人物研究、毛澤東思想研究、中共鬥爭策略、中國近代政治思潮、中共財政專題研究、中國大陸社會結構與變遷、中共少數民族政策	計 10 門

（接下頁）

---

[42] 此處係依據蔡國裕於 2012 年 9 月訪談所提供之個人成績單。

[43] 芮和蒸（1922～2014），江蘇寶應人，畢業於政大政治所，歷任政大政治系教授、系主任，並任政大訓導長，後任政大東亞所所長，專治中國政治史。著有《西漢御史制度之研究》、《放眼神州：陶鑄文武合一反共愛國的中國青年》、並編有《國父思想》等。參見中華民國當代名人錄編委會，《中華民國當代名人錄》：2097。

[44] 趙春山，東亞所第 2 屆畢業，政大政治研究所博士，後赴美國喬治城大學俄羅斯區域研究計畫進修，1987 至 1989 年擔任東亞所所長，是東亞所第一位自身培育而擔任此職務之學者。其後歷任政大國關中心副主任、政大俄羅斯研究所所長、淡江大學中國大陸研究所教授、陸委會諮詢委員、海基會顧問、亞太和平研究基金會及遠景基金會董事長等職，著有《蘇聯領導權力的轉移》、《「和諧世界」與中共對外戰略》並主編《兩岸關係與政府大陸政策》，在學術與實務皆有卓越表現，於兩岸關係發展亦深具影響力，參見趙春山，2019，《兩岸逆境：解讀李登輝、陳水扁、馬英九、蔡英文的對治策略》，臺北：遠見天下文化。

[45] 楊逢泰，臺灣大學外文系學士、政大外交研究所碩士、美國波士頓大學國際政治碩士、美國密西西比大學公共行政研究員。後來歷任政治大學外交研究所所長、政治大學訓導長、政治大學東亞研究所所長、文化大學中山學術研究所所長、政治作戰學校教授等。參見楊逢泰，2003，《現代西洋外交史：兩次世界大戰時期》，臺北：三民。

領域四	國際關係專題研究、華僑問題、東南亞經濟發展研究、東南亞經濟專題研究、東南亞共黨問題、東北亞經濟專題研究、日本經貿研究等	計 7 門
領域五	臺海兩岸比較政治研究、臺海兩岸比較經濟研究	計 2 門
領域六	論文寫作	計 1 門

資料來源：本研究整理。

　　綜上觀之，可見到 90 年代初期，領域二（共黨理論與蘇共東歐）持續受到重視，而領域三的中共與中國大陸各面向課程已經成爲主要的教學重點。此外這個時期已經出現了領域五（兩岸關係）及領域六（研究方法與論文寫作）的科目，而領域一（我方思想）則沒有推出新課程。這些變動具體證明了因時制宜及社會科學學術化的取向已納入東亞所的課程規劃當中。

　　1991 年以後，由張煥卿接任所長，[46] 課程上又出現了一個較大的變動，即把兩大系統四大領域改爲「基本課程」與「實務課程」兩大領域，「基本課程」包含共產主義理論（即馬列毛鄧思想）、俄羅斯研究、中共黨史等；「實務課程」則包括中共的政治、經貿、外交、國防、社會、軍事、文教及黨的建設等 9 個方面，其中除軍事部分初由蔣緯國將軍負責，其餘則均由各方面專家進行授課。這些專家包括郭華倫、尹慶耀、李天民[47]、關素質、汪學文[48]（以上爲國研所人員）、張鎮邦、姚孟軒（以上爲國安局或軍情

---

[46] 張煥卿（1935～），河南舞陽人，政治大學邊疆政治系畢業，政治大學政治所碩士、美國德拉瓦大學（University of Delaware）碩士。1949 年離鄉，早年就讀澎湖防衛司令部子弟學校（後爲臺灣省立員林實驗中學），1964 年爲陸軍官校政治所講師，1968 年進入政大東亞所服務，1991 年至 1994 年擔任東亞所所長。見王綺年訪談、胡依蝶謄稿，〈張煥卿教授口述歷史手稿〉，載於臺灣大學政治學系中國大陸暨兩岸關係教學研究中心，「中國學研究的知識社群－訪談與資訊」網頁。另外，其各階段學習與生活感受，包括其留學美國歷程，也可見張煥卿，2011，《情誼涓滴訴不盡》，臺北：文史哲。

[47] 李天民（1911～2006），四川華陽人，早年從軍，後留日獲得早稻田大學經濟學學位。回國後於南京中國日報任總編輯，並於中央軍校成都分校任教，後任成都青年團幹事長，1947 年當選四川省立法委員。來臺後先後訪問美、日、歐洲與東南亞，並致力於中國近代史研究與中共問題研究，曾遊學美國，60 歲以後陸續出版《劉少奇傳》、《林彪傳》、《周恩來傳》等著作。中華民國當代名人錄編委會，《中華民國當代名人錄》：279。

[48] 汪學文，生於 1926，安徽人，抗戰時曾投入青年軍 209 師，1950 年來臺，在內政部等單位任職。1961 年轉入國際關係研究所，政治大學東亞問題研究班結業，研究領域以中共文教爲主，1972 年在政大與臺大兼課，講授中國大陸文教。中華民國當代名人錄編委會，《中華民國當代名人錄》：頁 670。

局人員）、陳森文、曾永賢（以上為司調局人員）、何雨文（中央黨部六組）等。此時的課程調整採取了兩個方向：單純化與獨立化。單純化是把東歐、東南亞和東北亞的課程取消；獨立化是將原來「中國大陸問題研究」中的各子科目分別獨立出來，並由具有專業的老師作至少一學期的講授。[49]

在 1994 年施哲雄所長為因應兩岸關係的熱絡發展，因此在課程中開始著重加入中國大陸經貿與社會議題的相關研究。[50]另外，研究生也曾因為局勢劇變和學術發展而主動要求加開課程，例如分裂國家統一政策之比較、兩岸關係發展、社會科學統計方法等課程。[51]研究生也會主動修習外所從美國學界所引進的新課程。[52]1997 年，邱坤玄所長引入「學群」觀念，使課程更有系統，並使研究生選課及研究取向更加聚焦，[53]列表如下：

表 3-3　1997 年以後引入學群之後的修課規劃

碩士班	分為共同必修與三大學群（畢業學分：36）			
	共同必修	中共黨史	社會科學研究方法	論文寫作
	學群一（黨政學群）	中共意識形態研究	中共政治發展	
	學群二（社會經濟學群）	中共經濟發展理論與政策	中國大陸社會結構與變遷	
	學群三（國際政治與兩岸關係學群）	中共國際關係研究	兩岸關係與區域安全	
博士班	分為共同必修與三大學群（三學群要選擇一主修學群，其餘二學群則為副修學群，畢業學分：30）			

（接下頁）

---

[49] 王綺年訪談、胡依蝶謄稿，〈張煥卿教授口述歷史手稿〉，載於臺灣大學政治學系中國大陸暨兩岸關係教學研究中心，「中國學研究的知識社群－訪談與資訊」網頁。

[50] 施哲雄前所長的訪談資料，2011 年 9 月 19 日。

[51] 徐東海教授訪談資料，2013 年 10 月 25 日。

[52] 張弘遠教授指出他們當時修習吳玉山、高長、劉雅靈、陳志柔等教授的課程，使他們在學術研究上帶來極大視野與影響。2013 年 12 月 23 日訪談資料。

[53] 邱坤玄，政大外交系學士，美國喬治華盛頓大學博士，1997～2000 年以及 2005～2011 年曾兩次擔任東亞所所長，是目前唯一有此資歷者，現為政大東亞所名譽教授。邱所長長期致力於美中臺外交及國際關係研究，並推動多項重要的兩岸交流學術活動。2012 年擔任總統府國家安全會議諮詢委員，2015 年曾親身參與「馬習會」，在學術及兩岸事務上均扮演重要角色。

共同必修	中國研究方法論		
學群一	中共黨政專題研究	中共黨史專題研究	
學群二	國際關係理論與中共外交	中共與國際關係體系	
學群三	中國大陸經濟與社會發展專題	兩岸經濟社會發展比較	

資料來源：本研究整理。

　　2000～2003 年，魏艾所長任內除持續深化中國大陸與兩岸經貿研究，同時也順利完成東亞所從萬壽路的國研中心搬遷至政大校區內的重大工程。[54] 2003～2005 年，李英明所長十分注重研究方法的引介與反思，除自身著述甚勤之外，也定期邀集東亞所出身的學者回所分享，以掌握國內外學術脈動及拓展更多元的研究議題。[55] 2011 年，寇健文教授接任所長後，曾提及其進行課程調整是要作到三個調和：一是學術與實務，二是區域研究與社會科學，三是有限的師資與課程多元性。[56] 2017 年由王信賢教授接任所長，碩博士班的選課更加具體。[57]（詳如表 3-4）

---

[54] 東亞所 1968 年創所原位於金華街的政大國企中心，1970 年搬遷至萬壽路的國際關係研究所，2000 年後再搬遷至指南路的政大校區內。魏艾，東亞所第 2 屆博士，長期致力於兩岸經貿學術交流與實務，可參見魏艾等著，2003，《中國大陸經濟發展與市場轉型》，臺北：揚智文化，並著有《美國對中共之技術轉移：績效評估及其影響》及學術論文多篇，現仍於東亞所任教貢獻所長。

[55] 李英明，東亞所第 11 屆碩士及第 2 屆博士，2003 年任東亞所所長，2005 年接任政大國際關係事務學院院長，現為中原大學副校長。致力於馬克思主義及社會主義思潮研究，著作等身，代表著作有《晚期馬克思主義》（臺北：揚智文化，1993）、《中國大陸學》（臺北：揚智文化，1995）、《閱讀中國：政策、權力與意識形態的辨證》（臺北：生智，2003）、《中國研究：實踐與反思》（臺北：生智，2006）、《社會科學研究方法新論：模型、實踐與故事》（臺北：三民，2007）等，可參見李英明主編，《中國大陸研究》（臺北：巨流，2007）。

[56] 2014 年 1 月 13 日，寇健文所長訪談資料。寇健文，美國德州大學奧斯汀分校政治學系博士，致力於中共政治菁英研究，學術論文曾多次獲得研究榮譽肯定，著有《中共菁英政治的演變：制度化與權力轉移 1978～2010》（臺北：五南，2010）等，2011～2017 年擔任東亞所所長，現為政大國研中心主任。

[57] 王信賢，東亞所第 26 屆碩士及第 18 屆博士，2017 年接任東亞所所長並兼任國際事務學院副院長，研究範疇涵蓋中國大陸社會議題以及兩岸關係等，在學術及實務層面皆極為活躍，持續推動東亞所與國際學界對話與接軌。

表 3-4　2011 年以後碩博士生修課規劃

碩士班	分爲必修課程、核心課程、選修課程（畢業學分：33）			
	必修課程	中共黨史	研究方法暨論文寫作	6 學分
	核心課程	1. 中共政治發展 2. 中共對外關係 3. 中共經濟發展理論與政策 4. 中國大陸社會轉型與變遷 5. 兩岸關係：理論與實務		五大核心選三門課 9 學分
	選修課程	包括中共文獻解讀研究、東南亞區域政治等課程		18 學分
博士班	分爲必修課程、核心課程、選修課程（畢業學分：30）			
	共同必修	中國研究方法論		3 學分
	核心課程	1. 中共黨政發展專題 2. 中共與國際經濟體系 3. 中國大陸社會發展專題 4. 國際關係理論與中共外交 5. 兩岸關係專題		五大核心選三門課 9 學分
	選修課程	包括中國政治經濟、東南亞國際關係專題等課程		18 學分

資料來源：本研究整理。

　　另外，從 2019 年 8 月 1 日開始，爲進行政大國際事務學院的「院資源整合」，使得院內各系所與學程間的課程目標與學術訓練更爲一致，[58] 所有系所碩博士班都將國際關係理論與政治經濟學兩門課程分別納入「院群修」及「院必修」課程中，因此東亞所的課程也隨之調整。從表 3-5 可看出，「中共黨史」依然是所必修，研究方法則提升至院必修，原先在碩士班核心課程的中共對外關係課程，提升到院級的國際關係理論，與政治經濟學爲二選一的院群修，此亦符合東亞所學生作國際關係與區域內政兩個方向的訓練需求，而在所群修部分則增加東南亞區域研究。博士班大致延續此一開課邏輯，研究方法、國際關係理論與政治經濟學三門課爲院必修課程，有助於增進博士生在社會科學方法與理論的訓練，同時群修課也加入了東南亞研究。

---

[58] 政大國際事務學院的系所學程包括外交學系、東亞研究所、俄羅斯研究所、日本研究碩士學位學程、國際研究英語碩士學位學程、戰略與國際事務碩士在職專班、國家安全與大陸研究碩士在職專班、中東與中亞研究碩士學位學程。

表 3-5　2019 年新修訂碩博士生修課規劃

碩士班	分爲必修課程、院群修、所群修、選修課程（畢業學分：33）			
	必修課程	中共黨史（所）	研究方法（院）	6 學分
	院群修	國際關係理論	政治經濟學	二選一 3 學分
	所群修	1. 中共政治發展 2. 中共經濟發展理論與政策 3. 中國大陸社會轉型與變遷 4. 兩岸關係：理論與實務 5. 東南亞區域研究		五選三 各科 3 學分， 9 學分
	選修課程	包括中共文獻解讀研究、東南亞區域政治等課程		15 學分
博士班	分爲必修課程、所群修、選修課程（畢業學分：30）			
	院必修課程	研究方法 國際關係理論 政治經濟學		9 學分
	所群修	1. 中共黨政發展專題 2. 中共與國際經濟體系 3. 中國大陸社會發展專題 4. 兩岸關係專題 5. 東南亞研究：議題與方法		五選三 9 學分
	選修課程	包括中國政治經濟、東南亞國際關係專題等課程		12 學分

資料來源：本研究整理。

從上述課程的演變，約有幾點可以觀察：

一、東亞所於 1968 年創所時在課程上就規劃了兩大系統和四大領域，相當具有特色。到了 1990 年代初期，又增添了兩個領域，同時領域之間的比重也因時局變化與學術發展的需求而有所增減與調整，例如領域六逐漸提升成爲共同必修課程，取代早期對於共黨理論的探討，走向更能與西方學界銜接對話的社會科學訓練。

二、在 1997 年引入學群概念之後，又將六大領域的課程分別劃歸到共同必修與不同學群之中。一方面中共黨史持續成爲所有課程之重要基礎，一方面又將社會科學研究法、論文寫作、中國研究方法論等課程列爲碩博士課程走向社會科學

　　化的另一重要基礎。除此之外，研究生在主、副學群的選擇上，更可以和未來的研究議題相結合。

三、近年來在寇健文與王信賢所長任內，利用領域與學群的概念，再進一步將東亞所的課程規劃為共同必修、核心課程與選修課程等，其中最大的特點就是將兩岸關係從國際政治提升成一個獨立的課程領域，使得碩博士班原先的三大學群擴增為政治、國關、經濟、社會、兩岸等五個核心課程，研究生在選修課程時就可依照核心課程的精神進行聚焦。而隨著東亞所所在之國際事務學院系所「資源整合」，也影響了所的課程設計，使得「國際關係理論」與「政治經濟學」成為重要的「院級」課程。

　　整體而言，近幾年課程上最大的變動，就是原先以中國大陸為核心的黨史、政治、國關、經濟、社會等的課程方向之外，再突出兩岸關係的研究議題，並於這幾年再將東南亞區域研究納入，這也使得區域研究面向更加多元，同時也更加強調研究方法與途徑，藉由議題與研究方法的有效接合，使得東亞所課程呈現更豐富的學術面貌。

參、微觀視角：各領域課程演變的軌跡與分析

　　在分析東亞所五十年的課程發展時，由於受到 1990 年代之前相關資料尚未數位化與東亞所由國研中心搬遷至政大校區致使前期課程資料不甚完整的限制，因此以下我們利用政大課程系統所列自 1991 年迄今之資料進行彙整統計，索得共有 191 門課，並以圖表來顯現其中的比重與變化：

表 3-6　政大行政系統關於 1991 年以後迄 2019 年之東亞所開設課程

系統一	課程名稱	說明
領域一	1991 －三民主義與現代思潮、中國政治思想與制度專題。	計 2 門
系統二	**課程名稱**	**說明**
領域二	1991 －共黨問題研究方法、比較共黨政治體系研究、共黨研究方法、馬克思主義、共黨理論專題研究、俄共黨史專題研究、馬克思主義專題研究、共黨群眾運動、西洋近代唯物哲學。 1994 －俄共黨史、俄羅斯研究。 1995 －當代馬克思主義研究。	計 18 門

（接下頁）

	1997－俄羅斯對中共政策研究。 1999－後共產主義研究。 2001－後社會主義國家轉型。 2002－社會主義思潮。 2004－馬克思主義與當代中國研究。 2005－共黨政權的轉型與鞏固。	
領域三	1991－中共意識型態研究、中共領導人物專題研究、中共經濟專題研究、中共文教研究、中共經濟研究、中共外交研究、中共政治體系研究、中國大陸社會結構與變遷、中共派系政治、中共開放改革政策研究。 1992－中共法制專題研究、中共法制研究、中共文教專題研究。 1993－中共政治體系專題研究、中共黨史專題研究、中共國際關係研究、中共外貿研究、中共財政研究。 1994－大陸現況專題研究、中美關係、中共與朝鮮半島、中共外交專題研究、中共傳播問題研究。 1995－中共政治發展、鄧小平思想研究、中國大陸政治參與之研究。 1996－中共經濟發展理論與政策、中共人口政策、中共談判研究、毛澤東思想研究、中共外交與東北亞國際政治。 1997－中共民族主義專題研究、國際關係理論與中共外交研究、共黨群眾運動－中共民主運動、中共領導群像、中國近代思潮與中國共產運動。 1998－中國大陸社會問題專題研究、中共與國際經濟體系、大陸城鄉經濟發展專題研究。 1999－毛澤東思想。 2001－大陸產業政策與發展、中俄共關係史、中共實證研究、中共國際關係研究、全球化與中國大陸發展。 2002－中國大陸中央地方關係、大陸金融證券市場專題、全球化與宗教：中國大陸的宗教發展研究、鄧小平與江澤民思想研究、中共「大躍進」專題研究、中共外貿專題研究。 2003－文化研究與中國大陸研究、文化大革命專題研究。 2004－大陸城市基層治理、中國大陸三農問題專題研究、當代中國專題研究、社會資本與中國大陸研究、計量分析與中國大陸研究、中共解放軍研究、中共國防政策、中共對美政策、中國大陸當代思潮、中國大陸區域發展、中共政治改革。 2005－文化研究與文化資本：中國大陸研究途徑。 2006－毛澤東及其思想研究、中國與世界經濟。 2007－後現代主義與中國大陸研究、威權政治研究、消費文化與中國大陸研究、多元視角的中共黨史、全球化下的中共外交。	計104門

（接下頁）

	2008－應用計量分析：中國財政研究（2008）。 2009－建立新國家：中共經驗（1949～1956）。 2011－中國大陸經濟社會發展專題、實證政治經濟學與中國大陸研究（一）、中國大陸與國際政治經濟學理論專題、國家理論與中國研究、中國大陸之謎：威權主義與經濟發展的政治經濟學、組織理論與中國研究、新制度分析與中國研究、中國大陸政治經濟中的國際因素、比較政治經濟學與中國大陸研究。 2012－比較政治與中國政治、中國環境治理、中共軍事專題研究、中國大陸公部門改革專題研究、治理中國：個案分析。 2013－多元視角下的中共歷史、中國政治經濟、國際關係與中國對外政經發展。 2014－中國與東南亞政經發展、中共文獻解讀研究、中共菁英政治。 2015－跨國主義與中國大陸的人權、比較政治與威權政體、全球經濟思潮與中國大陸研究。 2016－文武關係專題研究、中國周邊外交研究、中國戰略思想。 2017－中國與亞洲經濟整合。 2018－中共政治制度專題討論。 2019－中國對外關係與全球治理、中共歷史研究著作選讀。	
領域四	1991－東南亞國協研究、東南亞各國政府及政治、中韓關係研究、韓國政治與外交、日本政治與外交、東北亞問題研究、東南亞問題研究、西洋近代政治思潮。 1992－東南亞與中共關係。 1996－現代政治問題研究。 2001－東北亞國際關係、世界體系與全球化。 2003－全球化的爭辯、全球社會學、國家社會學、國家安全專題研究、後現代國家與安全理論。 2005－東亞安全研究。 2013－東南亞比較政治。 2014－亞太政治系統、區域經貿整合與談判。 2015－比較政治專題：東南亞族群與政治、比較政治專題：東南亞民主化、東南亞國際關係專題。 2016－日本的中國研究、東南亞區域政治。 2017－爭辯中的人類安全：正義、平等、人道與人權。 2019－不擴散政策與目標：戰略貿易管控的執行、智庫外交與印太國際政治。	計 29 門
領域五	1995－分裂國家統一政策之比較。 1998－兩岸關係發展。 1999－兩岸關係研究途徑。 2000－資訊與兩岸關係專題研究。	計 19 門

（接下頁）

	2001－臺灣經驗研究：臺灣地區經濟發展。 2004－兩岸關係。 2005－臺商研究；臺灣、美國與中國的三邊關係。 2007－兩岸政治經濟。 2010－兩岸關係與區域安全。 2011－兩岸經濟社會發展比較。 2012－兩岸關係專題研究、兩岸關係專題：理論與實務、兩岸政策規劃。 2013－兩岸關係專題、策略規劃與管理、兩岸談判策略。 2014－談判策略、危機管理。	
領域六	1991－社會科學統計方法。 1995－中共研究方法論、當代中共研究途徑、比較政治學理論、中國大陸學研究、政治經濟學。 2000－後殖民與民族主義專題研究、中國大陸研究方法論。 2001－社會科學研究方法、論文寫作。 2004－經驗研究設計、中共研究與比較方法。 2005－質性研究方法、新制度主義。 2006－比較政治經濟經典、比較政治經濟導論。 2008－邏輯與社會科學。 2013－研究方法與論文寫作、比較政治經濟學專題。 2019－研究方法。	計 20 門
合計		191 門

資料來源：政大東亞所課程系統檔案資料，本研究整理。

　　從上述的比例，分別為領域一為 1%（不足）、領域二為 9%、領域三為 54%、領域四為 15%、領域五為 10%、領域六為 11%。可以圖示如下。

　　除比例之外，根據上述的整理，還有幾點可以作分析：

一、如前一節所示，張煥卿前所長在 1991 年上任後，調整相關課程之後，從實際開課比例上明顯看到中共各面向的研究成為主軸。

二、系統一（即領域一），實際上比例不足 1%，顯見進入後冷戰時代以及東亞所深化學術與國際接軌後，這部分的課程的確已不復見。

三、領域二的共黨理論與蘇共東歐，從早先共黨問題研究方法、比較共黨政治體系研究、共黨研究方法、馬克思主義、共黨理論專題研究、俄共黨史專題研究、馬克思主義專題研究、共黨群眾運動等課程，到 1990 年代中期之後課程逐漸減少與轉變，馬克思主義的新銓與「後學」角度的觀察，成為主要的研究與探討途徑。這些課程就呈現在當代馬克思主義研究、後共產主義研究、後社會主

圖 3-1　東亞所 1991～2019 年各領域課程比例圖

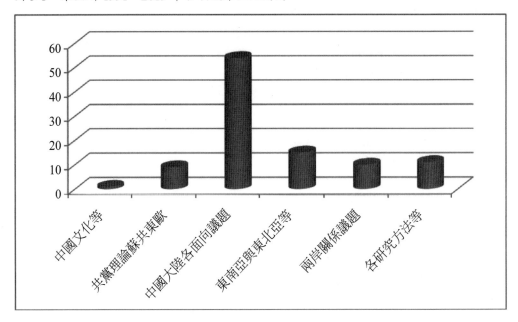

義國家轉型、社會主義思潮、馬克思主義與當代中國研究、共黨政權的轉型與
鞏固等，但這些課程自 2005 年後也逐漸淡出，反映了共產主義運動的退潮。

四、領域三的課程比重超過五成以上，基本上就是中國大陸政治、黨政、外交、
經貿、社會、文教等不同面向的講授及呈現。值得一提的是，李英明所長在東
亞所任教期間，以及其於 2003～2005 年任所長期間，非常強調研究方法的引
入，除本身開設有比較政治學、文化研究、全球化、後殖民、社會資本等研究
途徑之外，其他老師也開設與中國相關的方法論課程，而這種將「研究方法」
與「中國大陸」結合的途徑也連帶影響後續課程的命名與研究的方向，而有別
於過往多以大陸各面向問題為核心的思維方式。此外，新議題的開創與運用政
治經濟學研究途徑也成為課程開設另一新動向，前者例如環境議題與政治制度
的互動，後者開設之課程包括實證政治經濟學與中國大陸研究、中國大陸與國
際政治經濟學理論專題、中國大陸之謎：威權主義與經濟發展的政治經濟學
等，未來的動向值得再觀察。

五、在領域四的部分，包括東南亞與東北亞等研究，在 1990 年代及 2000 年前後開

設並不顯著，反而是全球化與相關議題成為此領域開設的新重點。[59] 2013 年以後，寇健文所長再次使東南亞的議題成為開課的焦點之一，這些課程包括東南亞比較政治、比較政治專題：東南亞族群與政治、比較政治專題：東南亞民主化、東南亞國際關係專題、東南亞區域政治等。一方面既銜接初期吳俊才所長的東南亞史專業課程，二方面也呈現對當局新南向政策的呼應。

六、在領域五的方面，關於兩岸關係的議題也呈現多元的面向。從 1995 年開始的分裂國家統一政策比較之後，繼而開展兩岸關係的各種議題與研究途徑，包括政治、經濟、社會等，以及具有臺灣特色的臺商研究。2012 年之後，寇健文所長邀請東亞所出身且在兩岸關係有深遠影響的張榮豐教授，在東亞所開設相關的政策與談判課程，期能培養研究生在實務方面的訓練。

七、在領域六，有關研究方法的部分也呈現出相當豐富的開設方向。從 1990 年代開始的社會科學統計方法、中共研究方法論、當代中共研究途徑、中國大陸學研究、政治經濟學、中國大陸研究方法論、社會科學研究方法、論文寫作、經驗研究設計、中共研究與比較方法、質性研究方法等，充分顯現東亞所近期極力希望藉由相關課程的引介，一方面使研究生能深化社會科學的學術素養，一方面也能與西方研究的方法和途徑，例如新制度主義、政治經濟學等進行對話，以提升本身的學術地位。

肆、師資的傳承接續與未來展望

由於東亞所在冷戰時期的特殊地位，[60] 因此隨著時序的演進，許多原先由第一代共產主義與中國大陸研究學者專家所講授的課程就逐漸由東亞所本身所培育的師資承接，形成極為特殊的傳統，而這也使得東亞所的精神迄今仍能持續傳承。

在領域一（系統一）的部分，除南懷瑾在博士班開課外，政治學者江炳倫也講授中國政治文化課程，[61] 馬起華教授則於博士班講授三民主義與共產主義比較之課程，[62] 但相

---

[59] 此時期東亞所有部分課程與外所合開，使研究生可拓展學術視野，如張亞中教授講授全球化的爭辯、林碧炤副校長講授國家安全專題研究等。

[60] 參見本書第二章。

[61] 江炳倫，生於 1933 年，福建人，印第安那大學哲學博士。曾任夏威夷東西文化中心副研究員、新加坡大學政治系講師，以及政治大學政治研究所教授與主任，著有政治發展的理論、政治學論叢、政治文化研究導論等，參見江炳倫，1985，《參與、開放、互信（一）》，臺北：時報文化。

[62] 馬起華，貴州人，國家法學博士，曾於美國威斯康辛大學進行研究，曾任政大三民主義研究所

關課程因時代變遷，因此並無承接情形。

在領域二中，共黨理論與蘇共東歐的師資逐漸由東亞所的所友接續。例如在鄭學稼之後，其所授的相關課程逐漸由東亞所學生段家鋒承接講授。段家鋒的碩士論文由政大出版，[63] 並受鄭學稼鼓勵研究第二國際，後赴美國哥倫比亞大學與史丹佛大學胡佛研究所研究。[64] 以後這一方面的相關課程則又由姜新立與李英明陸續承接。姜新立在東亞所師承鄭學稼與林一新曾出版《瞿秋白的悲劇》，[65] 後於 1990 年自美學成歸國後，除在中山大學講學外，也於東亞所兼課講授馬克思主義理論、馬列主義理論、新馬克思主義理論及後共產主義理論等，並將其學思成果以多部學術著作呈現。[66] 李英明在東亞所取得博士學位之後也陸續承接相關課程，講授社會主義思潮與馬克思主義等課程，同時也出版多部著作。另外，曾任政大哲學所長的沈清松教授也曾於東亞所博士班講授黑格爾法哲學批判及精神現象學等課程。[67] 此外，關於俄共與東歐集團課程方面，除由關素質講授俄共黨史等課程，後來東亞所出身的趙春山自美回國後，便開設東歐集團之政治課程。[68] 其後，隨著蘇東劇變，東亞所出身的吳玉山院士曾於政大俄羅斯所講授社會主義國家政治經濟轉型相關課程，不少東亞所學生前去聽課。曾任政大社會所長劉雅靈教授亦開設後社會國家轉型之課程。不過近年來隨著課程的調整，此一部分逐漸不在開設的範疇內。

在領域三中，中共黨史是最為核心的課程，也是五十年來持續不墜的唯一課程。從享譽中外的郭華倫執教以來，自 1984 年後由李天民教授接手，之後由張煥卿以及出身東亞所的施哲雄分別講授，1996 年開始由同樣出身東亞所的關向光授課，2013 年再由出身東亞所的鍾延麟傳承，可說是最為經典的課程。至於中共各面向的課程，李英明專注於中共意識形態；趙春山接續曹伯一講授中共黨政專題研究，近年則由鍾延麟接續講

及政治系教授，著有政治行為、政治學精義、三民主義政治學等多部政治學相關著作，可參見馬起華，1991，《當前政治問題研究》，臺北：黎明文化。

63　段家鋒，1972，《馬列主義世界革命運動概觀》，臺北：政大國研中心。

64　段家鋒，1981，《第二國際前期研究》，臺北：黎明文化；段家鋒，1987，《第二國際史》，臺北：商務印書館。

65　姜新立，1982，《瞿秋白的悲劇》，臺北：幼獅。

66　姜新立，1991，《新馬克思主義與當代理論》，臺北：結構群；姜新立，1997，《分析馬克思─馬克思主義理論典範的反思》，臺北：五南；姜新立，2004，《大轉變：後共產主義與後社會主義研究》，臺北：唐山。姜新立，2009，《解讀馬克思》，臺北：五南，一書為其「馬克思學」作一知識總結。

67　宋國誠，〈所友憶當年─東亞所，我的師與恩〉，《政大東亞研究所四十週年特刊》：33。

68　關向光，1996，〈自序〉，《論中共大躍進時期的「毛澤東路線」》，臺北：政大東亞所博士論文。

授；出身東亞所的趙建民講授中共政治體系與派系政治；出身東亞所的高永光講授共黨群眾運動，出身東亞所的朱新民講授中共改革開放政策研究；近年來同樣出身東亞所的蔡文軒也開始講授中共政治體制。至於中共軍事相關課程，主講戰略的蔣緯國將軍之後由葛敦華將軍接續，近年則由曾任政大國研中心主任的丁樹範講授。在中共外交方面，早期有知名史學家李定一講授中美外交史及中美關係史，[69] 華裔學者陳慶講授中國大陸外交，[70] 尹慶耀及楊逢泰所長講授中共外交課程，以後由朱新民與邱坤玄所長講授相關外交課程，目前則由薛健吾教授接續講授。在軍事和外交的部分並未出現師資承接的現象。

在中國大陸經濟、社會與文教課程等方面，隨著大陸改革開放以來，此部分的課程也逐漸加重。早期有知名經濟學者鄭竹園在東亞所客座，主講中共經濟。1980 年代中期有吳元黎自美來臺講授大陸對外經濟關係，美國知名經濟學者葉孔嘉也曾於 1987 年到東亞所客座。此後，經貿相關課程多由李華夏與魏艾講授，另外康榮寶講授中國大陸金融市場課程，目前則由劉致賢承接中共與國際經濟體系課程。在這一塊也未出現師資承接。在社會議題方面，自 1990 年代開始多由施哲雄所長講授，之後由耿曙與王信賢講授。在文教方面，早期有金達凱教授講授，[71] 之後由出身東亞所的汪學文與唐勃主講。

在領域四的方面，早期吳俊才所長講授東南亞史及印度史等課程，東北亞相關課程則有陳水逢及譚溯澄教授講授。之後東南亞相關課程由江炳倫及陳鴻瑜教授講授，近年東亞所積極再重新關注東南亞相關議題，如東南亞區域政治、東南亞比較政治、中國與東南亞政經發展、東南亞國際關係專題等，則由孫采薇及楊昊講授。

---

[69] 李定一，重慶人，畢業於西南聯大歷史系，曾任臺灣大學歷史系教授、香港中文大學聯合書院歷史系主任兼文學院院長、政大歷史系教授等，曾多次赴美、英、日、德、韓等國訪問研究，可參見《中美早期外交史（1784〜1894 年）》（臺北：三民，1985），其他學術著作有《中國近代史》、《中美外交史》、《中國近代史論叢》、《俄羅斯源流考》、《世界史綱》、《中華史綱》等。

[70] 陳慶，美國羅格斯大學（Rutgers University）資深教授，曾執教於美國布朗大學、國立政治大學（客座教授），並曾任美國哥倫比亞大學資深研究員及美國國務院外交官評審委員，著有《中共對臺政策之研究》（臺北：五南，1990）。

[71] 金達凱，生於 1925 年，安徽人。1950 年來臺，筆名司徒敏、金聲，武昌中華大學歷史系畢業，曾任政戰學校系主任，政治大學東亞研究所教授，其後歷任香港中國問題研究所研究員、香港民主評論總編輯、香港時報社長、香港樹仁學院中文系主任、香港能仁書院文史所教授兼教務長等職。退休後，任亞洲華文作家協會香港分會榮譽會長、香港中山學會董事會名譽會長。其作品以戰鬥文藝為主，尤其對於大陸文藝活動與文藝思想有深入研究，曾獲國家文藝獎。國立臺灣文學館，〈臺灣作家作品目錄〉，http://www3.nmtl.gov.tw/Writer2/writer_detail.php?id=893，查閱時間：2019/11/20。

在領域五的方面，自 1990 年代之後兩岸關係不斷分合變化，知名學者邵宗海、楊開煌教授等都於東亞所開設相關課程，其後有耿曙教授開設兩岸關係並新闢臺商研究議題。近年兩岸關係相關課程則由出自東亞所的王信賢所長及王韻開設，另外區域經貿談判則由張榮豐教授講授，近年則由徐純芳教授講授。

在領域六的方面，1980 年代博士班由知名政治學者易君博講授社會科學研究方法，後來由譚溯澄教授講授，之後由李英明所長與耿曙教授講授社會科學研究方法與論文寫作，近年由薛健吾承接。另外關於中國研究方法論則由黃瓊萩教授講授。此外，關於社會科學統計方法，早期有歐陽新宜與曾任政大財政所長黃智聰開設，近年則由蔡佳泓教授開設。

總體而言，從師資承接的角度來看，最為明顯的是在領域三的中共黨史部分，其次是在共黨理論與蘇聯東歐、領域三的其他部分（例如黨政），以及兩岸關係。從這裡可以看出東亞所所培育的師資最突出的還是在思想、歷史，與黨政。至於其他部分的師資，則多需要延攬外部更廣闊的人才。

伍、結論

東亞所歷經五十年來的發展，從前述課程的規劃與演進中，可以看出該所在政治與學術天平上，既要面對如何承續其既有的傳統與精神，同時又要開創其與時俱進的新路徑，著實可謂不易。在這半個世紀中，隨著研究議題的移轉或擴大，東亞所從自身具有比較優勢並受國際學界注目的中共黨史與共黨理論，逐漸引進更多社會科學的研究方法與理論模式，而能持續與國際學界對話，提出令人重視的觀點。其中中共黨史是半世紀來至今仍是唯一不變的核心課程，並且展現了獨特的師資傳承，而成為東亞所的重要特色。

從宏觀視角來看，東亞所從原本兩大系統四大領域，逐漸轉移成六大領域，提升了中共各面向相關議題之研究，尤其是增加社會經濟的課程，同時又突出了研究兩岸關係的重要性，以及對社會科學研究方法的講求。其後並運用學群的概念方便研究生更能聚焦，近年則形成共同必修、核心課程、選修課程的規劃。從微觀視角來看，第一領域對於中國文化、政治思想和三民主義的討論，是在對岸推動經濟改革與實質上逐漸放棄社會主義的理想、和臺灣本身政治變遷的情況下逐漸消失。在第二領域當中，共黨理論逐漸轉成馬克思主義新銓與新馬等思潮的引進，蘇東集團的研究也逐漸轉移成後社會主義國家的研究與比較，晚進並且和威權韌性等重大比較政治的研究主題掛勾。在第三領域

中共各面向的研究中，從早期黨政與人事逐漸增加更多中央地方關係之研究，同時經貿與社會議題、中共外交與國際體系也逐漸成為探討範疇。另外也將更多研究方法引入中共研究，包括文化研究、社會資本、政治經濟學等，期能更加與國際學界接軌。不過第三領域的黨史研究，則展現了「周雖舊邦，其命維新」的態勢，不但始終作為東亞所課程的骨幹，歷經半世紀而不變，更在師資傳承上展現了最大的延續性，同時在培育人才、國際交流合作，與研究成果發表上也成為東亞所的一個獨特亮點。在第四領域的課程當中，對於東南亞與東北亞的課程，經歷了幾波起伏，一直到政府大力推動南向與新南向政策後獲得了較大的重視，這也彰顯了當初設定東亞所的名稱時內建的架構彈性所代表的意義（參閱本書第二章）。第五個領域是在 1990 年代兩岸關係迅猛發展後所出現的新議題，其當代性最強，與現實政策的關聯性也最大。最後，第六個領域的勃興所反映的是東亞所與國際學術接軌的旺盛企圖。很顯然地臺灣的中國大陸研究具有其特殊的視角與研究利基，但是這些有利條件還是必須透過國際學術界所普遍接受與適用的方法、框架與理論才能夠達致確實論證、交流共享，和發揮學術的影響力。這六個領域的相對發展，所代表的是國際和兩岸局勢的變化、臺灣內部的政治變遷，和東亞所力爭學術表現的企圖。這半世紀以來，透過歷任所長的努力不懈，利用本身獨特的條件與外在環境，東亞所為臺灣的中國大陸研究提供了最重要的人才庫。五十年來歷屆研究生逐漸嶄露頭角，許多所友在國內外持續進行學術上的精進，出版諸多學術著作，發揮重要的學術影響，並在多個領域逐漸承接課程講授，延續了學術傳統，也成為東亞所精神傳承重要機制。這種半世紀一脈相承的使命感和內聚力，在國內的高等學術機構中，應是獨一無二的。

　　時至今日，東亞所仍面對諸多學術挑戰，未來因勢而變的課程規劃將是最為重要基礎工程。回首東亞所半世紀來的課程演變歷程，將有助於東亞所繼往開來，並為日後「東亞學派」（具有臺灣特色的中國大陸研究）奠定基礎。最後，從 1968 年 12 月 4 日蔣經國擔任國防部副部長時，接見東亞所師生所說的其中一段話，值得我們深思：[72]

　　　　我們在從事研究的時候，固然要有主張，有立場，但一定要客觀。我們有反共的立場和反共的主張，但是要達到反共的目的，例如對共匪的人事、政治、組織、經濟與外交問題等作研究，就必須客觀。所謂客觀，就是有主見而無成見。因為有成見，就找不出真理，根據成見所看到的東西，似乎是真理，其實不是，這樣的結果，一定會失敗的，這就是我們研究的基本態度。各位都

---

[72] 蔣經國，「蔣先生約見東亞研究生員生講話」。資料來源：轉載寇健文所提供之資料。

是大學畢業優秀的同學，參加本所以後，將來不僅是個人有大的成就，對國家也能作大的貢獻。我們作事，不在人多，只要精幹。我相信，本所一定能培養出爲三民主義而奮鬥的思想鬥士。

時代在改變，東亞所的任務自與當年不同，但是「有主見而無成見」仍然是從事研究的重要指標。如何在最爲敏感的研究議題上，克服政治的成見，運用科學的方法，來獲得有效的知識，以發展學術理論，並作爲政策的依據，這些要求並沒有隨著時間而改變。而課程的規劃與設計，就是要讓這些要求能夠實現。有過去半世紀的經驗，東亞所在未來的第二個五十年中，定能設計出更能堅持優良傳統、又能與時俱進的課程，作爲培育臺灣中國大陸研究人才的基礎。

參考文獻

尹慶耀，1990，《共產主義在中國大陸的實驗》，臺北：幼獅。

中華民國當代名人錄編委會，1978，《中華民國當代名人錄》，臺北：中華。

尼洛，1995，《王昇：險夷原不滯胸中》：284-287，臺北：世界文物。

吳俊才，〈作反共思想的鬥士〉，《東亞研究通訊》：1-2。

吳俊才，1977，《東南亞史》，臺北：正中書局。

吳俊才，1981，《印度史》，臺北：三民。

吳德里主編，1997，〈吳俊才先生年表〉，《愛國與愛才：懷念吳俊才先生文集》：218-223。

李英明主編，2007，《中國大陸研究》，臺北：巨流。

林一新遺著、姜新立整理，1990，〈馬克思的資本論〉，李英明編，《資本論導讀》：11，臺北：時報文化。

周瑞金、張耀偉，2015，《南懷瑾：一代大師未遠行》，臺北：風雲時代。

施哲雄等著，2003，《發現當代中國》，臺北：揚智文化。

姜新立，2009，《解讀馬克思》，臺北：五南。

陶晉生編，2014，《陶希聖日記（上）（下）──中華民國立足台澎金馬的歷史見證》，臺北：聯經。

寇健文，2010，《中共菁英政治的演變：制度化與權力轉移 1978-2010》，臺北：五南。

陳玉堂編著，1993，《中國近現代人物名號大辭典》，浙江：杭州古籍出版社。

陳存恭等，1994，《陶希聖先生訪問紀錄》，臺北：國防部史政編譯局。

張炎憲、許瑞浩訪問，許瑞浩、王峙萍記錄整理，2009，《從左到右六十年：曾永賢先生訪談錄》，臺北：國史館。

張煥卿，2011，《情誼涓滴訴不盡》，臺北：文史哲。

楊逢泰，2003，《現代西洋外交史：兩次世界大戰時期》，臺北：三民。

趙春山，2019，《兩岸逆境：解讀李登輝、陳水扁、馬英九、蔡英文的對治策略》，臺北：遠見天下文化。

褚填正，2017，《當代中國學在臺灣：政治大學東亞研究所的肇基與嬗遞（1968-2015）》，臺北：國立臺灣大學政治學系中國大陸暨兩岸關係教學與研究中心。

鄧公玄，1979，《浮漚掠影》，臺北：中外圖書出版社。

關向光，1996，〈自序〉，《論中共大躍進時期的「毛澤東路線」》，臺北：政大東亞所博士論文。

關素質，1983，〈自序〉，《蘇俄黨政演變之評析（上）（下）》，臺北：黎明文化。

魏艾等著，2003，《中國大陸經濟發展與市場轉型》，臺北：揚智文化。

第四章

東亞所中共黨史課程的回顧與考察：
設置、傳承和影響

鍾延麟

壹、前言 [1]

　　國立政治大學東亞研究所自 1968 年成立迄今屆滿五十週年。在當前臺灣的學術界、政府部門、新聞界，以致於商界，都可見到東亞所畢業所友活躍的身影，由此可見其對臺灣的深遠影響。在政大東亞所橫跨半個世紀的時間裡，長年皆設有中共黨史的課程。此一課程的修業學分和上課時數，歷年來縱然存有一些變化（從早期的 4 學期 8 學分到 2 學期 6 學分，再到現今的 1 學期 3 學分），但在東亞所開設的所有課程中，乃是唯一設置未曾間斷、名稱也保持一致連貫的課程。

　　長期下來，中共黨史既是東亞所的基礎課程與基本要求，業已成為東亞所課程設計安排的一項傳統特色。

　　本文旨在介紹和探討：東亞所為何長年不輟地設置中共黨史課程？多年以來是哪些人員負責相關的教學和研究工作？其各自有何特色並對臺灣的學界產生何種重要影響？未來又有哪些展望？本文的重要性，除了有助於了解東亞所本身的一個重要發展面向，同時也可裨益於認識臺灣的中共歷史教學和研究的重要源起和演變歷程，以及從一個側面觀察臺灣的中國研究的世代交替和人員出身的轉變。

貳、中共黨史課程的設置情形

　　吳俊才主持國際關係研究所時，鑑於中國大陸問題研究的重要性，以及當時的研究人力多屬於軍事和情報單位，便擬議成立一所可以培訓相關人才的學術機構。吳俊才的提議先後獲得當時掌理國家安全事務的蔣經國、擔任中華民國總統的蔣中正的同

---

[1]　作者特別感謝關向光教授、施哲雄教授和褚塡正博士對本文的惠予指導和支持，也感謝兩位審查人所提供的重要建議和意見。

意。1967 年 2 月 14 日，蔣中正親自召見吳俊才，「面示創辦研究所，開設在大學內，培養反共思想鬥爭的人才，分門別類研究共黨問題，有系統的整理和出版有關資料，並聯繫國內外的學者專家」（佚名 1992, 114-115；李慶平 2016, 74-75；施哲雄 1997, 146-147；唐柱國 1997, 122-123；吳俊才 1975, 1-2，轉引自褚塡正 2015, 73；政治大學東亞研究所）。在最高領導人的直接關注下，吳俊才進而開始在國立政治大學著手籌設、創辦東亞研究所。

　　從政大籌備設置東亞所之初，到東亞所具體開始授課起，中共黨史課程即被列入在內。1967 年 4 月 26 日，政治大學 55 學年度第 2 學期臨時校務會議，討論教育部長閻振興的來函：其指示政治大學與國際關係研究所商議，合作設立政治研究所大陸問題研究組（或東亞研究所）。經會議議決「合作辦法通過提校務會議」；之後決議將名稱定為「東亞研究所」，合作辦法修正後通過（國立政治大學秘書室 1967, 1147；國立政治大學 1967）。

　　依據相關合作辦法：從 56 學年度起，政治大學與國際關係研究所合作設置東亞研究所；課程規定一般政治基本課程及東亞問題課程，各占一半，初期研究大陸問題課程，按照國際關係研究所的研究範圍——理論與策略、俄共史與中共史、黨務與政治（包括外交）、經濟與財政、教育與文化、社會與群眾（民運），對應分類設置，授課以專題討論為主（國立政治大學 1967）。1968 年 4 月 3 日，政治大學第 352 次行政會議通過「東亞研究所暫行科目表」，其中「中共黨史」（2 學分）名列在必修科目之內（國立政治大學秘書室 1968, 1325）。1968 年 10 月 1 日，東亞所正式開課。在第 57 學年度開設的課程中，就有郭華倫負責講授的中共黨史，其他課程包括：中國文化之研究（錢穆講授）、中國政治思想之研究（陶希聖講授）、馬列主義之研究（鄭學稼講授）、三民主義與共產主義之比較研究（崔垂言講授）、中國文化史（傅宗懋講授）、中國政治思想史（楊樹藩講授）（國立政治大學秘書室 1968, 1389）。

　　以當時臺灣海峽兩岸之間高度敵對和緊張對峙的狀態，以及臺灣內部論及中共事屬敏感、甚至談虎色變的政治氛圍下，東亞所開設專門的中共黨史課程並將之列為學生之必修，恐怕是開創臺灣高等教育的首例。

　　東亞所之後的課程雖然幾經分類和調整，中共黨史皆是固定開設、傳授的課程。東亞所創建後早期的課程設計，沿用了國際關係研究所的「匪情」、「俄情」、「經濟」、「國際」等分組思維，逐漸形成中國文化及三民主義、共產陣營研究的兩大系統，以及包括：中國文化、共黨理論與俄國史、中共黨史及各面向研究、東亞局勢及國際現勢的四項領域（吳俊才 1985, 69；王綺年、胡依蝶 2008, 16-17；褚塡正 2015, 22, 88, 90）。

時至 1991 年，爲因應 1980 年代末中國大陸的「天安門事件」，以及之後東歐共黨政權和蘇聯相繼瓦解的政治鉅變，在所長張煥卿的主持下，東亞所課程進行調整，分爲「基本課程」和「實務課程」。中共黨史和共產主義理論、俄羅斯研究等課程，被歸類設定爲學生必須研修的基本課程。

1997 年邱坤玄擔任所長後，引進「學群」概念，推動碩士班、博士班課程變革，將所有課程分爲「必修科目」（碩士班學生必修中共黨史、社會科學研究方法、論文寫作）和「三大學群」（黨政學群、社會經濟學群、國際政治與兩岸關係學群）。希冀研究生一方面經由修習「必修科目」，以奠定、養成基本能力；另一方面，透過修習學群課程，以確認專業領域與研究方向（政治大學東亞研究所；褚塡正 2015, 93, 362）。由此可見，中共黨史的課程研習，被視爲東亞所碩士生的必備訓練。博士班課程雖有些微變化，但大致上是以「中國研究方法論」作爲必修，「中共黨史專題研究」課程則納入學群課程（褚塡正 2015, 363-364）。

時至今日，東亞所課程的設計理念，朝向區域研究訓練並輔以專業學科訓練，期能達到兼顧理論與實務的需求。碩士班修業模式採行核心領域選修，並具體規劃「政治轉型」、「經濟發展」、「社會變遷」、「對外關係」及「兩岸關係」五大核心議題課程。中共黨史與「研究方法暨論文寫作」則繼續並列爲必修課程（政治大學東亞研究所）。

東亞所固定開設中共黨史課程，並指定要求學生修課學習，乃是其歷屆所長和老師的高度共識。東亞所對中共黨史課程一以貫之的重視，主要概有三項考量：一、有助於學生以歷史縱深的視野，了解中共自身的崛起和發展過程；二、有益於學生掌握中共領導下中國大陸政治、經濟、社會、外交等各方面，在思維、方針和政策上的時間演變；三、有利於學生增進對中共當前黨國治理、施政作爲的理解和掌握。東亞所自創建以來對於中共黨史課程持續不斷的重視，相較於臺灣之後其他新設的有關中國大陸問題的研究所，顯得獨樹一幟、格外突出。事實上，國外大學的中國研究課程，恐也無類似東亞所對中共黨史教學和學習的深入強調和一貫要求。

參、中共黨史課程的師資傳承

自 1968 年起，東亞所半個世紀以來的中共黨史課程，主要先後由郭華倫、李天民、張煥卿、施哲雄、關向光、鍾延麟負責傳授、教導。以下分別簡述其各自的出身背景、研究著作、課程特色，以及學生對之的印象回憶。

一、 郭乾輝 （華倫）

郭華倫（1909～1984），早年參加中共革命活動，親身參與中共「長征」（1980年代擔任中共最高職務中央主席、中央總書記的胡耀邦，當時為其下屬）。郭華倫之後在中共重要領導人張國燾、周恩來的指揮下擔任要職。中日戰爭期間，郭華倫改變政治立場，轉而效力國民政府，之後擔任重要的情治官員。吳俊才主持國際關係研究所期間，在蔣經國的推薦下，延攬郭華倫出任該機構的副主任並擔任《匪情月報》主編，可見對其之重視。吳俊才籌辦東亞所之時，郭華倫以籌備委員身分參與；吳俊才也邀請郭華倫負責在東亞所教授中共黨史的課程，並且對於後者撰寫出版的《中共史論》大加支持、為之作序。

東亞所第三任所長（1974～1980 年）曹伯一認為郭華倫在東亞所碩士班講授中共黨史課程，自是「不作第二人想」：

> 第一，郭老有那麼豐富的親歷經驗；第二，郭老從三十年代開始，已經著手作全面性整理工作，並發表整理結果；第三，郭老可以在自由天地中開拓思想領域，在意境上，可以遠遠超越中共人員所撰寫的中共黨史之上。集結了這些有利因素，郭老這門課，不止是敘述的，也是批判性的，學生們受益匪淺。（曹伯一 1985, 123）

正因為郭華倫對中共發展的親身經歷，以及他對中共歷史的多年治學和豐碩成果，犖犖大者如：結合了臺灣對中共早期活動資料的特有收藏、作者早期置身中共陣營的見聞感受，以及其自身長期積累的研究功力而成的《中共史論》四冊，以及含括黨史問題、中共問題、研究共黨方法等論文的《中共問題論集》。學生對之心生傳奇之感，也留有深刻印象。卜大中（1985, 131）（碩士班 7 屆）即以「有股神祕的吸引力」形容郭華倫的中共黨史課程，並指出其談論中共往事歷歷如繪、臧否中共人物生動傳神；另外，郭本人具有不激動、不說重話、不賣弄、不埋怨、不驚奇，也從不慌亂的特質，從之身上學到一種「透徹、涵容、心靈的平靜」。後來留在東亞所教授中共黨史的施哲雄和關向光，也分別回憶郭華倫的上課情形。

施哲雄憶及：

> 郭華倫老師的中共黨史課，我們當時一共要上八個學分（1 學期 2 學分，總共 4 學期，等於兩學年）。在黨史課上，郭老師講述的時間約有 70%，指

定讀物就是他的《中共史論》。內容是以毛澤東為中心的上層中共黨史，時間
範圍講到 1945 年。後來與大陸人士往來時，對方會覺得我們知道的很細、很
深入，甚至有些事是他們不知道的。（作者訪談，施哲雄，臺北，2018 年 10
月 3 日）

關向光表示：

> 大家都很好奇想請問他過去在共黨之事，但他不說。上課時，以他的四大
> 冊著作為主，上下學期共 4 學分。碩士班的時候有學科考，另外郭老師會期末
> 考，也以他的著作為主。中共黨史的分量很重。他常用化名「陳然」來說某件
> 事，其實就是他自己。（轉引自諸填正 2015, 83, 注釋 237）

東亞問題研究班第一期（1969 年入學）的王章陵亦表示：

> 郭華倫在共產黨裡面是很高的職位的……他就是史嘛。他講歷史，講共產
> 黨黨史，黨史就是熟嘛，這是你不可以否認的。因為你其它的都不知道，像我
> 們也不知道……他講歷史這就他的長處呀，你聽了他愛，他能夠從生活、從實
> 際狀況，他一講起來你也聽了有興趣是不是？教課，教課學生聽了有興趣，那
> 個只有他能講。（溫洽溢 2009, 4, 11）

郭華倫除了長年負責講授中共黨史，也曾經代理東亞所所長（1973～1974）。1981
年秋東亞所增設博士班，郭華倫為之開設「中共黨政專題研究」課程，上課方式採取
指定閱讀、個別報告和集體討論方式。課餘之時也勤於指導學生論文（芮和蒸 1985,
121）。曾任東亞所所長的芮和蒸（1985, 121），就形容郭華倫與早期東亞所之間的關
係，是「二而為一，幾不可分」。

二、 李天民

李天民（1910～1993），中央軍校武漢分校六期畢業，之後赴日本留學，獲得早稻
田大學經濟學士；1947 年當選國民政府行憲後第一屆四川省立法委員；曾在國府首都
南京擔任《中國日報》的主筆、總編輯，並任中國國民黨中央委員。李天民從 1960 年
代開始致力於中共領導人物研究，期以探究中共發展的歷史過程（吳文津 1994），其

著作等身，包括：《中共與農民》、《周恩來評傳》、《林彪評傳》、《華國鋒與華國鋒政權》、《中共研究之晦暗與黎明》、《劉少奇傳》、《鄧小平正傳》、《評周恩來》等書。由於李天民對中共歷史和政治的長期鑽研和深度研究，其對中共政情的研究報告，有時直接送呈蔣中正參閱；其對中共歷史人物的深入研究成果，在多年後仍有西方研究者提及。

　　1984 年郭華倫病逝，鑑於東亞所碩士班中共黨史課程的重要性，東亞所創辦人吳俊才直接建議東亞所聘請在國際關係研究中心擔任研究員的李天民，負責講授此一課程。另外，李天民也在博士班開設「中共黨史專題研究」、「中共人物專題研究」，直至 1993 年初因病辭去教職（李開敏 1994, 87）。李天民在東亞所任教期間對學生的愛護和本身治學的嚴謹，使之甚得學生的尊崇和敬佩。

　　關向光在其博士論文「自序」中表示：

　　　　我之所以決定專攻中共黨史，是李老師鼓勵所致。李老師是國際知名的中共黨史權威，尤其對周恩來與劉少奇的研究早已揚名海內外，即連中國大陸都要翻譯李老師的日文著作。以李老師這樣一位前輩，卻毫不吝惜地對後學者稱讚和鼓勵，更讓我受寵若驚。原本在曹老師外，李老師也答應當我的指導教授，但我還未動筆，李老師便已謝世。我只能從老師的著作中去學習歷史研究的方法，佩服老師對資料的駕馭自如，而我卻常被資料牽著走；同時也體會歷史研究必須長時期研讀資料，沒有捷徑可言。（關向光 1996）

後來也從事中共歷史研究的王振輝（碩士班 20 屆、博士班 10 屆）也表示：

　　　　至於為學的態度，師長們中對我影響最深的應該是李天民老師和尹慶耀兩位老師，我上兩位老師的課時，他們都已年近八十了，可是他們對學術的熱情始終不減、甚至更勝年輕人，他們為學嚴謹、熱誠的態度深深感染了我……。（王振輝 2008, 83）

三、　張煥卿

　　張煥卿乃國立政治大學邊政系學士、政治學研究所碩士，參與東亞所的籌備工作並擔任專任講師，後來取得美國德立華大學（University of Delaware）碩士；曾任東亞所

所長（1991～1994 年），撰有《中共蘇聯研究論集》，並與段家鋒、周玉山主編《中國大陸研究》。1993 年張煥卿接替李天民，開始負責講授中共黨史課程。

張煥卿為準備接任此一課程，專程赴中國大陸購置關於中共黨史的圖書資料；其事先備有精心整理的歷史筆記，在課堂教學上，著重介紹中共早期的發展歷程，詳細講解相關歷史的前因後果（王綺年、胡依蝶 2008, 26；作者訪談，李俊融（碩士班 31 屆、博士班 21 屆），臺北，2018 年 9 月 28 日）。張煥卿另外也開設「中共領導人物群像」的選修課程，側重引領學生認識中共早期的重要領導人。

四、 施哲雄

施哲雄是東亞所碩士、博士畢業，畢業論文分別是〈中共游擊戰爭之研究〉、〈江西蘇維埃時期中共黨軍關係之研究〉，另外編撰有《發現當代中國》；曾任東亞所所長（1994～1997 年）。由於施哲雄本身研究中共歷史，再加上東亞所相關課程的需要，其搭配張煥卿的講授範圍和進度，另外增設中共黨史（二）課程，專門側重介紹 1949 年以後的中共歷史發展。現任東亞所所長王信賢（碩士班 26 屆、博士班 18 屆）曾對此回憶：

> 我在碩士班時，原本黨史是由張煥卿前所長講授，但因為講課進度的問題，後來再由施哲雄老師加開「中共黨史二」，他是由 1949 年開始講，非常精采，所以我們碩一、碩二黨史共修 8 個學分……。（轉引自褚填正 2015, 258）

五、 關向光

關向光是在東亞所完成碩士和博士學業，碩士論文是〈羅馬尼亞自主路線之研究〉，博士論文是〈論中共大躍進時期的「毛澤東路線」〉；其與李英明主編《中國研究的多元思考》。關向光對毛澤東思想的研究，曾引起中國大陸相關專家學者的注意。關於東亞所中共黨史課程授課師資的傳承歷程，關向光表示：

> 我在念碩班的時候，黨史還是郭老師教。以後郭華倫老師過世之後，就由李天民老師教。……李老師有糖尿病，身體不好。之後就是張煥卿與施哲雄老

師教，兩部分的課程會重疊，因為黨史很重要，所以會有專題的差異。之後，我在 1996 年畢業，就開始教中共黨史，印象是 2 月那時開始教，也有課程重疊，以後就全由我教，現在都是 3 學分。（轉引自諸墝正 2015, 注釋 237）

關向光的中共黨史課程的教學方式，係結合主題講授和課堂討論，學生每週閱讀課程指定的教科書或輔助教材，從中摘整重點、提出疑問，進而在課堂上提出和進行討論。關向光指定學生閱讀、使用的讀物資料，曾有中國大陸出版的中共黨史書籍，邵軒磊（2008, 87）（碩士班 34 屆、博士班 24 屆），便曾回憶：「當時的黨史課，直接使用中國官修的歷史教科書，關老師讓我們每次讀三章左右，寫小報告討論。」另外，關向光也曾指定課程使用臺灣中央研究院院士陳永發所著的《中國共產革命七十年》。關向光負責傳授中共黨史之時，也致力開設其他多門中共黨史相關的課程，除了博士班必修的「中共黨史專題研究」，另外設有：「中共『大躍進』專題研究」、「文化大革命專題研究」、「毛澤東思想」、「多元視角的中共黨史」，以及「建立新國家：中共經驗（1949～1956）」等專題課程。[2]

六、 鍾延麟

2013 年 9 月起，東亞所碩士班的中共黨史課程，開始由鍾延麟負責教學。鍾延麟也是東亞所的碩士、博士，在關向光的引領下系統地學習中共黨史，並師從中研院的陳永發，著有《文革前的鄧小平：毛澤東的「副帥」》。鍾延麟另外在東亞所博士班開設結合中共黨史和當前政治的「中共黨政發展專題」群修課程，也曾開設「中共『大躍進』專題研究」、「中共『文化大革命』專題研究」的選修課程。

東亞所上述各階段中共黨史課程講述者的研究成果，例如郭華倫的《中共史論》以及李天民、關向光、鍾延麟各自關於中共歷史人物的研究著作，皆曾受到中國大陸學者、同行的注意而有所介紹和評論，有些也引起西方研究者的興趣和關注。以相關學術

---

[2] 「中共『大躍進』專題研究」旨在探討 1958 至 1960 年的「大躍進」運動，幫助學生理解中共意識形態與政策間的關連、理想與現實間的差距和張力、中共菁英政治中的權力關係等課題；「文化大革命專題研究」以中共「文化大革命」為主題，解構其複雜面向；「毛澤東思想」希冀透過思想史與思想概論反思中共意識形態與實踐之互動關係；「多元視角的中共黨史」意圖打破「中共革命」一元論觀點，關注其革命下各種多元或被忽視的歷史表現；「建立新國家：中共經驗（1949～1956）」探討中共建政初期對國家的想像、治國方略設計和政權鞏固等問題。關向光的歷年開課資料，作者整理自國立政治大學課程查詢系統，http://wa.nccu.edu.tw/QryTor/Default.aspx?language=zh-TW。

研究爲基礎的教學內容，也因而具有一定的深度。

另外，回顧東亞所半世紀以來中共黨史的師資變化，亦可以發現如後的變化軌跡：從早期具有親歷共黨經驗的「匪情研究」專家到參與實際政治活動的「中共研究」專家，再到純學術的「中國研究」教研人員。這也是一個側面反映：臺灣的中國大陸問題研究人員不同世代的出身背景，越加朝向學術性的發展趨勢。

肆、中共黨史課程對臺灣學界的影響

東亞所的中共黨史課程對於臺灣的中國研究產生什麼樣的長遠影響？首先，東亞所相關課程和師資的一個重要的教學成果和直接的教育貢獻，就是用心指導、成功完成了一批以中共黨史爲題的學位論文。因爲東亞所早期中共黨史課程的修課時數長、歷史研究的資料較易取得，以及歷史研究方法的普遍使用等因素，中國近代史和中共黨史成爲東亞所學生學位論文的主要選題方向之一。由於論文爲數頗多、也有一定品質，東亞所也因此成爲臺灣早期中共黨史研究成果的重要生產地。

另外，基於不同時期授課老師的各自研究專長和興趣，東亞所關於中共歷史的學生論文題目也別有側重。以執教時間較長的郭華倫和關向光爲例，郭華倫指導的學位論文，主要關乎中共要人、重大政策和事件；關向光指導下的論文主題，則從傳統的政治菁英和重要史事，另外擴及知識分子、文藝和女性等議題。如此折射出東亞所對中共歷史的關懷相對擴大。

其次，東亞所的中共黨史課程也爲臺灣初步孕育、培養了一批後來從事中共歷史教學和研究的人力資源。這一方面表現在東亞所自身內部中共黨史課程師資的傳承：施哲雄、關向光以及鍾延麟，皆是東亞所培養的博士並回到所上擔任中共黨史的教學。另一方面，表現在東亞所培養的博士到臺灣其他大學擔任中共黨史的教學和研究工作。具體的例子如下：國立中央大學的齊茂吉（碩士班8屆、博士班2屆），著有專書《毛澤東與彭德懷、林彪的合作及衝突》和《林彪政變》；私立輔仁大學的克思明（碩士班11屆、博士班9屆），著有《國共關係新論：從俄聯、聯共到三大政策的辯證》和《論中共之農村動員：武裝、革命與政權》；私立靜宜大學的王振輝，撰有《民粹主義與毛澤東（一）：問題的源起與爭論》、《從楊昌濟到毛澤東：湖湘學派的傳統與嬗變》，以及《論楊昌濟思想及其對毛澤東的影響》。蔡國裕（碩士班4屆、博士班1屆）在國史館的支持下，也著有專書《中共黨史》三冊。

另外，也有東亞所畢業所友本身雖非攻讀中共黨史，但基於昔日所上中共黨史課程

的體驗，以及鑑於中共黨史的重要性，也在其任教的大學開設相關中共歷史課程。例如：在國立臺灣大學服務的張登及（博士班 16 屆），就在該校政治系、政治所開設「中共黨史導論專題」。

因此，在一定的程度上可以說：東亞所的中共黨史課程為臺灣的大學培育了一支中共歷史知識創新和傳播的重要種子隊伍，進而開枝散葉、廣施影響。

第三，東亞所畢業所友遍布臺灣的中國研究和相關工作社群，進而作為其中的主幹力量。東亞所所友當年就讀東亞所期間對中共黨史深入而系統的學習，使之具有一種特殊的「養分」，甚而形成一個特殊的思考反應和觀察視角，有助他們日後從事有關工作。根據訪談所得，這一特點在臺灣的中國研究學界即表現得頗為明顯。

普遍而言，經由中共黨史課程的紮實訓練，東亞所出身的學者對中共自身及其治下的中國大陸歷史發展有一基本的全盤掌握和了解，也熟悉相關的術語和習語；如此使得他們與中國大陸學界交流或是在當地進行田野研究時，經常給人頗具專業的正面印象，易與交往對象建立初步默契和信任、找到共同話題。另外，基於對中共黨史的認識，有東亞所相關訓練背景的學者，對於中共新近發展和其報刊新聞背後隱含的政治訊息，也常有較為靈敏的察覺和意會，並且不流於表象性的分析，而更懂得其官方較深層的思維緣由和邏輯。

從個別的案例來看，也可以清楚看到東亞所中共黨史學習經歷，對於中國研究不同領域的學者的啟發和影響。在中央研究院政治學研究所服務的蔡文軒（碩士班 35 屆、博士班 25 屆），近年發表甚為豐碩，其關於中共政治的研究成果在國內、國外皆受到高度重視。他即認為研究生階段對中共黨史的認真學習，使之得以對中共政治制度的變遷瞭若指掌，並經常可以在中共黨史的回顧中找到研究的創意和新意（作者訪談，蔡文軒，電話訪談，2018 年 9 月 1 日）。在廈門大學任教的張鈞智（碩士班 34 屆、博士班 26 屆），專研中共黨政、特別是全國人民代表大會制度，也表示：

> 中共的歷史提供理解現代政治制度發展的重要線索，其印記深刻烙印在中國大陸的政治生活當中。不了解中共黨史，就不知道為何中國大陸領導者何以有如此自信，建立起與西方民主體制截然不同的政治制度，也無從得知為何意識形態和組織生活，至今仍能導引現代人的思想與行為。（作者訪談，張鈞智，網路通訊，2018 年 9 月 22 日）

除了中共黨政研究者直接受益於中共黨史的學習，其他中國研究次領域的東亞所所友，實也從中獲益。王信賢指出東亞所求學階段對中共黨史的學習，不但讓他可以敏銳

掌握中共中央領導人巡視特定地點（如河北西柏坡、廣東深圳）欲作的歷史連結和背後的政治用意，也有助其在研究中國大陸社會抗爭時，提出別具一格的觀察：

> 烏坎事件發生時，我馬上聯想到早年彭湃領導的海陸豐暴動，這位毛澤東口中所稱的農民運動大王，本身也是烏坎人。我覺得這是中共官方對此事極為重視、尤為敏感的原因之一。這點觀察是其他人都沒有想到的，而我之所以會有此聯想，正是因為早年東亞所學習中共黨史的緣故。（作者訪談，王信賢，臺北，2018 年 9 月 28 日）

在中央研究院政治學研究所服務的張廖年仲（碩士班 35 屆、博士班 26 屆），從事的是中共對外關係研究，亦指出：

> 中共黨史的學習有助於理解中共自身對國際政治和外交關係的論述，也有助於了解中共領導人世界觀的形成、對國際形勢判斷的思維習慣和模式。這些都是西方的國際關係理論難以完整解釋、存有落差之處。（作者訪談，張廖年仲，電話訪談，2018 年 8 月 28 日）

另有一名東亞所碩士學位修畢後到美國攻讀博士、最後學成歸國的所友表示：東亞所中共黨史課程的訓練，讓他在美國求學期間，較諸其他外國同學，顯得對中共的歷史發展和領導人物有更多的認識。相關中共歷史細節的分享，使他可以與外國同學對中共歷史議題進行深入的交流、滿足後者對之的興趣。更重要的是，此位學者因為學習中共黨史、知曉「大躍進」導致大飢荒的歷史，進而觸發他日後進行中國大陸「糧食安全」的研究（作者訪談，A 君，電話訪談，2018 年 9 月 17 日）。

至於在東亞所研習中共黨史課程的經驗，如何對其他領域如臺灣的政府部門、政界和新聞界造成影響，囿於文章篇幅之故，可留待未來另再加以追蹤和探討。

伍、代結論：老課如何走出新路子？

東亞所創建半世紀以來，中共黨史一直是學生必須修習的基礎課程，甚至成為各屆所友的共同回憶。負責傳授此課的師資，也歷經了跨越不同世代之間的傳承。隨著時間的推移，這一已經形成傳統的東亞所重要課程，在臺灣的所有大學校園裡，也已非「獨

此一家，別無分號」，其要如何繼續保持活力、持續創新，而不陷入照本宣科、遲滯不變？

　　授課內容方面，早年東亞所中共黨史老師的「獨家祕辛」和「當年見聞」已不復存於課堂中，課程也已褪去傳奇的色彩和濃厚的歷史感。明顯的變化方向是：由於時間的沉澱和中西相關研究領域的進展和累積，課程內容從「獨門絕活」變成「多家並呈」，亦即學生在課上了解中共歷史發展主線和梗概的同時，可以接觸、認識、比較各方對中共歷史的不同描述和解釋，包括：大量面世的中共人員回憶資料、中共官方認可的歷史記事、中國大陸學界獨立思考的研究著作、臺灣學界的相關研究發現、西方對中共歷史的經典著作和新近成果，以及授課人的自我研究和交流觀察。希冀在多方擷取之下，中共黨史課程內容推陳出新、豐富多元，使學生知悉中共歷史的新近發現和解釋，也助之激盪思考、結合現勢。

　　授課方式方面，除了結合老師講解和學生討論的雙向互動，也配合課程主題播放中共歷史相關的影片和專題紀錄片，以增加學生對歷史情境和重大事件的感性認識和理性思考。另外，如有適合的機會，亦會安排專家學者到課堂演講並與學生進行問答互動。中國大陸著名的中共黨史專家林蘊暉、前《炎黃春秋》雜誌副社長楊繼繩、中國人民大學中共黨史系的耿化敏、揚州大學的周一平都曾在近年受邀到所演講。

　　最後如前所述，東亞所的中共黨史課程長期以來對臺灣學界的影響——作為中共黨史研究成果的重要生產據點、培育中共歷史的教研人力，以及為中國研究提供較寬的歷史視野和較多的思考線索，未來要如何維持和接續？在當前臺灣的中國大陸研究方向多元、從事中共歷史教學和研究者也早已不限於東亞所及其所友的情況下，自是任重而道遠。

參考文獻

卜大中，1985，〈「空」〉，郭教授乾輝先生追思錄編輯委員會，《郭教授乾輝先生追思錄》：131，臺北：國立政治大學東亞研究所。

佚名，1992，〈政要養成所（上）──揭開「國關中心」的神祕面紗〉，《中外雜誌》，52（4）：112-115。

王振輝，2008，〈我在東亞所的時光〉，《政大東亞研究所四十週年特刊》：42-43，臺北：政治大學東亞研究所。

王綺年訪談，胡依蝶謄稿，2008，〈張煥卿教授口述歷史手稿〉，http://www.china-studies.taipei/act/tw-9.pdf，查閱時間：2018/09/22。

吳文津，1994，〈序〉，李天民編，《評周恩來》，香港：明報。

吳俊才，1985，〈長憶郭副主任乾輝教授〉，郭教授乾輝先生追思錄編輯委員會，《郭教授乾輝先生追思錄》：69-71，臺北：政治大學東亞研究所。

李開敏，1994，〈治學治事友情親情──我的父親李天民〉，《中外雜誌》，56（1）：84-90。

李慶平，2016，〈「中國大陸問題」學術研究的推手：吳俊才先生〉，《傳記文學》，109（6）：72-75。

芮和蒸，1985，〈痛失宗師〉，郭教授乾輝先生追思錄編輯委員會，《郭教授乾輝先生追思錄》：121-122，臺北：政治大學東亞研究所。

邵軒磊，2008，〈二十來歲的馬克思主義者們〉，《政大東亞研究所四十週年特刊》：86-87，臺北：政治大學東亞研究所。

政治大學東亞研究所，2017，〈碩士班專業必修科目〉，https://eastasia.nccu.edu.tw/master2/pages.php?ID=master2，查閱時間：2018/09/22。

政治大學東亞研究所，2018，〈107 學年度課程手冊〉，https://eastasia.nccu.edu.tw/download.php?filename=26_90d4a700.pdf&dir=recruit&title=107%E5%AD%B8%E5%B9%B4%E5%BA%A6%E8%AA%B2%E7%A8%8B%E6%89%8B%E5%86%8A，查閱時間：2018/09/22。

施哲雄，1997，〈「無限懷念吳師叔心」〉，吳俊才先生紀念文集編輯委員會，《懷念吳俊才先生紀念文集：愛國與愛才》：142-150，臺北：未正式出版。

唐柱國，1997，〈「多是過江猛龍──漫記政大東亞所的早期師友」〉，吳俊才先生紀念文集編輯委員會，《懷念吳俊才先生紀念文集：愛國與愛才》：122-141，臺北：未正式出版。

國立政治大學東亞研究所，〈東亞所的歷史沿革〉，https://eastasia.nccu.edu.tw/intro/pages.php?ID=intro1，查閱時間：2018/09/22。

國立政治大學秘書室，1967，〈會議記錄：臨時校務會議暨第 340 次行政會議記錄摘要〉，《國立政治大學校刊》，55：1147。

國立政治大學秘書室，1968，〈所系通訊：東亞研究所〉，《國立政治大學校刊》，65：1389。

國立政治大學秘書室，1968，〈會議記錄：本校第 352-353 次行政會議紀錄摘要──（附件四）東亞研究所暫行科目表〉，《國立政治大學校刊》，63：1325-1326。

國立政治大學，1967，〈國立政治大學臨時校務會議紀錄（1967 年 4 月 26 日）：乙、討論事項：第二案〉，《國立政治大學校務會議紀錄合訂本》。

國立政治大學，1967，〈國立政治大學臨時校務會議紀錄（1967 年 4 月 26 日）：乙、討論事項：附件二《國立政治大學、國際關係研究所設置東亞研究所合作辦法》〉，《國立政治大學校務會議紀錄合訂本》。

關向光，1996，〈論中共大躍進時期的「毛澤東路線」〉，臺北：國立政治大學東亞研究所博士論文。

曹伯一，1985，〈追念郭老〉，「郭教授乾輝先生追思錄」編輯委員會，《郭教授乾輝先生追思錄》：123-124，臺北：政治大學東亞研究所。

溫洽溢訪談，2009，〈對王章陵的訪談（2009 年 9 月）〉，http://www.china-studies.taipei/comm2/InterviewTWang.doc，查閱時間：2018/09/22。

褚塡正，2015，〈當代中國學在臺灣：政治大學東亞研究所的肇基與嬗遞（1968～2015）〉，臺北：國立政治大學東亞研究所博士論文。

第五章

東亞所的學術脈絡：碩博士論文題目分析

曾偉峯、王信賢

壹、前言：東亞所、臺灣政經變遷與中國研究的轉型

自國民政府遷臺以來，臺灣的中國研究一直在全世界的中國研究占有一席之地，尤其是早期國共對峙時，在臺灣針對中國共產黨的資料檔案多且豐富，臺灣當時對中國大陸的了解，也遠比其他國家正確且深入。在此背景下，在半個多世紀前作爲國家唯一指定設立、專門「培養反共思想鬥爭人才」的國立政治大學東亞研究所（以下簡稱：東亞所），自然也因此而享譽國際（褚塡正 2017, 96-97；唐柱國 1997, 122-123）。[1] 東亞研究所培育的人才輩出，不僅作爲臺灣了解中國大陸的一個重要窗口，也訓練了許多從事大陸學術研究與政策實務的人才。

東亞所設立前夕，在國民黨政府給吳俊才先生的信函中，便指出東亞所「不能走一般大學之學術道路」而是要「培養品學兼優，且富國家觀念之革命人才」。隨著時代的演進與臺灣的解嚴與民主化，東亞所對中國研究的壟斷也不再，而此時臺灣經濟起飛，爲了教育普及，廣設大學後也讓中國大陸相關之研究所相繼出現，此時東亞所雖然非唯一作爲訓練中國研究人才的大學研究所，仍在國內的中國研究中占據著重要地位。惟隨著東亞所與過去匪情研究逐漸脫鉤，更朝向學術研究的邁進，東亞所也漸轉型成中國大陸研究的學術機構。

誠如東亞所前所長寇健文教授所言，隨著政治民主化，東亞所與國家機器與黨國體制逐漸脫離而「眞正回歸」政治大學，再加上 2000 年後大學開始要求 TSSCI 文章、大學評鑑以及匿名審查等等，東亞所特殊性漸失（褚塡正 2017, 92）。換言之，東亞所的「革命性質」轉變成「學術要求」，而此時期的學術研究，也逐漸與西方的學術轉型相結合，走向經驗主義式的社會科學研究。

作爲臺灣的中國研究重鎮，在歷經革命、政策一直到學術研究，東亞所對中國研究人才的培育至今仍是持續不斷，而東亞所究竟在過去五十年間的訓練，爲臺灣的中國研

---

[1] 時任政治大學國際關係研究所主任之吳俊才先生，有鑑於臺灣的匪情研究人才逐漸出現斷層，吳俊才與當時行政院副院長蔣經國建議設立，並獲裁可進行籌設（東亞所），而蔣中正總統則在 1967 年 2 月 14 日召見吳俊才先生，當面指示創辦東亞研究所。

究注入了多少思考能量與活水？又是聚焦在哪些區域與領域？本文冀圖透過蒐整東亞所歷年來的碩博士論文題目，一探東亞所碩博士論文的發展趨勢，並且了解在時代洪流中，曾經協助作育英才的教授們對東亞所的影響，藉以勾勒出東亞所培育人才的特色與圖像。

貳、東亞所的碩博士培育

一、 東亞所設立宗旨

　　東亞所的成立沿革與宗旨，如多位先進已撰文精闢交代，係最早以培養了解共產黨思想、理論以及共產黨問題為主要目標，作為中華民國反共的基礎（褚塡正 2017, 96）。[2] 也因此，自 1967 年開始，創所所長吳俊才先生籌劃下，到 1968 年正式招生，培養出了大批的中共研究人才。換句話說，東亞所最早的目標，在於培育出反共思想鬥爭的重要人才，了解中共的思維、外交、制度、經濟、社會等各面向。也因此，最早的東亞所通常被稱為「匪情研究」重鎮，其師生與政治大學國際關係研究中心研究員均能接觸到被國民黨政府禁止流通的書籍、報紙、文獻資料等（吳玉山 2000, 7; Kou 2014, 9-53）。

　　隨著時代變遷，東亞所的角色也逐漸產生變化。如前所述，臺灣民主化、兩岸關係變化以及臺灣的學術國際化，加上國際中國研究學界的典範變遷，都影響了東亞所的發展趨勢。那麼，在不同的時空環境下，東亞所訓練的人才有何變化？而作為東亞所重要資產的教師們在指導論文的同時又是如何引領此種變化？以下將從議題與時間作為主要的軸線，找尋東亞所過往學術產出的脈絡，整理出的資料也可作為往後東亞所永續發展的重要研析依據。

---

[2]　有關東亞所的創立與發展，已有許多書籍與論文完整且深入的討論。本文目的在於藉由爬梳東亞所成立至今的碩博士論文題目與相關資料，並整理分析，了解東亞所五十年以來作育英才的發展趨勢。有關東亞所的設立等相關研究文獻，可參考：褚塡正，2017，《當代中國學在臺灣—政治大學東亞研究所的肇基與嬗遞（1968-2015）》，臺北：國立臺灣大學政治學系中國大陸暨兩岸關係教學與研究中心；吳克著、吳玉山譯，《「寧靜致遠」，懷念吳俊才先生文集「愛國與愛才」》。而東亞所與國研中心的密切關係，還可參考：陳至潔，2016，〈建構相互主觀的想像體：剖析冷戰起源時期的國際關係研究所及其中國研究（1953-1975）〉，《人文及社會科學集刊》，28（1）：61-104；劉曉鵬，2013，〈敵前養士，「國際關係研究中心」前傳 1937-1975〉，《中央研究院近代史研究所集刊》，82：145-175。

二、　資料說明

　　本文資料來源為東亞所辦公室提供之資料與國家圖書館碩博士論文網，蒐整範圍從 1968 年第一屆東亞所招生入學學生到 2018 年入學學生止，資料涵蓋碩士班與博士班，碩士班從 1968 年開始，而博士班則從 1981 年第一屆招生開始計算。從資料來看，從 1968 年至 2019 年止，五十年來東亞所碩士班已收了 949 位學生，其中已提報的論文題目則有 795 篇，而博士班三十餘年來，也有 209 位學生入學，當中提報的論文題目則有 161 篇（如表 5-1），本文即是分析這些已提報之碩博士論文題目。

表 5-1　本文資料說明

論文類別	時間	入學人數	論文提報人數
碩士	1968 ～ 2019	949	795
博士	1981 ～ 2019	209	161

　　當然，根據內政部統計，目前我國研究所學歷以上人口已有 148 萬人（內政部統計處 2019），東亞所培育的 1,000 餘位碩博士僅占其中一小部分，然而這近千篇的碩博士論文，都是針對中共、兩岸、東亞國際情勢、文化、社會、思想理論等的一時之選，早期兩岸軍事對抗之際，這些論文成果係中華民國政府的重要政策參考依據，而東亞所訓練出的人才，也是我國對中政策的重要參與者。因此，儘管在臺灣高等教育膨脹趨勢下，碩博士生大量增加，東亞所訓練出的人才看似滄海一粟，然其獨特性與政策比重則不在話下。

　　須事先說明的是，本文分析的論文題目，係從提報論文資料庫中蒐集，這些題目雖有提報，但未必有完成口試程序提交成畢業論文。也就是說，我們分析的論文題目，並不是已完成的論文，而是碩博士生求學期間有興趣進行研究並且向東亞所辦公室提報的題目。儘管最終論文未必完成，這些題目象徵了當時年代時空背景下，東亞所學生在求學期間發現的有趣議題，這些題目自然也是在諸位東亞所教師們指導下所產出的知識產物，著實代表了各時期時空環境下的重要學術議題。

　　此外，本文分析的標的包含了學生、論文題目以及指導教授，以數據方式呈現資料，難免會有遺漏之處，例如因為有些題目的指導教師或口試委員未受記載，這些遺漏的觀察值會導致統計圖表總數數字的看來似乎未包含所有論文題目，或是論文題目可能涉及多個國家，因此圖表上整體數據會大於論文篇數等等問題。不過，本文著重在整體

趨勢與動態的呈現，這些部分不完整資訊並不影響我們對於五十年來東亞所的養育英才的輪廓繪製，當然將來若有機會，也希望可以更進一步覓得詳盡資料以作更完整分析。

三、 碩博士論文基本資料分析

1968 年招生以來，東亞所已招收了 51 屆的碩士生，以及 38 屆的博士生。第 1 屆碩士班招收了 7 位學生，之後逐年增加，約在 1973 年後穩定招生名額為 20 名上下，在 1995～2002 年間，招生人數降至 15 位左右，之後又再度回升至 20 名左右。博士班招生名額，從 1981 年開始首屆招生 7 名，僅有各一年 3 與 9 名，其餘每年都招收 4 至 8 名不等（見圖 5-1）。

圖 5-1　東亞所碩博士班歷年招生狀況

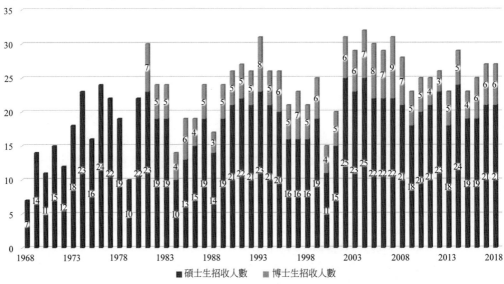

此外，在外籍生方面，東亞所博士班從第 1 屆就已錄取韓國籍學生，相當早即開始與國際接軌。[3] 資料顯示，東亞所博士班已有錄取過 37 位外籍學生。若從博士班的外籍學生探索東亞所培育英才的國際化程度，可以發現韓國與東亞所的聯繫相當密切，東亞

---

[3]　資料庫裡面雖然有部分碩士班的學生國籍資料，然僅從 103 年開始記錄，因不完整故未放上統計。

所至今已有 28 位韓籍博士生，[4] 其次是越南，共已有 4 位越南博士生曾就讀東亞所，日本學生則有 3 位，另外四位則分別來自白俄羅斯、香港、泰國與蒙古。

表 5-2　東亞所外籍博士生統計

國家	人數
韓國	28
越南	4
日本	3
白俄羅斯	1
香港	1
泰國	1
蒙古	1

　　在我們分析的論文題目中，碩士班的題目平均長度較短，平均字數為 18.7 字，博士班則有 22 字，碩士班題目最少字數者為 4 字，為第 5 屆的〈論創造社〉，最高達 52 字，為第 43 屆的〈中美（在）原物料（貿易）經濟政策上的競合：以稀土、石油、糧食為例的國際政治經濟分析（2000～2010）〉，碩士論文題目為 13 字為次少，有 47 篇；博士班最少字數為 7 字，為第 4 屆的〈中共與知識分子〉，最多則有 45 字，是第 98 屆的〈中國大陸改革開放後農民工動趨勢的變化（1978～2017）：經濟發展、農民工移動與制度變遷〉，博士論文題目的長度分布較均衡，19 字、21 字、25 字、27 字各有 10 篇，其餘皆為 10 篇以下。

　　整體來看，東亞所學生碩博士論文題目約集中在 10 到 30 字之間，從學生擬定論文題目的時間趨勢來看，早期論文題目較為精簡，後來論文題目字數逐年增加。這些數值的變化，一方面代表隨著中國改革開放、政治經濟發展與社會轉型，研究議題漸趨多元，碩博士學生將論文題目文字加長去呈現研究問題；另一方面，在從「中共研究」邁向「當代中國研究」的同時，題目字數的增加也表示了社會科學理論對話的增加，這從後期論文題目多增加某一理論或觀點為「副標題」即可看出。以下就東亞所論文題目的研究對象與議題分布進一步分析與說明。

4　東亞所韓國籍所友已逾百位，也是唯一成立海外所友會之國家，詳可參見本書附錄一。

參、研究區域、議題與指導教授分析

　　爲了探究東亞所作育英才的進程，本節將蒐整的 956 筆碩博士論文題目，運用資料分析途徑，進一步分析各篇論文研究所強調的區域與議題取向。

一、 研究對象的區域分布

　　將東亞所碩博士論文題目的分析區域進行編碼時，由於東亞所碩博士論文題目相當多元，並非所有題目皆聚焦在某國家，也有許多題目是以文學、或是理論思想爲探討主題，不指明特定國家，因此我們在研究區域上，只能盡量以能找出主要分析國家作爲目標，來進行數據的編碼；此外，東亞所雖以中國大陸爲主要研究對象，但不少論文題目，尤其是國際關係與外交相關的主題，是以兩個國家以上的關係作爲分析單位，像是研究中美關係或中日關係，甚至美中臺三角關係，就涉及中國、美國、日本與臺灣等國家。對於這些涵蓋兩個國家以上之論文題目，我們編碼策略是將所有涉及國家都編碼進資料庫，因此，有些單篇論文題目，可能在編碼上，有兩個或甚至三個國家，此並非編碼錯誤，而是文本涉及的國家衆多所致。

　　圖 5-2 爲所有東亞所碩士班論文題目的研究區域分布的前 12 名，毫無意外的，中國大陸爲東亞所碩士班學生最主要的研究對象，有 648 篇的論文題目（占全數之 82%）都與中國相關。排名第二爲臺灣，共計 60 篇，除少數單以臺灣爲研究對象外，其中絕大多數聚焦在兩岸關係以及臺商議題；第三名則是俄羅斯，有 44 篇，由於東亞所早期設立的宗旨之一爲共黨問題研究，故不難想像許多論文的主題以前蘇聯的體制與政治爲主，近期則多爲俄羅斯與白俄羅斯等外籍學生所著之論文。排名第四爲美國與日本，分別爲 33 篇，其中除了中美關係、中日關係等，也包含美日安保等主題；第六名則是東南亞區域，許多研究題目涵蓋了越南、泰國、新加坡以及東南亞國協等東南亞區域情勢。其他排序則爲朝鮮半島（15 篇）、歐洲（9 篇）、非洲／中東（8 篇）、港澳（6篇）、南亞（3 篇）以及中亞（3 篇）等。

　　從碩士班的研究區域分布來看，東亞所碩士生感興趣的區域分布相當廣泛，但仍是以中國、兩岸關係與東亞區域爲主，再以中國爲核心向外擴散，從中國對外關係，延伸至俄國、美國、日本、南北韓等東亞重要大國政治，而歐洲、非洲、南亞等區域，則非東亞所研究重點區域，拉丁美洲與大洋洲則不是篇數極少，就是完全未出現在東亞所碩士班學生的研究主題中。就此而言，東亞所對學生研究方向的指引，不僅是從中共（歷史、共黨理論）本身出發研究中國，也希望從東亞區域的角度觀察中國的發展。

圖 5-2　東亞所碩士班論文題目研究區域分布狀況

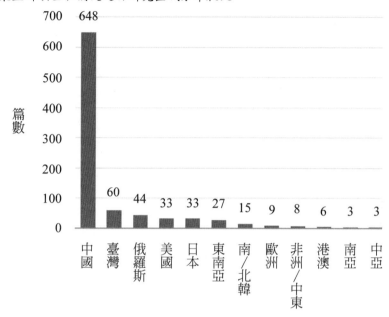

圖 5-3 以每十年為一區間，觀察上述各個區域的題目分布。從圖中可以發現，研究主題的選擇的確代表了該期間臺灣國內與國際的政治氛圍，也顯露出東亞所的轉型。首先，無庸置疑的，中國一直是東亞所每一個階段的重要研究主軸，不過隨著時代變遷，各個區域對東亞所學生的重要性比重也一直變化。例如我們看到從 1968～1979 年，創所後至中共進行改革開放約十年期間，研究臺灣、日本、南北韓的東亞所碩士生並不多，皆為 4 篇以下，歐洲與中東更非研究重點。相對地，研究俄國、美國與東南亞的學生相當多，俄國更有 17 篇之多，這樣的趨勢持續到 1980～1990 年，研究俄國者有 20篇，歐洲也上升到 5 篇，此時期研究重點放在臺灣者也逐漸上升到 7 篇，東南亞與美國則逐漸下降。從 1968～1989 年的趨勢不難看出，學生仍以中國大陸為主，但與前蘇聯相關的研究在這兩個時段高達 37 篇，這與東亞所創所初期著重在中共與共黨問題研究，甚至是東南亞的共黨組織研究有關。而 1980 年代後半期，由於中東歐共黨國家的自由化，也開始出現歐洲區域的研究，此一期間，臺灣開始開放大陸探親與通商，兩岸關係研究也逐漸進入東亞所研究生的視野。

圖 5-3　東亞所碩士班論文題目每十年研究地理區域變化趨勢

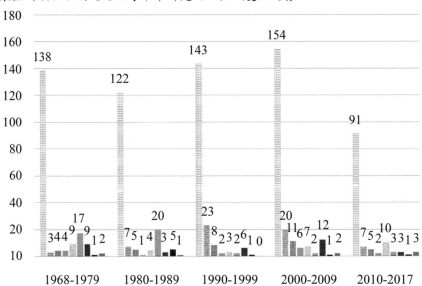

　　到了 1990 年代，蘇共瓦解後，以俄羅斯為研究對象的論文大幅下降僅剩 2 篇，分別探討後冷戰時期的俄羅斯亞太政策與中俄關係。此時臺灣走向民主化，加上兩岸政經互動增加，研究臺灣、兩岸關係的論文迅速增加至 23 篇，其中，有多篇涉及「一國兩制」研究，到 1993 年辜汪會談後，開始出現兩岸交流與對話，到 90 年代末期許多衍生議題，如臺商投資、臺灣民主化、兩岸認同等論文慢慢出現，由此也可見東亞所學生選題扣合時事政策。

　　2000～2009 年，東亞所的碩士論文題目基本上延續前十年的趨勢，仍有許多學生研究與臺灣相關之議題。然這時候日本與美國也成了重要的研究對象，此與中國崛起後，和大國間的互動議題增加有關。此外，針對東南亞的研究也漸漸提高，題目多著重在東協發展以及中共在東南亞影響力上升之研究。2010 年以後，東亞所碩士生對東南亞的興趣日漸濃厚，其中尤其是對越南或是中越關係的研究逐步增加，此部分相信在目前師資中增加多位與東南亞研究相關的老師後，將會更加明顯。相較於此，對臺灣或兩岸的研究似乎跟前兩個十年相比較為減少，僅有 7 篇。

　　在博士論文方面，研究區域多集中在中國與臺灣（見圖 5-4），在 161 篇中，有131 篇題目與中國相關（占 81.4%），17 篇與臺灣相關（占 10.6%），其他地區如日本、

俄羅斯、南北韓、美國與東南亞則數量差不多約 4～6 篇。與碩士論文題目相比較，一方面，博士生由於涉及畢業後的求職（主要是教職），因此更加強調「專業」，故以中國研究和兩岸關係爲研究區域的論文比例較高，另一方面，由於東亞所博士班 1981 年才開始招生，而博士班修業年限普遍較長，所以在選題的時空環境上更接近 90 年代，此時蘇共研究漸漸不再是學術研究重點，這可以說明爲何以俄羅斯作爲研究主題區域在博士論文題目中的比例較低。

圖 5-4 東亞所博士班論文題目研究區域分布狀況

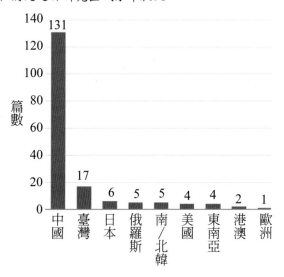

若從時間趨勢來看，博士論文題目針對臺灣與兩岸的研究是逐年增加，在 1980 年代，中國研究爲大宗，而以臺灣或兩岸爲研究主題範圍者，比研究南北韓的博士生還要少。到了 1990 年代，越來越多東亞所博士生投入臺灣研究，相應地針對南北韓的研究就逐漸減少。有趣的是，1990 年代以後研究範圍涉及日本的題目逐漸增加，每十年都有一定比例的研究產出與日本相關。無論如何，比較東亞所博士班與碩士班論文題目不難看出，由於博士班更專於特定中國研究，因此論文涉及區域的範圍的變化遠比碩士班的變化小。但值得一提的是，2010 年後入學的博士生目前僅有 6 位取得學位，主要原因有二，一是東亞所博士畢業門檻較高，包括兩科學科考、論文計畫大綱審查、外語檢定以及期刊點數等，二是由於高教市場緊縮，多數「全職」學生不願投入，取而代之的爲原本即有工作的「在職生」，在學業投入有限之情況下，導致完成學位不易。誠然，此爲全國性現象，不單是東亞所獨有，博士人才培育乃國之大計，值得深思。

圖 5-5　東亞所博士班論文題目每十年研究地理區域變化趨勢

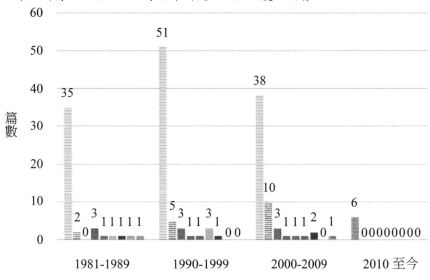

二、 研究議題範圍與分布

　　碩博士生撰寫論文著重的議題，也是觀察東亞所發展的重要脈絡。我們將所有的碩博士論文題目進行議題分類，觀察東亞所研究生研究議題之整體變化。所有碩博論文題目大致可分成 12 個大類，包含外交、黨政、理論／意識形態、軍事、社會／文化／民族、經貿／金融外資、臺商／兩岸、國政經／全球化、歷史／文學／思想、產業／科技、臺灣研究以及其他等。此分類係參考過去曾擔任東亞所碩博士論文指導教授的專業背景，以及東亞所課程設置的類別綜整而得。

　　圖 5-6 顯示自創所以來東亞所碩士生的研究議題取向。其中，外交為東亞所碩士生最常選擇的論文主題，占了全部題目的 21%，黨政議題占 20% 次之，第三為社會／文化／民族（12%）以及歷史／文學／思想（12%），第五則是經貿議題（8%），第六為臺商／兩岸相關主題（7%）。若以每十年為觀察區間（如圖 5-7），可以發現幾個發展趨勢：

圖 5-6　東亞所碩士班論文題目議題分布

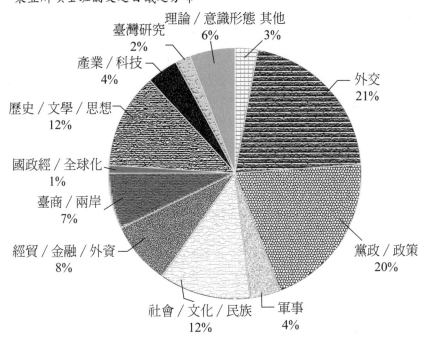

圖 5-7　東亞所碩士班論文題目各時期議題取向

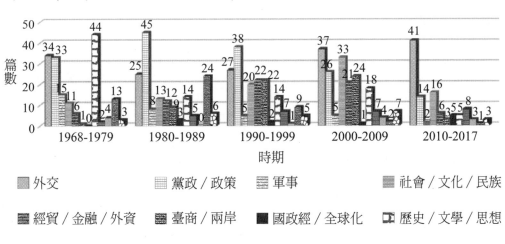

（一）歷史、文學、思想研究逐漸式微

　　歷史／文學／思想的主題，是東亞所創所第一個十年學生研究最多的議題，甚至超越外交以及黨政議題。顯然此與東亞所設立宗旨有關，東亞所係早期爲協助政府了解共黨思想的重要研究單位，當時不論是課程設計、學生論文多以馬列主義、毛澤東思想與中共黨史爲主題。然而隨著時間推進以及社會科學研究方法的引入等，這類議題逐漸變得不是碩士學生首選的議題。尤其是 1980 年後，文、史、思主題從 40 多篇降到 10 餘篇，而在此時段，中國的黨政與外交仍維持東亞所同學研究的主要關注議題。

（二）黨政議題降溫、外交議題攀居首位

　　黨政與外交議題，作爲東亞所碩士學生選題的最主要議題其來有自，東亞所的師資，許多都專精於中共政治、政策以及對外關係。而作爲政府研究中國的重要智庫，東亞所也扮演著了解中國大陸政治發展的重要人才訓練場域。不過在選題上，雖然創所前十年碩士論文題目以黨政與外交爲主題者相差無幾，不過 80 至 90 年代，黨政議題者仍多於外交。到了 2000 年後，研究中國外交議題逐漸超越研究黨政者，成爲碩士論文最主要的研究議題，且於 2010 年後幾乎是一枝獨秀，此一方面與中國崛起、國際影響力大增脫離不了關係，另一方面則和專任教師邱坤玄教授的指導有關，此部分將於後文再進行說明。

（三）經貿與產業研究穩定、社會議題日漸增加

　　整體而言，若將經貿與產業議題結合，占東亞所碩士論文總數的 12%，特別是 1990～1999 年以及 2000～2009 年兩個區間，都有超過 20 篇的相關論文，這主要當然與中國經濟改革有關，特別是 1992 年鄧小平南巡、2001 年中國加入 WTO 所引發的熱潮，也使得經貿產業成爲熱門議題，值得一提的是，此些論文多爲魏艾教授所指導。

　　此外，我們可以看到社會相關議題，初期並非東亞所碩士論文的普遍議題，但逐步增加，到了 2000 年後超越作黨政議題位居第二。究其原因，一方面，隨著中國改革開放，社會問題逐漸浮現，各種有學術意義的議題增加，包括貧富差距、階層化、教育、社會組織，甚至包括媒體研究等，另一方面則是中國大陸相對較爲開放，赴大陸進行田野調查機會增加，與社會相關議題的資料取得也較爲容易，再加上部分教師的投入，包括李英明教授、劉雅靈教授、耿曙教授、王信賢教授等，除自身研究外，也提供個人於大陸的學術網絡，讓學生有機會前往中國進行田野調查，開拓臺灣中國大陸研究的視野。

（四）兩岸與臺商研究在 1990～2009 年間爲熱門議題

　　東亞所碩士生針對兩岸與臺商的研究在 1980 年後才算開始，到 1990 年後大量增加，2000 年後達到高峰。此趨勢與兩岸開放時間以及臺商大舉進入中國相符合，除了

整體經濟社會對於臺商的關注提高外，此時期亦因教師如耿曙教授、陳德昇教授等對臺商研究注入相關研究資源，帶動了學生有系統地前往中國研究臺商。而到了 2010 年後，臺商研究似乎已退燒，不再是東亞所學生論文寫作的主要議題選項。

圖 5-8　東亞所博士班論文題目議題分布

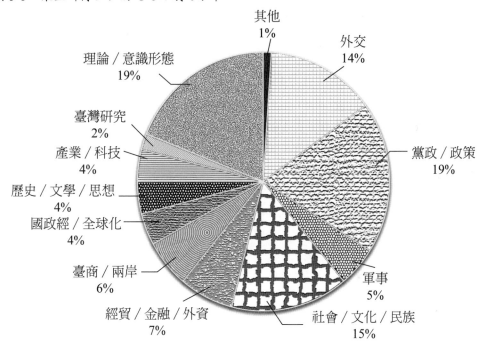

在博士論文方面，其議題取向與碩士班有些許不同，從圖 5-8 可看到所有博士論文題目的分布，其中黨政與意識形態兩類議題居大宗，各有 19%，其次為社會文化等議題（15%），中國外交問題則居第四（占 14%），而在其他議題如經貿、兩岸、臺商等，則普遍各約占 4% 至 7%，亦即大約 10 篇左右。從資料中可歸納幾個趨勢：

（一）研究議題日趨多元

從圖 5-9 可發現 2000 年之前論文主題多集中在理論意識型態與黨政研究，此一方面與 1980 至 1990 年代東亞所博士訓練有關，大多數課程均集中在此兩領域，另一方面，此一時期博士論文指導老師也較集中，包括曹伯一教授、崔垂言教授、芮和蒸教授、曾永賢教授與李英明教授等，皆為此兩領域之專家。此外，外交議題在 90 年代也逐漸成為博士論文的主題，2000 年後論文題目則走向多元化，包含了經濟、社會、兩岸等各領域的主題。

（二）意識形態研究逐年式微

東亞所碩士論文題目在創所初期最多人從事者爲歷史／文化／思想主題，在博士班階段則是理論跟意識形態，除前述關於課程與師資兩因素外，另一個解釋是東亞所成立較碩士班晚十餘年，早年就讀博士班之學生也多爲東亞所碩士班畢業生，碩士階段以個人思想、歷史事件等作爲研究對象，進入博士班後則放高層次，以宏觀的中共意識形態與共黨理論作爲研究旨趣。而進入 2000 年，隨著改革開放的推展，意識形態與共黨理論在中國大陸受重視程度降低，各種經濟、社會議題也出現多樣性，再加上考取博士班的學生逐漸不再由碩士畢業的所友「獨占」，有更多接受不同訓練的碩士進入東亞所就讀，使得 2000 年後選擇意識形態作爲論文主題者則大幅下降，在 2000 年之後僅有三本論文與此相關。

（三）黨政、社會與外交爲三大研究主題

東亞所博士生歷年從事的研究主題，主要集中在黨政、社會與外交議題。與碩士班學生不同的是，博士生以中國社會議題作爲論文主題早在 1980 年代就開始，並且 1990 年代大幅增加，到了 2000～2009 年十年間成爲博士班學生研究的最主要議題。此時期的兩岸與臺商研究，也超越了外交成爲博士生更偏好的主題，與碩士班學生相同，兩岸關係、臺商研究與社會研究議題的大量興起也是受到東亞所師資改變，以及兩岸開放的影響。

圖 5-9　東亞所博士班論文題目各時期議題取向

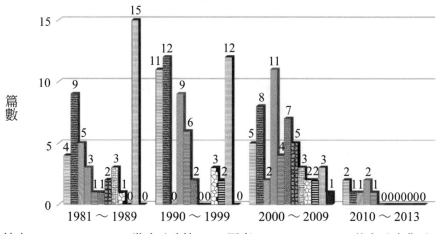

三、　東亞所師資對學生論文寫作的影響

東亞所初創立就有著專業且博學的師資，除臺灣學界研究各國與中國大陸問題的泰斗外，還包含了許多當時國民黨的重要人士（褚塡正 2017, 119-135）。在東亞所碩博士生論文題目的選擇背後，除了學生的研究興趣決定主題的選擇，指導教授的引領與教導也是重要因素。我們統計了東亞所歷屆的碩博士論文指導教授及其指導的各篇論文主題的研究取向（如圖 5-10）。

在指導教授方面，邱坤玄教授貢獻最多，指導了 76 篇，其中有超過 60 篇係以外交爲研究主題，除中國崛起因素外，這也可以解釋爲何 1990 年後外交議題一直占東亞所學位論文的多數，在 2000 年過後甚至都是位居首位。排名第二的爲李英明教授，指導

圖 5-10　東亞所歷屆碩博士論文指導教授與議題前十名

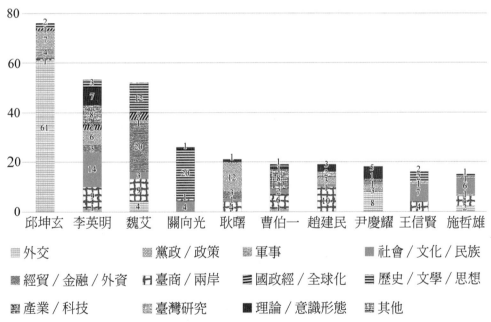

說明：1. 指導時間的計算爲指導第一篇論文年度起，最後一篇記錄的指導論文的年度止。
　　　2. 截至目前爲止，各個老師指導的時間分別爲：邱坤玄教授（1988～2017年）、李英明教授（1983～2006年）、魏艾教授（1989～2016年）、關向光教授（1994～2009年）、耿曙教授（2001～2007年）、曹伯一教授（1971～1991年）、趙建民（1983～2002年）、尹慶耀教授（1971～1984年）、王信賢教授（2010～2017年）、施哲雄教授（1988～2004年）。

了 53 篇論文，其學生研究之議題則較爲多元，涵蓋了社會、黨政、臺商、歷史以及意識型態等面向。第三爲魏艾教授（52 篇），其學生側重經貿與產業兩大領域；第四爲關向光教授（26 篇），其學生多著重歷史領域；第五爲耿曙教授（21 篇），議題以臺商研究爲大宗、少部分爲黨政議題；第六爲曹伯一教授（19 篇），多聚焦在黨史與黨政兩部分；趙建民教授同樣指導了 19 篇論文，主題以黨政研究爲主；第八爲尹慶耀教授（18 篇），主題多以外交爲主題；第九與第十分別爲王信賢教授（16 篇）與施哲雄教授（15 篇），兩位老師指導學生皆以社會及黨政爲研究重點議題。

　　此外，曾參與過東亞所學生論文口試審查的老師前輩們，包含指導教授與口試委員，有紀錄者超過 600 人次，顯見以區域研究爲主的研究所，必須廣納不同專業領域的專家學者，才足以爲論文「把關」。圖 5-11 爲曾擔任過學生的論文審查委員 10 次以上之老師，總共有 58 位，其中曾擔任過專任老師的爲 15 位，換言之，擔任口試委員的有 74% 非東亞所專任老師，若再加上擔任審查委員 10 次以下之老師，比例將會遠超過此。就此而言，無論是所內或所外的教師，都爲東亞所培育中國研究與東亞區域研究人才貢獻甚多。

肆、碩博士論文題目文字探勘

　　除了前述碩博士論文研究的區域分布、議題取向與指導老師以外，東亞所碩博士生們所採用的語彙變化，也呈現中國大陸發展與兩岸關係的變遷，爲了了解這樣的變遷，我們將所有論文題目的字詞進行詞頻分析，並以文字雲方式呈現。

一、 整體分析

　　整體而言，我們從表 5-3 可看到碩博士生慣用的詞彙，在整體數據方面，排名依序爲中共（373 次）、政策（140 次）、中國（132 次）、中國大陸（128 次）、關係（104 次）、分析（89 次）、政治（81 次）、發展（75 次）、經濟（73 次）、改革（67 次）、外交（57 次）、制度（43 次）等，此些詞彙大概可以分爲幾種類屬，一是研究對象的稱呼，如中共、中國大陸、中國等；二是研究的標的，如政策、關係、發展、改革與制度等；三是研究的面向，如政治、經濟、外交等。

圖 5-11　東亞所歷屆碩博士論文審查委員

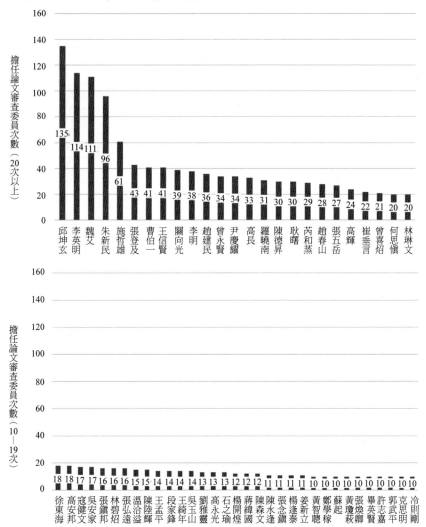

說明：因數據龐大，上圖僅呈現擔任過10次以上口試委員之教授。

表 5-3　東亞所論文使用詞彙前 20 名

排序	全		碩士		博士	
	詞彙	詞頻	詞彙	詞頻	詞彙	詞頻
1	中共	373	中共	318	中共	55
2	政策	140	政策	118	中國	29
3	中國	132	中國	103	中國大陸	29
4	中國大陸	128	中國大陸	99	關係	23
5	關係	104	關係	81	政策	22
6	分析	89	分析	70	政治	21
7	政治	81	政治	60	經濟	20
8	發展	75	發展	58	分析	19
9	經濟	73	改革	54	制度	18
10	改革	67	經濟	53	發展	17
11	外交	57	外交	49	國家	15
12	影響	45	問題	38	改革	13
13	制度	43	影響	37	社會	13
14	國家	43	兩岸	33	時期	12
15	時期	42	策略	32	比較	10
16	臺灣	41	臺灣	31	臺灣	10
17	比較	39	時期	30	社會主義	10
18	社會	39	比較	29	互動	9
19	問題	39	戰略	29	理論	9
20	策略	37	國家	28	開放	9

　　若從這些詞彙了解東亞所培育的碩博士生對中國的思考，可以發現東亞所研究生多正面思索中國大陸政經轉變，「發展」、「改革」、「制度」等詞可以說是勾勒東亞所碩博生觀察中國之視角。進一步比較碩士班與博士班的詞彙選擇，兩者的詞彙選擇重疊程度相當高，由於師資、課程等因素，其間具「一脈相承」之特質，對對岸稱呼差異也不大，但仍能從中觀察出些微的差異：（一）碩士對「實務」較感興趣，如「政策」一

詞在碩士論文排序高達第二，且「問題」也出現在前列，但在博士論文分析中，「政策」僅排第五，「問題」並未在前 20 名中；（二）博士論文除關係與政策外，較關心的就是「制度」、「社會主義」、「理論」的研究，但此些詞彙並未出現在碩士論文前 20 名中；（三）碩士生對於「兩岸關係」的研究興趣顯然高於博士生。而此些詞頻的異同，在文字雲中更具視覺效果（見圖 5-12）。

圖 5-12　東亞所碩士班與博士班論文題目詞彙比較

東亞所碩博士論文字詞頻率文字雲	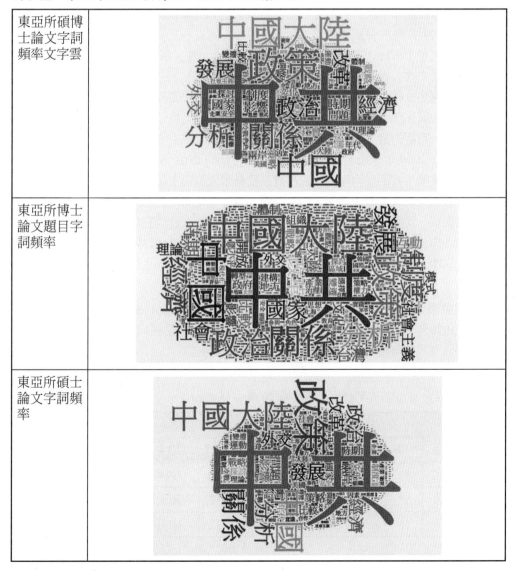
東亞所博士論文題目字詞頻率	
東亞所碩士論文字詞頻率	

二、 趨勢分析

　　表 5-4 呈現從 1968 年以來東亞所碩博士論文題目採取詞彙的變化趨勢，從表中可以看到每個十年的變化，從中我們可以發現兩個主要趨勢。首先是對對岸的稱呼方面我們可以看幾個變化：

　　（一）在 2000 年之前均以「中共」爲主，在 1968～1979 年時，幾乎不見「中國大陸」，而少許的「中國」二字也多指涉文化，主要是此一時期兩岸仍處於「正統」之爭的時期，我方仍是「中國」的正統（張啓雄 2009, 115-138），「漢賊不兩立」狀況下，以中國稱海峽對岸政府係國民政府之禁區，學術界便以中共稱之。

　　（二）到了 1980～1989 年，開始出現用「中國大陸」稱呼對岸，到了 1990～1999 年，雖仍以「中共」爲主，但已出現較多的「中國大陸」，主要是兩岸對峙趨緩、民間開始交流，再加上我方政府不論是機構設置（「行政院大陸委員會」）或法規（《臺灣地區與大陸地區人民關係條例》與《國家統一綱領》等）均以「中國大陸」或「大陸」稱之，故此一時期的論文逐漸使用較爲中性的「中國大陸」。

　　（三）在 2000 年以後，多以「中國」指稱對岸，2010 年後稱呼「中國」變成絕對主流，此種轉變，實則受兩岸關係的轉變以及臺灣政治民主化、學術思想逐漸自主開放的影響，當然主要與臺灣民眾的「國家認同」與「身分認同」的變化有關，從各種民調數據都可發現，民眾主張「永遠維持現狀」或「獨立」以及「我是臺灣人」逐年攀升，在兩岸間「你」、「我」的區隔更加明顯，尤其是在青年世代（陳陸輝、陳映男、王信賢 2012, 1-51；蒙志成 2016, 187-262；關弘昌 2018, 1-40），也影響了研究生在詞彙上的使用。

　　此種發展趨勢也與楊開煌教授對臺灣「中國研究」的分爲早期的「匪情研究」（1949～1978 年）、中期的「大陸研究」（1978～1992 年左右），到「當代中國研究」（1992～）等三個階段相符（楊開煌 2000, 71-105）。

表 5-4　東亞所論文不同年代使用詞彙前 20 名

年份	1968 ～ 1979		1980 ～ 1989		1990 ～ 1999		2000 ～ 2009		2010 ～ 2019	
排序	詞彙	詞頻	詞彙	詞頻	詞彙	詞頻	詞彙	詞頻	詞彙	詞頻
1	中共	93	中共	120	中共	101	中國	60	中國	40
2	政策	25	政治	31	中國大陸	52	中國大陸	45	分析	20
3	關係	16	政策	31	政策	37	中共	40	中共	19

（接下頁）

年份	1968～1979		1980～1989		1990～1999		2000～2009		2010～2019	
排序	詞彙	詞頻	詞彙	詞頻	詞彙	詞頻	詞彙	詞頻	詞彙	詞頻
4	運動	14	關係	22	發展	34	分析	34	政策	19
5	策略	10	改革	19	改革	30	政策	28	關係	17
6	蘇聯	8	經濟	16	關係	23	經濟	26	中國大陸	15
7	文革	7	中國大陸	14	分析	22	關係	26	外交	13
8	毛澤東	7	外交	14	經濟	21	政治	24	文化	11
9	政治	7	大陸	12	制度	19	發展	22	政治	11
10	美國	7	蘇聯	12	社會	18	影響	21	產業	11
11	戰略	7	時期	11	中國	17	臺灣	20	地方	9
12	外交	6	問題	11	大陸	15	制度	16	影響	9
13	青年	6	探討	11	國家	15	戰略	16	國家	8
14	時期	6	體制	11	外交	14	改革	15	發展	8
15	鬥爭	6	中國	10	年代	14	上海	14	角色	7
16	問題	6	社會主義	10	兩岸	14	比較	14	政府	7
17	權力	6	分析	8	時期	13	文化	13	合作	6
18	中國	5	比較	8	開放	13	企業	13	事件	6
19	工作	5	現代化	8	變遷	13	安全	13	理論	6
20	分析	5	理論	8	臺灣	10	社會	13	經濟	6

　　從表5-4也可發現，「政策」一詞不論在各時期都是出現頻率較高的，一方面，各體制皆然，「政策」幾乎是觀察一個國家權力分配的最佳視角，能從中評估不同因素在議題發展的影響，分析過程、行為者與行動方案等對政策形成有所影響的各種因素（Dahl 1961; Hill 1997）。另一方面，也可看出「區域研究」與學科研究本質的差異，特別是東亞所自創所以來所肩負的政策研究責任，五十年來一脈相傳。而從表中，我們亦可發現一趨勢，即各時期碩博士生經常運用的詞彙，多與中國發展和當時學術研究主流的詞彙相契合，如早期研究中共歷史與意識型態居多時期，經常出現的詞彙包含運動、策略、關係、文革、鬥爭等等，到了1979年後中國大陸改革開放，其政策、政治變革與經濟發展成為學術顯學，因此我們看到此時期碩博士論文題目慣用詞彙包含了改

革、政治、政策、社會、發展等等。此外，1990年代流行的制度主義，也讓制度二字成為1990～2009年這段時間學生喜好使用的語彙，而隨著蘇聯解體後，「蘇聯」二字也不像前二十年頻繁出現在論文題目中。2010年論文題目跟過去相比則更為多元，過去出現不多的文化、產業、地方、合作等開始受到關注。

圖5-13　東亞所碩博士班論文題目各時期文字雲分析

年份	東亞所碩博士論文題目文字雲分析
1968～1979年	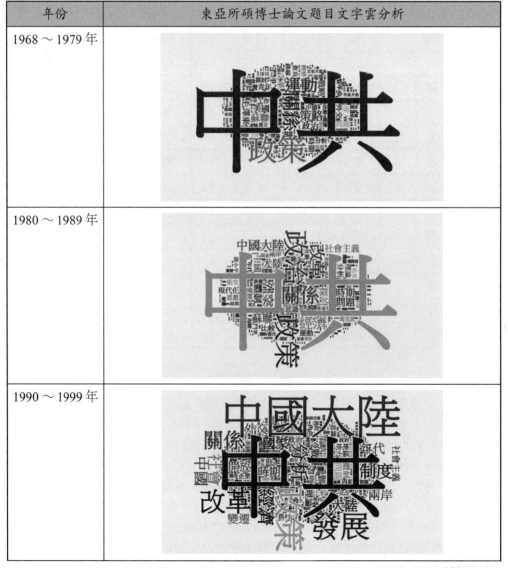
1980～1989年	
1990～1999年	

（接下頁）

年份	東亞所碩博士論文題目文字雲分析
2000～2009 年	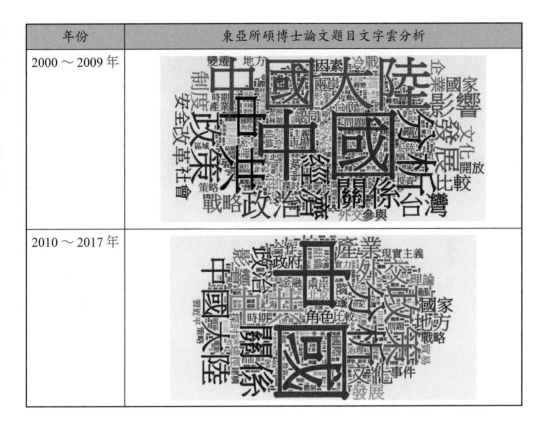
2010～2017 年	

伍、結論：東亞所的過去、現在與未來

　　國立政治大學東亞研究所作爲早期威權政府仰賴的中國研究人才訓練機構，而後期轉型爲學術爲主的研究機構，其已作育英才五十載。本文將東亞所從匪情研究走向學術世界，從政策分析走向學科訓練的過程中，其訓練之碩博士的論文題目作一綜整分析。明顯可見，東亞所學生論文題目與研究興趣，不僅受到所內師資、課程的影響，也與大時代的背景相當契合，從研究共黨問題，直到探索中國的改革開放，再到社會問題；從關注俄國、歐洲，再到關注臺灣、兩岸，進而思考東南亞問題等，都是當時代重要且迫切的重要問題，而碩博士生的選題也與臺灣政治民主化與經濟發展後的社會轉型息息相關，學術研究也在歷史洪流下逐漸走向自由。

　　根據吳克（Richard Walker）回憶吳俊才先生時，談到吳俊才先生對臺灣的貢獻，當中最重要一點便是，「（吳俊才先生）讓領導階層了解學術自由不是可怕的疫疾」

（褚塡正 2017, 95），若東亞所早期宗旨是培養反共革命志士與知識分子，而後來的成功轉型，或許也符合了當初吳俊才先生的期盼，東亞所引領了臺灣中國研究的學術變革。正是有東亞所這樣的橋梁，間接潤滑了民主化過程，同時也使臺灣持續維持研究中國大陸的強大能量，相信將來東亞所的碩博士們，也會緊握著火炬，持續這樣的任務。

　　從指導教授的資料分析，比對目前東亞所的師資，具有豐富實務經驗，政策敏感性的前輩教師們也逐漸退居幕後，而新興的學界新秀繼起帶領東亞所，注入了許多新的社會科學研究方法與思維。東亞所未來的學術研究潛力是無庸置疑的，然而更需要注意的是，東亞所將來仍需保持其政策敏感性與提供重要政策建言的能力。從研究議題來看，東亞所已從過去專注於理論思想或黨政外交等面向，走向系統性與科學性地全面了解中國的方方面面，2000 年後，著重的議題又更強調在社會文化與經濟部分，逐漸補齊了臺灣中國研究的缺口，然而這方面的研究能量與培養出的人才，如何轉化為臺灣大陸政策的養分，將是東亞所未來需要持續檢視並且與時俱進之重要任務。歷史巨輪持續轉動，相信未來東亞所仍能扮演作育英才的任務，為我國中國研究相關政策與學術不停地注入活水。

參考文獻

一、 中文

內政部統計處，2019，〈108 年第 11 週內政統計通報〉，https://www.moi.gov.tw/chi/chi_site/stat/
node.aspx?cate_sn=-1&belong_sn=7887&sn=7977，查閱時間：2019/09/09。

吳玉山，2000，〈政治與知識的互動：臺灣的政治學在九〇年代的發展〉，何思因、吳玉山主
編，《邁入廿一世紀的政治學》：3-48，臺北：中國政治學會。

唐杜國，1997，〈多是過江猛龍—漫記政大東亞所的早期師友〉，吳德里主編，《愛國與愛才：
懷念吳俊才先生文集》：122-141，臺北：吳俊才先生紀念文集編輯委員會。

張啓雄，2009，〈兩岸關係理論之建構：「名分秩序論」的研究途徑〉，包宗和、吳玉山主編，
《重新檢視爭辯中的兩岸關係理論》：115-138，臺北：五南。

陳陸輝、陳映男、王信賢，2012，〈經濟利益與符號態度：解析臺灣認同的動力〉，《東吳政治
學報》，30（3）：1-51。

楊開煌，2000，〈臺灣「中國大陸研究」之回顧與前瞻〉，《東吳政治學報》，11：71-105。

蒙志成，2016，〈越融合或越疏離？解析當前兩岸交流下臺灣民眾身分認同的內涵與影響〉，
《臺灣政治學刊》，20（2）：187-262。

褚塡正，2017，《當代中國學在臺灣－政治大學東亞研究所的肇基與嬗遞（1968-2015）》，臺
北：國立臺灣大學政治學系中國大陸暨兩岸關係教學與研究中心。

關弘昌，2018，〈臺灣青年世代統獨與兩岸經貿交流態度之探索〉，《遠景基金會季刊》，19
（2）：1-40。

二、 英文

Dahl, Robert. 1961. *Who Governs? Democracy and Power in an American City*. New Haven: Yale University Press.

Hill, Michael. 1997. *The Policy Process in the Modern State*. New York: Prentice Hall.

Kou, Chien-wen. 2014. "The Changing Role of the Institute of International Relations in Taiwan's China Studies: Trajectories and Dynamics." *Issues and Studies* 50(1): 9-53.

第六章

中國研究之主題分析與東亞所之位置：基於文字探勘與機器學習之探索[1]

邵軒磊

壹、研究背景

「中國大陸研究」是什麼？尤其在臺灣討論這個問題時，必須考慮到三個層次的背景：其一，在臺灣知識界，「中國大陸」作為社會科學學術研究對象，因其特殊之歷史、政治、經濟甚至「研究者自我身分認同」，較諸科學研究甚至其他文史哲研究，「中國大陸研究」有更多的政治性甚至「機密性」；其二，中國大陸本身改變劇烈，自70年代末改革開放至今，政治社會轉型之變遷歷程，成了全球熱門研究議題；隨此，「中國研究」的領域也相應擴大甚多，研究議題具有多樣性；其三，因為前述兩個原因的疊加，加上臺灣學者在研究中國大陸時有語言優勢，且因為中國大陸政府亦有意給臺灣人身分更多「方便」，因此較容易從事「田野調查」。因此，在相關知識生產與創作上，相較於世界各國之其他學者，臺灣學者擁有十分特殊的學術環境。有了這樣的意識，吾人試著理解「作為知識的中國大陸」，乃至思考「作為知識生產的中國大陸研究」。

再進一步，吾人還可以考慮到某些特定知識社群之知識分布。如長期中國大陸「研究重鎮」的「政治大學東亞研究所」（the Graduate Institute of East Asian Studies, National Chengchi University, the GIEAS，以下簡稱：東亞所）在戒嚴時期，既少有公開研究資料，也禁止一般人研究「中國大陸」，被稱為「匪情研究」（吳玉山、褚塡正 2018, 6）。而在1968年起，東亞所被「指定」為少數能夠研究中國大陸的研究機構，更特殊的是東亞所也肩負培育中國大陸研究人才的教育任務，因此其校友因其特殊知識，多遍布黨政產學各個與中國大陸相關機構。在超過半世紀的累積之下，東亞所人才已經遍布深耕在各個中國大陸研究相關領域，成為臺灣中國研究的重要知識寶庫。詳細

---

[1] 本文部分內容曾發表於「探索中國研究：歷年中國研究論文主題分析與文字探勘」，《前瞻2020年：中國大陸與臺海情勢學術研討會》（臺北，2019/10），經過改寫與增添完成此稿。主要相同的部分為「文獻回顧、研究設計、研究成果一」；新增添的部分為提及東亞所的所有部分。本文為「從知識系譜到知識地圖—大數據與機器學習下的『中國研究』（107-2410-H-003-058-MY3）」之研究成果。

的考證與發展，請見可以參見《東亞研究》第49卷第2期之「東亞所五十週年紀念專刊」，其中收錄了東亞資深師長與所友的考據與描述。

綜上所述，本文試圖解答兩個問題：其一，嘗試「整體性」回顧「臺灣中國研究主題」，建立「臺灣之中國研究資料庫」；其二，在「整體性理解臺灣中國研究主題」得以成立之際，找出東亞所在「中國研究社群之位置」。

此際先對上述目標定義如下，所謂「整體性」回顧，並非找出並分析「所有」關於中國的研究論文，這幾乎無法作到。取而代之，本文試圖在某一個限定範圍（在所有中國大陸期刊論文）中達到「整體性」，同時也保留未來能添加資料的使其「更為整體」之可能性。本研究使用分析巨量文字之技術，利用各種文字處理、統計分析方法或運算法，能進行大量文件的自動化分析，從而提供更多訊息。如近期研究「假新聞、仇恨言論、猥褻圖文」，都是這方面技術可能的進展與應用（Wilkerson and Casas 2017, 530; Grimmer and Stewart 2017）（後節「研究設計」處將詳述資料蒐集之脈絡）。在此之上，東亞所的「位置」就可以從各主題的分布與歷年的演變中看出。

本研究試圖結合上述技術趨勢與學科需求，在此本紀念東亞所五十週年的專書中，筆者謹著〈中國研究之主題分析與東亞所之位置：基於文字探勘與機器學習之探索〉一文，結合本身專長作整體性的知識社群描述之外，也試圖針對自身關懷之「單一類別」作出分析，提供學術先進參考與討論。讀者能看出受過東亞所教育訓練研究者，所發表論文之數量與主題，這個技巧也能使用到其他群體（如性別、世代等特殊群體）。

本文試圖提供以下學術成果：

一、建立「中國大陸研究」專題論文資料庫。本次蒐集1,338篇相關期刊論文。除卻一般「作者、題目、期刊、發表年」之外，在本資料庫中每個樣本均含「關鍵字與摘要」，是當前「臺灣學者中國大陸專題」資料庫之中，能取得內容深度與數量的平衡的一個成果。

二、嘗試並建立「中國大陸研究」的主題分類，甚至其半自動化乃至自動化流程。這樣的流程可以幫讀者更有效率找尋研究中國大陸的主要主題，以及各個次主題中的關鍵詞。這些都可以有效的引導研究者找到他們需要的資訊。其中較為新穎的想法，是涉及文字探勘（text mining, TM）與機器學習（machine learning, ML）技術，從而達到自動或半自動化的流程效果。

三、結合上述分類的成果。本文能夠結合「年代／期刊／作者資訊」與「分類」。這個作法是重新編織各種龐雜的資訊，將資訊多而雜（原始資料樣態），到精簡（少數主題），再到重新組合出新資訊（由原始資料結合累加）。比如說，將「歷年／主題」製表，有助於研究者看到每個主題的歷年變化趨勢，從而選

擇自身希望投入的領域；其後，研究者能找出該領域相關的「關鍵字」，持續深耕。

四、本研究能擷取出鎖定之子群體（東亞所），並將子群體之資料數值與母群體相關討論。如東亞所作者平均發表篇數、東亞所作者歷年發表數量、東亞所作者發表主題等等，用以觀察指定目標群體的特性。

貳、文獻回顧

在研究背景一節已然述及，「中國大陸研究」本身之特殊性，而亦有學者投入開展「對中國研究之再研究」，大致上有三種分類。

其一為「學科史研究法」，資深學者就自身熟悉之領域作一個總括的理解，這種方法類似傳統「學界回顧」，是對某一學科最直觀與便利的理解。但其受限於個人經驗與學養，甚至「喜好」，作出單一視角理解，往往人言言殊。為此，有更進一步的作法，就是試圖研究整個研究社群，採取更為複雜的視角來詮釋，比如由其他學者訪問再作出比較或綜合評釋，稱為知識系譜研究法（邵軒磊 2009）。不過，由於資料來源中亦有「他人經驗」，因此既有「學科史研究法」的先天限制，使用訪談則更為需要訪問人之「再詮釋」以及配合其他書面資料，往往更為耗費時間精力，而且還是無法完全解決說服讀者的問題。總體而言，上述方法為奠基在質性研究之基礎上，多仰仗研究者個人經驗與「閱讀熟悉本學科」之勞動，在研究內部理絡上可能作到無甚瑕疵，但其缺陷也在於「個人經驗」。一般而言，「個人經驗」的培養需要長年累積，期待一位專家發揮效能可能需要十年以上的歲月；其次，學者的職業學養生涯至多七十年，若個人經驗無法傳承或複製，其累積就僅止於此；第三，「個人經驗」可能因為偶然機遇或當時心情，而有個體性不同；第四，若出現兩個以上的「學者看法」，往往第三人也很難準確判斷誰更為「正確」。

另一種路徑，就是綜合視角，稱為「各自表述法」，請各學者各自為文說明自己研究的方法與中國研究。這種作法在「臺灣之中國大陸學界」特別可能成立，因為在1990 年代之後，社會逐漸開放，接受其他學科學者以從其專業學科來將「中國大陸」作為研究對象。如包宗和、吳玉山主編（1999）《爭辯中的兩岸關係理論》或何思因、陳德昇、耿曙主編（2003）之《中國大陸研究方法與成果》，都選列了一時中國大陸研究的相關研究成果。不過其限制在於少見各學者間對話，多數讀者還是會選擇其中一個專業學科進入深耕，而較難獲得全景想法。

「機器學習法」是近期試圖解答「個人經驗無法傳遞」，或是「諸多論文視角無法統整」的「再研究」嘗試（邵軒磊、曾元顯 2018）。這種方法能閱讀大量的文獻。在邵文中，使用機器閱讀了期刊《中國大陸研究》之 473 篇文章，而這樣的閱讀量難以被人類肉眼記憶並歸納。其研究成果認為本期刊之歷年成果可歸類為七大主題，每一主題各有其關鍵字（如圖 6-1）。這證明了研究者能使用機器，快速大量的取得資訊。

圖 6-1　期刊《中國大陸研究》主題與關鍵字

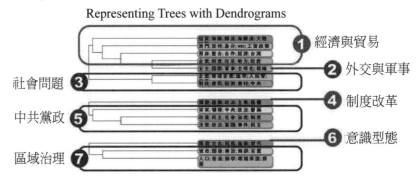

資料來源：邵軒磊、曾元顯（2018）。

此一方法目前正在開展中，使用者必須配合主體知識，是否能獨立成為一個完整而普遍的研究方法，尚待考驗。本文會使用這個方法，也會在末節討論其優缺點。茲整理上述三種方法於下表：

表 6-1　「中國研究主題研究」之主要方法

研究法	主要關注	解釋原因	研究限制
學科史研究法	強調依照時間變遷的學科演化。	社會需求變遷、國際環境變化、研究者個人等。	由於限於個人經驗，對於「過去之發展」較為可靠，而「知識系譜研究法」的限制亦同。
各自表述法	主要強調各種方法論適用案例上的特殊作法。	各學科適用中國研究之取徑。	不同方法學者彼此對話較少，較難有連貫性與統整解。
機器學習法	引進資訊學科中關於主題分析、文字探勘等技術。能夠快速大量的理解文字資訊。	立基於數學（資訊科學）中既有的演算法。	因為是資料驅動，所以僅能描述現狀。需要配合執筆者之基礎主體知識。

資料來源：本研究整理。

　　總體而言，在學科知識累積與資訊量較諸以往更大時，使用個人經驗研究方法的勞動量與限制就會更大。因此，本文試圖使用文字知識探勘技術工具，整理「中國大陸研究」此一領域之研究成果，將其自動化分類。這促使本文想要應用文字探勘方法於「中國大陸研究」，以探索此一學科各種研究主題與脈絡的可能性。

　　又與前述類似主題之研究（邵軒磊、曾元顯 2018）相比，本文在三個地方實踐突破：首先是資料量由 400 餘篇成長至 1,300 餘篇，其資料的數量增加三倍；其次在期刊的取用上也達到跨期刊多學科，向普遍性資料庫作出嘗試；第三，在機器語言的使用上，使用了較爲「基礎」的程式語言，能夠更爲靈活的調整各個參數，從而取用更多的資訊；第四，是使用了不一樣的演算法，前文使用共現字的相似，本次使用 LDA 模型（Latent Dirichlet Allocation）。此外，本次研究還特別加上對於某些子群體的探索，能使這個觀測更爲聚焦。

　　在資訊科學技術應用到政治學中，主要在英文學界有 Margaret E. Roberts（2014）、Bjorn Burscher（2014）、Benedikt Boecking（2014）、John Wilkerson（2017）以及 Grimmer and Stewart（2017）。均試圖解決傳統政治學較爲難以涉獵的預測問題，至今資訊科學也在不同研究領域，如前述假新聞、仇恨言論、猥褻圖文上多有突破。中文學界也逐漸開展基於機器學習與法政研究的探索，法律學如〈人工智慧與法律資料分析之方法與應用：以單獨親權酌定裁判的預測模型爲例〉（黃詩淳、邵軒磊 2019）。政治學界有前述「中國大陸研究主題分析」，還有〈使用法律資料分析探索厚資料：跨境毒品流動要素與結構〉（邵軒磊、吳國清 2019）等等。

　　筆者認爲數位工具是很好解決「個人經驗的有限性」所帶來的困擾：數位工具可以大量快速的記錄訊息（如高速運算電腦）、數位工具的知識可能複製累積（如資料庫）、數位工具的運算結果可能重現（如數據運算公式）、數位工具的研究結果可以比較（如模型配適程度）。諸位只要舉出身邊任何一個數據服務，如臉書、YouTube、Uber 等，就可以想像現代很多社會服務勞動之強度，已經不得不大量使用機器運算而非人力。自然，筆者必須強調：數位工具並非是要完全取代研究者，而是能夠在研究者有主體知識的前提下，能夠活用數位工具增廣增強自己的研究能力。

參、研究設計

一、 資料蒐集、資料處理與資料庫建制

　　本文試圖討論臺灣學界的中國大陸研究，自然必須界定「什麼樣的研究是中國大陸研究」。以九州大學附屬圖書館的「中國學分類表」為例，所包含的學科共有 53 個類別，也就是「中國研究」涉及中國文化、歷史、哲學、藝術等人文科學和社會科學的各個學科。但這樣由於範圍太過鬆散，顯然不可能真正符合本研究要旨。因此在題材上，受限於筆者專長，本文僅對於現代中國大陸（中共、中國研究）政治、經濟、社會、意識形態、國際關係等社會科學研究議題；而對於傳統漢學（文學、史學、哲學、藝術）方面，可待後續補足。

　　數據來源上，本研究使用民間論文資料庫，以「中國研究、大陸研究、中共」作為關鍵詞檢索，並設定為「臺灣出版」與「TSSCI 期刊」。檢索結果爬取原始資料，其後去除重複、與所需領域無關係以及「沒有摘要」的論文，共得 1,233 篇。另外，作為中國大陸研究的專門刊物《東亞研究》，雖然並非 TSSCI 資料庫，不過該刊作為長期「中國大陸研究」的發表園地，若排除其在資料知識上的豐富程度上會有相當損失，因此決定納入。本次取樣《東亞研究》含 105 篇。因此本次使用的資料庫共有 1,338 篇，本研究就以此為基礎建制中國大陸研究專題論文資料庫。（如下圖示）

圖 6-2 「中國研究期刊論文資料庫」語料圖示

1329	中國大陸嫁接式市場化改革：地方政府角色	張弘遠(E	2001	中國大陸研究	後轉型時期;國家能力;嫁	隨著市場
1330	大陸農村的基層民主與經濟發展的關係	徐斯儉(S	1999	中國大陸研究	大陸農村;基層民主;並	本文的後
1331	全球化：中國都市與區域的研究與未來	閻博秀(T	2001	中國大陸研究	全球化;都市與區域研究;	本文將試
1332	由「識正書簡」到兩岸漢字整合問題	劉勝驥(E	2011	中國大陸研究	漢字;簡化字;正體字;繁	兩岸漢字
1333	Do Perks Matter? Evidence from Chinese Banks	丁秀儀(E	2016	中山管理評論	特權消費;CEO權力;績效	此文探討
1334	Investment of Foreign Financial Institutions in China	張惠龍(E	2014	財務金融學刊	參股;危險函數;最大概似	本文分析
1335	The R&D Strategies of Fabless Semiconductor Com	姜榮新(R	2015	科技管理學刊	IC 設計公司;R&D 支出費	無晶圓廠
1336	大陸台商外銷通路之研究	劉水深(S	1997	管理評論	外銷通路;通路流程;海外	本研究調
1337	中國該往何處去？知識社群的思考	蔡文軒(V	2006	政治科學論叢	公平；市場；自由主義	本文以「
1338	「再平衡」對美中關係之影響：一個理論與	張登及	2013	遠景基金會季刊	美中關係;中國外交;再平	美國在綜
1339	中國的非洲政策：軟實力與朝貢體系的分析	游智偉(C	2011	遠景基金會季刊	朝貢體系;軟實力;中國對	本文欲藉

資料來源：本研究整理。

　　至此，本文完成了「研究背景」中所設定的第一個任務：**建立「中國大陸研究」專題論文資料庫**。這個資料庫作為學術基礎工程，可以用來研究，也能擴張，自由增添資料。這也是使用資料庫研究能超過個人經驗的原因。未來在條件成熟時，筆者將公開資

料庫以供同好取用，累積後續研究。

　　另一方面，什麼是「東亞所出身」？本文使用的定義是「受過東亞所系統教育，有過入學紀錄的人」，因此本文使用碩士班（1～50屆）博士班（1～38屆）。經由系統比對，能找出這些研究者曾發表在上述資料庫的論文，作為本文判斷東亞所在社群「位置」的基礎。在判定上，若有多人共同著作的，若其中有一位東亞所出身者，就算是「東亞所相關著作」。上述取樣標準為筆者獨斷之定義，亦有若干討論、取捨或另為標準之空間。

二、　文本分類與 LDA 演算法

　　資料蒐集完成之後，則是選擇文本分類模型之演算法。本文乃以「文件分類」技術中的「潛在狄立克雷分配」（Latent Dirichlet Allocation, LDA），在文件分類類型上，實現中文非結構文本的文字探索其要訣在於使用貝式定理，找出最有可能的「解釋力下界最大化」組合，因此，用於字詞組合相當合適。LDA 主要的核心概念為，原來「字詞→文章」的組合中，能夠有一種「主題模型」構成「字詞→主題→文章」的三層模型，其主題可以用貝式機率（Bayesian probability）來表示。在特定有限文章（語料庫）中，主題數量、字詞範圍都能確定，因此可以調整主題（字詞組合），從而使得整體組合之機率極大化（Blei et. 2003, 995-997）。

三、　研究流程化

　　本研究設計中，主要的研究流程步驟為下列六區塊。分別是資料蒐集區塊（蒐集原始資料製作資料集，詳如前節）；自然語言區塊（natural language processing, NLP，如去除無意義字元、分詞等）；文字探勘區塊（Textmining，選取作者、機構等訊息），文本分類資料運算區塊（即 LDA，如上節）此際加入「東亞所校友」標記（GIEAS alumnus），最後是「結果與詮釋」區塊。如下圖所示：

圖 6-3　跨文章—主題結構示意圖

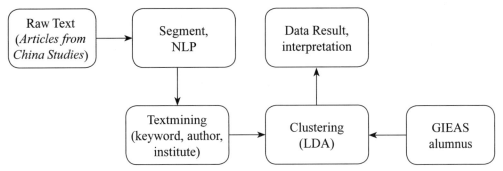

資料來源：本研究整理。

　　至此，本文完成了「研究背景」中所設定的第二個任務：建立「中國大陸研究」的主題分類之半自動化流程。本研究建立流程的好處在於，可以再所有區塊中建立確認點（check point），因此每個區塊都能獨立於其他區塊進行調整，減少錯誤。相較於由單一研究者從頭研究到尾，再調整其研究成果，本方法可以提供滾動式調整（rolling adjustment）的益處，且可以達到半自動甚至自動的資訊處理。當我們添加或減少資料時，可以閱覽計算成果，從而決定後續研究方向。因此，「積累與資料增加」就可能漸次完成。

肆、研究成果一：臺灣的中國研究主題總論

　　本節將進行「研究背景」中所設定的第三個任務：建立分類建立「中國大陸研究」的主題分類以及發現延伸資訊。具體而言，本任務可以細分為下列四個問題：

　　1.誰發表了「中國大陸研究」相關論文？其數量為何？
　　2.哪些刊物刊登「中國大陸研究論文」？
　　3.中國大陸研究的「常用詞語」是什麼？「主題」有哪些？
　　4.各年的研究的主題有什麼變化？

一、　「中國大陸研究」　的主要發表學者

　　這些「中國大陸資料庫」中，我們可以將發表學者的全貌整理出來，並將發表篇數

整理出來。如果有「多人共著」的情形，本文的處理就各增加一次計數。因此，作者總數可能會略超過原本論文篇數。

　　總體而言，共有 1,181 名作者，中位數為 1 篇，大多數研究者（901 名）在此一領域僅能有一篇論文的產出。因此，如果能在此一領域著作在兩篇以上，就能算是前 25%。總體平均為 1.624 篇，最高為 23 篇。茲將前 40 位高頻作者列引如下表。在本次公開版本中僅顯示首字字母，作了部分去識別化，詳細成果將於適當場合再公開。

表 6-2　「中國大陸研究」之高頻發表作者

rank	name	Freq	rank	name	Freq	rank	name	Freq	rank	name	Freq
1	soo_ooo_oo	23	11	cooo_oo/ooo_ooo	12	21	hoooo_ooo_oooo	9	31	ho_ooo_ooo	7
2	coo_ooo_oooo	18	12	woo_ooo_ooo	10	22	wooo_ooo_oooo	8	32	cooo_oooo_ooooo	7
3	dooo_oooo_ooo	16	13	zoooo_oo_oo	10	23	joooo_oooo_ooooo	8	33	hoooo_oooo_ooo	7
4	gooo_ooo	15	14	zoooo_oo_oo	10	24	zoooo_oooo_oooo	8	34	xoooo_ooo_ooo	7
5	wooo_ooo_oo	14	15	loo_ooooo_oo	10	25	cooo_ooooo_ooo	8	35	dooo_oo_ooooo	7
6	zoooo_ooo_ooo	14	16	co_ooo_ooo	9	26	yooo_ooo_oo/ooo	8	36	wooo_ooo_oooo	6
7	sooo_ooooo_ooo	13	17	dooo_ooo_ooo	9	27	xooo_oooo_oooo	8	37	sooo_ooo_ooooo	6
8	koo_oooo_ooo	13	18	hooo_ooo_ooo	9	28	foo_ooo_oooo	7	38	zooo_oo_oooo	6
9	wooo_oooo_oooo	12	19	zoooo_oo_ooooo	9	29	zoooo_oo	7	39	loo_oo_ooo	6
10	xo_ooo_oooo	12	20	cooo_oo_ooooo	9	30	ho_ooooo_ooo	7	40	ko_oo_oo	6

資料來源：本研究整理。

二、　哪些刊物刊登　「中國大陸研究論文」

　　下表呈現各個期刊對於「中國大陸研究論文」的刊登數目。作為「中國大陸研究」專門雜誌，政治大學國際關係研究中心所出版之《中國大陸研究》遙遙領先其他。其次，《遠景基金會季刊》、《東亞研究》、《問題與研究》作為第二集團，其刊登數量也相當大。《問題與研究》作為綜合性期刊，能有相當數量的刊登，也可看出這個刊物對「中國大陸研究」多能接受。

表 6-3　「中國大陸研究」之期刊別發表數

rank	JL	freq	rank	JL	freq
1	中國大陸研究	537	11	管理評論	16
2	遠景基金會季刊	115	12	臺灣政治學刊	14
3	東亞研究	105	13	政治科學論叢	13
4	問題與研究	78	14	臺灣社會學	11
5	新聞學研究	36	15	教育資料與圖書館學	10
6	遠景季刊	32	16	都市與計劃	9
7	臺灣社會研究季刊	31	17	中華傳播學刊	8
8	政治學報	28	18	本土心理學研究	8
9	人文及社會科學集刊	20	19	科技管理學刊	8
10	中山管理評論	16	20	臺灣經濟預測與政策	8

資料來源：本研究整理。

　　就其他面向社會科學的綜合性期刊而言，如社會學之《臺灣社會研究季刊》、《臺灣社會學》與管理學的《中山管理評論》、《管理評論》、《科技管理學刊》，新聞學的《新聞學研究》、《中華傳播學刊》。雖然顯示了中國大陸研究在各個學科也有呈現，但也顯示在單一學科性學刊上「中國大陸研究題材」刊登數量明顯較少。

　　前已述及，本次資料庫研究的蒐集受限於原始資料庫範圍，因此某些期刊若是沒有公開數位版本，或是沒有被原始資料庫收錄，或是非 TSSCI 期刊，在本次的研究中就難以呈現，需要另案處理或是待後續補足。不過，在本表中呈現的，都是具有確實資料發表的樣本，因此可提供某些研究旨趣。

三、　「中國大陸研究論文」　有哪些主題

　　製作主題分析需要數個步驟：首先，我們將所有論文「題目、關鍵字、摘要」合併，製作一個能包含論文中「關鍵訊息」的欄位。這樣的作法相較於使用「全文」雖然可能遺漏某些訊息，但也較少「雜訊」（noise）。相較於處理全文冗長文本的作法，這樣的作法較有效率。反之，如果僅有「題目或關鍵字」，也不可能作好，因為訊息太少。因此，使用本文作法是筆者嘗試數種方式後比較取得平衡的作法。

　　其次，製作這些資料的分詞。其成果如下表所示：所有論文分詞結果與詞頻展示。左方4個欄位展示了1～100名所使用的詞彙，而最右一欄顯示了3字以上長詞的詞彙。此處的結果，能使我們觀察到我們分詞的能力與結果，能大致看到「中國大陸研究」中使用的詞彙頻率。當然，讀者可以從此稍微窺諸學者主要的研究領域與取向。除去「中國、大陸」為最多，此為一定的結果，主要的領域詞彙會是「經濟、政治、政策、社會、關係（兩國或國際）、臺灣（兩岸關係）」，這也合乎常理。

表6-4　「中國大陸研究」之詞頻數

rank	Term	freq	rank	Term	freq	rank	Term	freq	rank	Term	freq	rank	Term	Freq
1	中國	3504	26	區域	328	51	建構	202	76	時期	162	1	全球化	226
2	大陸	2786	27	結構	327	52	差異	202	77	能力	160	2	兩岸關係	166
3	經濟	1125	28	結果	300	53	程度	201	78	事件	151	3	改革開放	144
4	政治	1079	29	戰略	293	54	模型	201	79	文獻	149	4	社會主義	135
5	國家	1039	30	歷史	292	55	民主	200	80	目的	147	5	國有企業	106
6	關係	930	31	體制	291	56	全球	199	81	角度	145	6	鄧小平	89
7	政策	858	32	地區	288	57	方式	198	82	改革開放	144	7	毛澤東	87
8	社會	797	33	權力	276	58	農村	195	83	軍事	144	8	結果顯示	82
9	問題	693	34	利益	261	59	交流	190	84	態度	144	9	外交政策	80
10	制度	684	35	環境	253	60	香港	190	85	決策	140	10	資本主義	79
11	國際	624	36	產生	249	61	基礎	187	86	利用	138	11	領導人	78
12	理論	581	37	體系	243	62	效果	185	87	社會主義	135	12	民主化	77
13	政府	578	38	全球化	226	63	新聞	183	88	架構	134	13	影響力	76
14	地方	500	39	角色	224	64	機制	181	89	趨勢	134	14	民族主義	75
15	市場	478	40	主義	221	65	現象	180	90	規範	132	15	現實主義	70
16	企業	475	41	資料	221	66	經驗	180	91	領導	130	16	東南亞	69
17	臺灣	441	42	空間	219	67	城市	179	92	目標	129	17	市場經濟	66
18	因素	417	43	技術	218	68	轉型	179	93	金融	129	18	國際化	66
19	模式	417	44	資訊	216	69	概念	176	94	對象	129	19	市場化	64
20	美國	393	45	觀點	216	70	中央	174	95	身分	128	20	委員會	63
21	文化	369	46	方面	214	71	公司	170	96	領域	128	21	俄羅斯	63
22	日本	347	47	外交	207	72	世界	170	97	政權	127	22	教科書	62
23	過程	343	48	議題	207	73	方法	169	98	資本	127	23	製造業	59
24	產業	340	49	網路	206	74	兩岸關係	166	99	法律	125	24	子公司	58
25	策略	329	50	臺商	204	75	學者	164	100	土地	122	25	研究者	56

資料來源：本研究整理。

從長詞中可以看到比較醒目的研究主題如「全球化、兩岸關係、改革開放、社會主義、國有企業」，人名中則以「鄧小平、毛澤東」為主要研究對象。

　　第三，詞頻較為凌亂而領域也較為綜合，讀者難以看出其主題要項。因此，本文使用前述製作文本分類之 LDA 演算法。將可以得到下列主題（字詞組合）分佈。其中關鍵字為自動化產生，但「主題命名」由筆者認定。

　　目前命名為：「臺商管理相關」是管理與經濟方面的研究論文，主要可以看到是討論「臺商、企業、市場、技術」等等議題；「經濟體制相關」主要是整體的改變，「改革開放、農村、社會主義、經濟、結構」非常有中國大陸研究的特色，可能獨立看來這 4 個關鍵字會分屬不同學科，但是在中國大陸研究中這個內在理論就是隱含了在中國研究中「改革開放由農村開始，改變了社會主義經濟結構」的潛台詞。

　　相較於重視實務的「內政財政相關」（政策、中央地方關係），「國家政社理論」主要偏向概念理解（如建構、民族主義）其中「日本」出現此一分類，筆者的詮釋是，日本可作為中國大陸「國家建構的對照物」。這個可以相對於「國際兩岸關係」中的美國與俄羅斯。臺灣學界討論「中美、中俄」的基礎，與討論「中日」也有若干差異。

表 6-5　「中國大陸研究」之各主題與其關鍵字

	T1	T2	T3	T4	T5	T6	T7
topic	臺商管理相關	經濟體制相關	國家政社理論	內政財政相關	傳播與法規範	政治意識型態	國際兩岸關係
1	企業	經濟	國家	政策	體系	政治	關係
2	因素	制度	社會	政府	香港	文化	國際
3	市場	結構	理論	地方	新聞	歷史	臺灣
4	模式	體制	日本	區域	方式	主義	美國
5	產業	過程	權力	環境	事件	民主	戰略
6	結果	農村	建構	空間	態度	時期	全球化
7	地區	現象	概念	策略	規範	決策	外交
8	技術	轉型	觀點	機制	身分	政權	利益
9	臺商	產生	文獻	城市	法律	菁英	交流
10	網路	改革開放	議題	中央	經驗	幹部	全球

（接下頁）

	T1	T2	T3	T4	T5	T6	T7
11	模型	金融	領域	能力	內容	意識	世界
12	程度	市場	網絡	趨勢	移民	意義	兩岸關係
13	資料	土地	學界	角色	行政	思想	軍事
14	效果	資本	亞洲	階段	系統	過程	東亞
15	公司	產權	力量	財政	專業	威權	雙方
16	利用	資源	公民	國有企業	差異	角色	經貿
17	策略	社區	傳統	部門	立場	基礎	北京
18	廠商	目標	架構	危機	媒體	宗教	和平
19	差異	政經	類型	原因	爭議	特色	地緣
20	效率	農民	核心	銀行	框架	鄧小平	外交政策
21	結果顯示	基層	民族	角度	人員	毛澤東	大國
22	科技	社會主義	民族主義	課程	功能	條件	地位
23	考量	邏輯	社群	人口	報導	領導人	部分
24	風險	方向	內涵	上海	產生	民主化	現實主義
25	目的	資本主義	基礎	背景	建議	階級	議題
26	品質	集體	主題	重點	政黨	黨國	主權
27	價值	壓力	現實	層面	學生	主張	戰爭
28	效應	市場經濟	研究者	模式	措施	型態	俄羅斯
29	信任	利益	整體	地區	個人	人民	東南亞
30	外資	市場化	藉由	因應	情況	權威	困境

資料來源：本研究整理。

　　「政治意識型態」就更多黨國體制的討論，「鄧小平、毛澤東」等領導人，中共政治菁英、民主化都是在這個分類項下，我們可以注意這個分類。其潛台詞是「中共派系政治文化與菁英決策」，附帶一提，這是非常典型的傳統中國大陸研究。「傳播與法規範」比較不明顯能有一個合理包含概念，筆者估計可能是兩個領域融合而成，需要未來再往下觀察。

　　有論者會認爲「不需要給予主題名字，而任讀者詮釋」，但是在筆者經驗與行文中，還是給與每個主題名字比較方便指涉；但要聲明的是，這個「命名」並不代表嚴格定義下的領域關鍵字，而是在研究經驗中這個分群大多數文章會出現這個關鍵字，可能是研究討論對象或是比較對象，或許也融合了數個領域。這可以再使用增加分群數來細分。如果要一一質疑每個關鍵字爲何出現在某個分群，如「經濟體制分類」會出現「邏輯」？會陷入解釋的泥沼。

四、　「中國大陸研究論文」 主題的歷年變化

　　本文接下來可以與論文發表年代作結合，然後可以看出每年的各種主題變化。簡言之，初期「國際兩岸關係」與「經濟體制相關」最爲活躍，中期是「臺商管理相關」與「政治意識型態」最多，後期「傳播規範」與「臺商管理」較多，如下表所示。

表 6-6　「中國大陸研究」之各主題歷年發表數

	臺商管理相關	經濟體制相關	國家政社理論	內政財政相關	傳播規範相關	政治意識型態	國際兩岸關係
～1998	5	11	7	21	18	13	17
1999	6	18	4	6	11	9	20
2000	7	13	7	17	6	9	23
2001	9	19	8	11	11	9	23
2002	11	8	6	7	5	6	13
2003	11	12	3	8	11	6	18
2004	13	8	8	4	8	10	12
2005	16	5	8	6	5	7	10
2006	17	12	9	2	4	15	13
2007	8	9	11	6	4	15	9
2008	18	11	11	8	5	13	10
2009	15	6	11	5	14	7	11
2010	11	3	9	9	7	14	2

（接下頁）

	臺商管理相關	經濟體制相關	國家政社理論	內政財政相關	傳播規範相關	政治意識型態	國際兩岸關係
2011	6	11	4	10	10	6	10
2012	10	6	6	7	10	6	13
2013	16	9	8	4	4	8	7
2014	12	5	4	7	6	9	3
2015	8	6	6	8	9	10	5
2016	8	2	10	8	3	11	11
2017	9	4	7	4	10	2	6
2018～	12	7	9	5	12	7	5

資料來源：本研究整理。

圖6-4　「中國大陸研究」之各主題歷年發表數

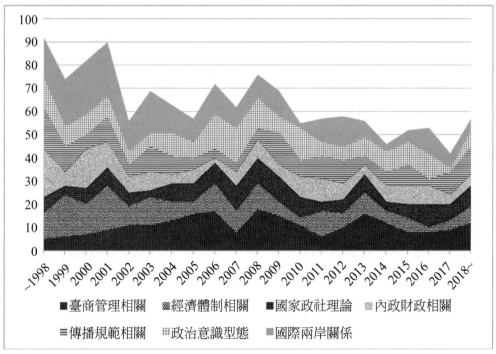

資料來源：本研究整理。

　　從折線圖可以更看出趨勢，總體數量而言「年產量」稍微下跌，但仍有原來的六成左右。首尾年份中會將資料合併處理，因此會有一些誤差，而中間年份較爲準確。

　　如果以比率看來可能更爲準確，如下圖所示。「臺商研究」從 2000 年後都相當活躍，幾乎都占有五分之一的領域。而「國家政社理論」領域是早期較少研究，近年逐漸上升，這與國際在理論上注目中國發展有若干關係，從事這樣研究容易國際合作。「傳播文化相關」領域早期很多，2000 年之後一度消沉，最近十年又變得火熱。「國際兩岸關係」領域一開始最多，逐漸下降，近年有點危險。與此相同的是「經濟體制相關」，近年相關論文較爲稀少。

表 6-7　「中國大陸研究」之各主題歷年發表比率

	臺商管理相關	經濟體制相關	國家政社理論	內政財政相關	傳播規範相關	政治意識型態	國際兩岸關係
～ 1998	5.43%	11.96%	7.61%	22.83%	19.57%	14.13%	18.48%
1999	8.11%	24.32%	5.41%	8.11%	14.86%	12.16%	27.03%
2000	8.54%	15.85%	8.54%	20.73%	7.32%	10.98%	28.05%
2001	10.00%	21.11%	8.89%	12.22%	12.22%	10.00%	25.56%
2002	19.64%	14.29%	10.71%	12.50%	8.93%	10.71%	23.21%
2003	15.94%	17.39%	4.35%	11.59%	15.94%	8.70%	26.09%
2004	20.63%	12.70%	12.70%	6.35%	12.70%	15.87%	19.05%
2005	28.07%	8.77%	14.04%	10.53%	8.77%	12.28%	17.54%
2006	23.61%	16.67%	12.50%	2.78%	5.56%	20.83%	18.06%
2007	12.90%	14.52%	17.74%	9.68%	6.45%	24.19%	14.52%
2008	23.68%	14.47%	14.47%	10.53%	6.58%	17.11%	13.16%
2009	21.74%	8.70%	15.94%	7.25%	20.29%	10.14%	15.94%
2010	20.00%	5.45%	16.36%	16.36%	12.73%	25.45%	3.64%
2011	10.53%	19.30%	7.02%	17.54%	17.54%	10.53%	17.54%
2012	17.24%	10.34%	10.34%	12.07%	17.24%	10.34%	22.41%
2013	28.57%	16.07%	14.29%	7.14%	7.14%	14.29%	12.50%
2014	26.09%	10.87%	8.70%	15.22%	13.04%	19.57%	6.52%

（接下頁）

	臺商管理相關	經濟體制相關	國家政社理論	內政財政相關	傳播規範相關	政治意識型態	國際兩岸關係
2015	15.38%	11.54%	11.54%	15.38%	17.31%	19.23%	9.62%
2016	15.09%	3.77%	18.87%	15.09%	5.66%	20.75%	20.75%
2017	21.43%	9.52%	16.67%	9.52%	23.81%	4.76%	14.29%
2018～	21.05%	12.28%	15.79%	8.77%	21.05%	12.28%	8.77%

資料來源：本研究整理。

　　由「主題比率折線圖」可以更好的看出研究趨勢。如「臺商管理」隨著兩岸交流緊密，而逐漸成為主流領域。

圖 6-5　「中國大陸研究」之各主題歷年發表比率

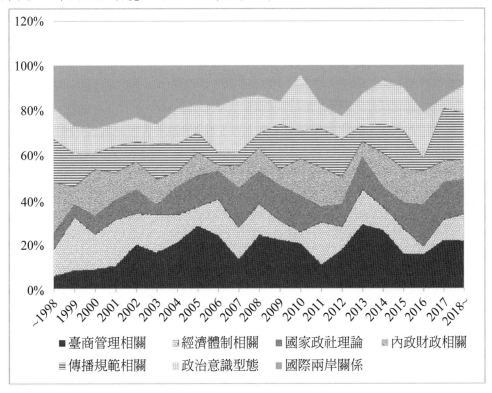

資料來源：本研究整理。

如此，我們回答了本研究的第三個任務：**建立「中國大陸研究」的主題分類與延伸發展**。將「歷年／主題」製表，這能讓研究者理解自身想要／已經研究的主題與領域是否正在熱門／減少。

伍、研究成果二：東亞所在中國研究的位置

本節將進行「研究背景」中所設定的第四個任務：**在子分類「東亞所出身者」探索研究主題分類以及發現延伸資訊**。與上節概念相通，本任務可以具體爲下列三個問題：

1. (東亞所出身者中) 誰發表了「中國大陸研究」相關論文？其數量爲何？
2. 東亞所出身者之發表「主題比率」？
3. 東亞所出身者各年的研究的主題有什麼變化？

一、 「東亞所出身」 的主要發表學者

這些「中國大陸資料庫」中，我們可以將「東亞所出身」的主要發表學者全貌與發表篇數整理出來。如前相同，如果有「多人共著」的情形，本文的處理就各增加一次計數。因此，作者總數可能會略超過論文篇數。

總體而言，東亞所的作者共有 104 位，約占本資料庫寫作者總數（1,181 名）的一成，但中位數爲 2 篇，平均數爲 3.317 篇，最高爲 16 篇。這顯示大致上來看，東亞所出身的研究者平均發表論文較多（非東亞所：1.46 篇／人；東亞所：3.32 篇／人），從盒鬚圖（boxplot）也可以看見東亞所出身者要明顯平均產出較高，使用 T 檢定也發現有明顯差異（t = −5.5666, df = 107.14, p-value =1.939e-07），因此可以說東亞所畢業之校友，在中國研究上能產出較多的論文。對照上節的說明，可以說東亞所有一半以上的校友，能夠列於前 25% 的產出；以平均值而言更是高出一倍以上。

圖 6-6　「是／否東亞所出身」研究者發表數量

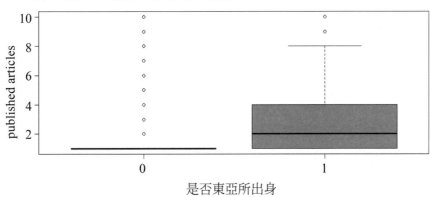

茲將前 30 位高頻作者列引如下表。在本次公開版本中僅顯示首字字母，作了部分去識別化，詳細成果將於適當場合再公開。

表 6-8　東亞所出身之高頻發表作者

rank	namePy_so	Freq	rank	namePy_so	Freq	rank	namePy_so	Freq
1	dooo_oooo_ooo	16	11	wooo_ooo_oooo	8	21	wooo_ooo_oooo	6
2	zoooo_ooo_ooo	14	12	joooo_oooo_ooooo	8	22	sooo_ooo_ooooo	6
3	sooo_ooo_ooo	13	13	zoooo_oooo_oooo	8	23	zooo_oo_oooo	6
4	wooo_oooo_oooo	12	14	cooo_ooooo_ooo	8	24	wooo_oo_ooo	5
5	zoooo_oo_oo	10	15	foo_ooo_oooo	7	25	hoooo_oo_ooo	5
6	zoooo_oo_ooo	10	16	zoooo_oo	7	26	dooo_oooo_oooo	4
7	loo_ooooo_oo	10	17	ho_ooooo_ooo	7	27	loo_ooo_ooo	4
8	co_ooo_ooo	10	18	ho_ooo_ooo	7	28	zoooo_ooo_ooo	4
9	zoooo_oo_ooooo	9	19	cooo_oooo_ooooo	7	29	cooo_ooo_oooo	4
10	cooo_oo_ooooo	9	20	xoooo_oo_oooo	7	30	jooo_oo_oooo	4

資料來源：本研究整理。

二、 「東亞所出身」 發表哪些主題

前節，我們找到了七個主題（請參照前節之關鍵字與討論），分別是：「臺商管理相關、經濟體制相關、國家政社理論、內政財政相關、傳播規範相關、政治意識型態、國際兩岸關係」。那東亞所主要發表在那個領域呢？

圖 6-7 「是／否東亞所出身」研究者發表主題數量比例

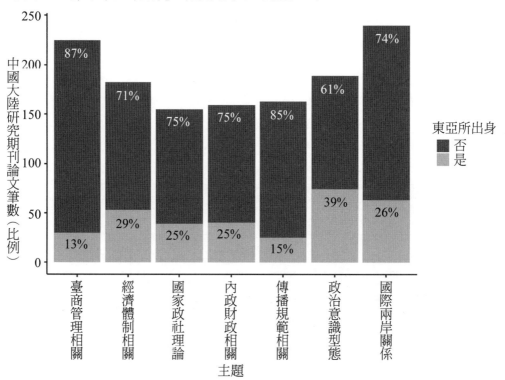

讀者可以發現東亞所的強項在於「政治意識型態」，占有近總體論文四成（39%）的數量，其次是經濟體制相關，約有三成（29%）；篇數較多但占比較少的是國際兩岸關係（26%）。而臺商方面（13%）與傳播規範理論（15%）是占比最少的。這個可以參照東亞所早期設置課程的「兩大系統與四大領域」以及之後的沿革（吳玉山、褚填正 2018, 17），可以看出東亞所確實在這些領域起步較早，積累較深，也與筆者個人的經驗大致相符。

　　而且，就東亞所的例子中，值得特筆點出的是「黨史相關」的論文，多分布在第六主題「政治意識型態」，經筆者個別檢視中是因為「政治人名」之比例之故。因此可能將在東亞所的例子中稱為「黨史意識型態」亦無不可。東亞所「黨史與意識型態」確實相當具有特色之課程，作為「傳統強項」，其沿革也值得讀者一閱（鍾延麟、黃奕嘉 2018, 32）。

三、　東亞所發表主題的歷年變化

　　本文接下來可以與論文發表年代作結合，然後可以看出東亞所發表的歷年變化。

圖 6-8　東亞所出身之各主題歷年發表比率

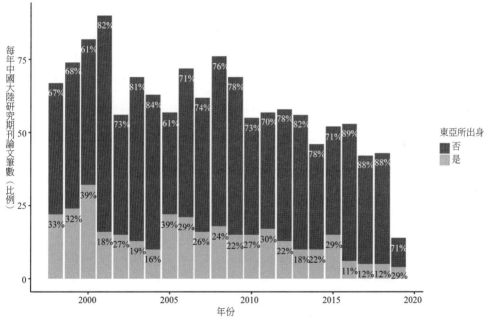

資料來源：本研究整理。

　　簡言之，初期（2000 年前）東亞所相當活躍，穩定有 30% 以上的產出，整體中國大陸學術界也是相當好的。但 2001～2004 年產量下降。至 2005 年之後，又有一波新的產出，在量上始終維持年間 20～25% 的產出直到 2012 年左右，也占有相全體論文的三成上下。比較明顯的變化是在 2016 年，整體的比率與數量都下跌。原因可能是在於，

因為學科要求與臺灣學術環境變遷，總體而言研究者逐漸將精力投注到「外文期刊」上，在 2010 年以降多集中於《The China Journal》、《The China Quarterly》及《Journal of Contemporary China》（寇建文、蔡文軒 2018, 62）。

由數字來看，單獨一年的話較為難以閱讀，因此，我們將每三年合併為一個單位，可以看出全體而言產出都是下降的。

表 6-9 「東亞所出身」之各主題歷年發表數

年份	臺商管理相關	經濟體制相關	國家政社理論	內政財政相關	傳播規範相關	政治意識型態	國際兩岸關係
～ 00	4	12	8	12	7	18	17
01 ～ 03	7	10	2	6	1	8	10
04 ～ 06	11	7	4	4	4	14	9
07 ～ 09	4	10	8	5	4	10	8
10 ～ 12	1	8	8	5	4	10	9
13 ～ 15	3	3	6	4	3	11	5
16 ～	0	3	3	4	2	3	5

資料來源：本研究整理。

如果依照全時期論文比例來看，「政治意識型態」一直還算是東亞所的強項，而「國家政社理論」居次，「臺商管理相關」嚴重衰退。

表 6-10 「東亞所出身」之各主題歷年發表比率

年份	臺商管理相關	經濟體制相關	國家政社理論	內政財政相關	傳播規範相關	政治意識型態	國際兩岸關係	該時期總論文數量
～ 00	16.1	48.4	32.3	48.4	28.2	72.6	68.5	248
01 ～ 03	28.2	40.3	8.1	24.2	4.0	32.3	40.3	215
04 ～ 06	44.4	28.2	16.1	16.1	16.1	56.5	36.3	192
07 ～ 09	16.1	40.3	32.3	20.2	16.1	40.3	32.3	207
10 ～ 12	4.0	32.3	32.3	20.2	16.1	40.3	36.3	170

（接下頁）

年份	臺商管理相關	經濟體制相關	國家政社理論	內政財政相關	傳播規範相關	政治意識型態	國際兩岸關係	該時期總論文數量
13～15	12.1	12.1	24.2	16.1	12.1	44.4	20.2	154
16～	0.0	12.1	12.1	16.1	8.1	12.1	20.2	152

資料來源：本研究整理。

　　如此，我們回答了本研究的第四個任務：**探索子分類在「中國大陸研究」的主題與發展**。我們回答了，東亞所主要發表的主題，因此可以看出東亞所在中國大陸研究社群的位置。與東亞所傳統相符，「政治意識型態」最爲擅長，比率最高，這個優勢一直延續到 2015 左右，至今也是急遽減少；「經濟體制相關」的命運大致相同。可作對照的是「國際兩岸關係」，這個在東亞所而言也是早期的優勢一直持續，不過在近期依舊是東亞所強勁的項目；而「內政財政相關」則是類似的描述。

　　「臺商管理相關」較爲特殊，這個並非東亞所傳統強項，但在 2004～2006 年一度高升，不過之後也是急遽衰減，近年甚至無產出。「國家政社理論」與此相反，則是在2007 年以後，是東亞所新興主力發展科目。「傳播規範相關」則幾乎一直是弱項。

陸、結論

　　本文試圖使用數位方法，包括文字探勘（text mining, TM）與機器學習（machine learning, ML）技術，來回顧臺灣的「中國大陸研究」。蒐集 1996～2019 年，1,338 篇於臺灣發表之中國大陸相關期刊論文，建立「中國大陸研究」專題論文資料庫。（詳情於「參、研究設計」第一節呈現）同時嘗試並建立「中國大陸研究」的主題分類，成功導入自動流程化（詳情於「參、研究設計」第三節呈現）。並討論中國大陸的主要主題，以及各個次主題中的關鍵詞。這些都可以有效的引導研究者找到他們需要的資訊。比如說，將「歷年／主題」製表，有助於研究者看到每個主題的歷年變化趨勢（詳情於「肆、研究成果」第一節至第四節呈現）。

　　使用 LDA 演算法後，本論文可得出描述「臺灣學界中國大陸研究」的分類有七個主題，分別爲：「臺商管理相關、經濟體制相關、國家政社理論、內政財政相關、傳播規範相關、政治意識型態、國際兩岸關係」。其歷年變化簡述如下：初期「國際兩岸關係」與「經濟體制相關」最爲活躍，中期是「臺商管理相關」與「政治意識型態」最多，

後期「傳播規範」與「臺商管理相關」較多。這樣的主題歷年變化，可以幫助研究者探索相關的研究主題。

而若鎖定東亞所子群體研究，則呈現不一樣的故事。總體而言，東亞所在整體中國研究期刊論文中歷年表現逐漸衰弱。這與大環境學術「中國大陸研究」逐漸從獨占轉為公開有關，也與東亞所自身發展變化有關。關於此段歷史的細節論述，請參考前述《東亞研究》專刊。本研究能夠從數值的角度也佐證了上述研究，並無明顯矛盾。在主題分布上，東亞所的傳統強項為「政治意識型態」、「國際兩岸關係」、「經濟體制相關」。但若加入時序分析的話可以看出，各種主題命運並不相同。有傳統強項延續到現在的如「國際兩岸關係」、「內政財政相關」，也有傳統強項急遽衰退的，如「政治意識型態」、「經濟體制相關」，也有於此一時段新興的項目如「國家政社理論」、「臺商管理相關」（但後期也消失了）。

在研究限制上，筆者也深知光是「計數」是有所不足的。任何一篇論文不能完全使用數量來決定價值，學者對某個領域的「貢獻」，很難僅使用「期刊論文篇數」來決定；或是某個論文是否「重要」，也是如此。不過，若說是「絕無關係」，恐怕也違反直覺。因此，吾人必須立基於一些客觀基礎，如「越多人研究某主題就是這個主題越活躍」的直覺假設，但要小心推論。現在筆者的作法是使用「資料庫形式」作一個普遍性的客觀描述，提供為後續深入研究的基礎。這也是筆者強調「流程化」的原因，筆者並不試圖宣稱這個資料庫已經包含所有，而試圖壟斷所有的詮釋權力。反而筆者主張這些資料必須可以保有「積累、重現、再創作」的空間，可以藉由不斷的檢驗來確認其可信程度，從而知識才能成長。

目前也遇到一些技術問題，如先天上並沒有數位資訊可茲獲取，如早期的《問題與研究》與《東亞研究》（前身為東亞季刊），或是某些很有價值的專業機構刊物，可能僅有紙本或是未結構化的數位資料。另一種困難是資料庫本身之結構缺陷（如明明有找到筆數，但實際去查閱時卻無法獲得），或是原始資料缺少欄位空白欄位。因此可能會發生某個學者明明就有十數篇論文，但是實際獲取時僅有個位數的情形。從頭調整原始資料之缺陷或進行大規模數位化，可能超過筆者個人的研究能量，期望有機構規模的支援。

因此，在未來展望上：首先筆者期待能更加充實研究資料庫，將前述缺陷資料能夠補齊；其次，能與未提供結構化數位資料單位合作，提高其數位性可資利用；第三延伸原有資料庫的分析，如研究者特性（年齡、畢業學校）是否能在中國研究主題分類上有某些特性，都開拓了研究的可能性。

本文作為學術基礎研究，已經走出「設置研究基礎後勤工作」第一步，如基本數量

之研究資料庫以及半自動化研究流程。因此，邀請學界同好能一起投入此一領域。筆者也藉此機會建議東亞所、其他感興趣的研究者或研究機構，能提出諸位有興趣的議題，本研究方式也相當有應用到其他領域的潛力。

　　筆者必須聲明，對於東亞所的評價，不可能完全由「論文發表篇數」來決定；東亞所「價值」還有訓練過程、信任、人際連帶以及各種歷史記憶。公開發表的期刊論文，也只是一小部分的學術指標；東亞所對社會的貢獻，也更多是隱而不顯的。（王信賢、趙春山 2018, 85）不過，作為高等教育與研究機構的「東亞所」，或許可能藉由本論文，來思考自身在研究界的「位置」。就親身體驗而言，筆者感覺到，東亞所的轉變可以看作是臺灣社會民主轉型的縮影，從傳統匪情研究到逐漸接受新興議題、新興方法、新興教學；在未來東亞所的學生與師長，也必然會跟隨身處時代的關心項目來延續研究。筆者期望本文能夠在東亞所體制轉型之際，提供參考；個人亦忝為所友，僅為此文致敬東亞所以及各位師長學友。

參考文獻

一、 中文

王信賢、趙春山，2018，〈尋求學術研究與政策分析平衡的中國研究：政治大學東亞研究所的志業〉，《東亞研究》，49（2）：83-112。

包宗和、吳玉山主編，1999，《爭辯中的兩岸關係理論》，臺北：五南。

何思因、陳德昇、耿曙主編，2003，《中國大陸研究方法與成果》，臺北：政治大學國際關係研究中心。

吳玉山、褚填正，2018，〈東亞所的創建與中國大陸研究—政治與學術的互動〉，《東亞研究》，49（2）：1-28。

邵軒磊，2012，〈中國研究議程之系譜—以日本國際政治學會誌為例〉，《問題與研究》，51（1）：23-54。

邵軒磊、吳國清，2019，〈法律資料分析與文字探勘：跨境毒品流動要素與結構研究〉，《問題與研究》，58（2）：91-114。

邵軒磊、曾元顯，2018，〈文字探勘技術輔助主題分析—以「中國大陸研究」期刊為例〉，《問題與研究》，57（1）：29-62。

黃詩淳、邵軒磊，2018，〈酌定子女親權之重要因素：以決策樹方法分析相關裁判〉，《臺大法學論叢》，47（1）：299-344。

蔡文軒、寇健文，2018，〈揉合區域研究與學科導向的中國研究：以當代東亞所學術社群的英文著作為例〉，《東亞研究》，49（2）：53-82。

鍾延麟、黃奕鳴，2018，〈政治大學東亞研究所中共黨史課程的回顧與考察：設置、傳承和影響〉，《東亞研究》，49（2）：29-52。

二、 英文

Blei, David M., Andrew Y.Ng, and Michael I. Jordan. 2003. "Latent Dirichlet Allocation." *Journal of Machine Learning Research* 3(4-5): 993-1022.

Boecking, Benedikt, Margeret Hall, and Jeff Schneider. 2015. "Event Prediction: With Learning Algorithms-A Study of Events Surrounding the Egyptian Revolution of 2011 on the Basis of Micro Blog

Data." *Policy and Internet* 7(2): 159-184.

Burscher, Bjorn, RensVliegenthart, and Claes H. De Vreese. 2015. "Using Supervised Machine Learning to Code Policy Issues: Can Classifiers Generalize across Contexts?" *Annals of The American Academy Of Political And Social Science* 659(1): 122-131.

Grimmer, Justin, and Brandon M. Stewart. 2017. "Text as Data: The Promise and Pitfalls of Automatic Content Analysis Methods for Political Texts." *Political Analysis* 21(3): 1-31.

Margaret, E.Robert, Brandon M. Stewart, Dustin Tingley, Christopher Lucas, Jetson Leder-Luis, Shana Kushner, Bethany Albertson, and David G. Rand. 2014. "Structural Topic Models for Open-Ended Survey Responses." *American Journal of Political Science* 58(4): 1064-1082.

Walker, Christopher, and Jessica Ludwig. 2017. "Sharp Power: Rising Authoritarian Influence, International Forum for Democratic Studies." https://www.ned.org/sharp-power-rising-authoritarian-influence-forum-report. (Accessed on Dec. 5, 2017).

Wilkerson, John, and Andreu Casas. 2017. "Large-Scale Computerized Text Analysis in Political Science: Opportunities and Challenges." *Annual Review of Political Science* 20: 529-544.

第七章

揉合於區域研究與學科導向的中國研究：
以當代東亞所學術社群的英文著作爲例

蔡文軒、寇健文

壹、前言

　　1959 年，費正清（John K. Fairbank）點出當代中國研究領域的準則：「一場偉大的革命，也許是歷來最偉大的革命⋯⋯，所有既往的中國歷史看起來已面目全非⋯⋯現在，除了中國之外，我們還必須研究共產主義與蘇維埃的關聯。」[1] 自此之後，與傳統的漢學研究者不同，一批新的具社會科學訓練、主要從事比較共產中國與蘇維埃盟友關係的中國問題專家，開始研究 1949 年後的中國。

　　與當代中國研究社群的學術挑戰相較，讀者或許會發現歷史何其驚人的類似。1978 年中國改革開放之後，研究方法如何跟上中國「鉅變」，成爲學者的巨大挑戰。不同世代的中國研究者，在研究取向上雖有代際差異（Lieberthal 2010），但問題的癥結並未改變，即「如何正確地解讀中國」，或是如何正視中國崛起對學科理論的啓發。從這個角度來看，臺灣的中國研究社群，並未擺脫與西方學者相同的困境（李宗義、張弘遠、許雅淑 2010, 33-74）。

　　國立政治大學東亞研究所（以下簡稱：東亞所）創立至今，歷經五十年光景，常被認爲是臺灣在中國研究領域上的學術基地與人才培育庫。隨著美蘇冷戰格局瓦解，社會科學學科化，以及臺灣高教環境的改變，東亞所也面臨轉型的挑戰。近年來，東亞所的知識社群（曾在東亞所獲得學位和東亞所任教的師生）運用區域研究特長與社會科學方法，爭取更多的國際能見度。本文從「知識社會學」的角度觀察當代東亞所學術社群出

---

[1] 費正清的這段陳述，最初見於他在向福特基金會遞交建立研究機構的申請書上。這段歷史可見於裴宜理（Elizabeth J. Perry）在「紀念費正清東亞研究中心成立五十週年學術研討會」發表的〈Studying Chinese Politics: Farewell to Revolution〉一文。不過，在後續刊載於《The China Journal》的文章上，在前言有關費正清對中心成立宗旨的引言已被刪除，但相關討論仍可見於裴宜理的會議初稿。此外，「費正清中國研究中心」共經歷過三次更名，最初稱爲「東亞研究中心」（Center for East Asian Research），後來爲了紀念費正清而改名爲「費正清東亞研究中心」（Fairbank Center for East Asian Research），在 2007 年才改名爲現今的名稱，以彰顯其中國研究的特長。這場會議論文發表內容，可見裴宜理著、劉平譯（2006, 231-291）。

版國際期刊論文的成果，認為中國研究的發展在區域研究與學科導向的互動中不斷揉合。這不單是國際學術體系的困境，也是東亞所面對的挑戰。本文希望能了解東亞所在國際社群的位置，並藉此探索這個社群未來發展的利基。

　　本文將分成八個小節。除前言外，第貳節介紹海外中國研究與東亞所的兩個知識社群的發展歷程與差異。第參節到第陸節聚焦在東亞所知識社群在國際中國研究社群的學術表現，並以《The China Quarterly》、《The China Journal》及《Journal of Contemporary China》三份期刊的發表，分別簡述其發表內容與成果。在第柒節綜合分析東亞所知識社群國際期刊發表的特徵。結論部分，我們總結這些英文著作的立基點，並嘗試找出東亞所學術表現在國際社群應有的位置，以及東亞所未來所面臨的挑戰與應有的作為。

貳、知識社會學的視野：海外的中國研究與東亞所知識社群

　　東亞所學術社群的知識產出，反映了知識社會學的主張：思想與知識的生成，是鑲嵌於社會環境之中。知識社會學重視知識形成的「外在因素」，包含政治、經濟與社會文化的影響。發展知識社會學的重要奠基者謝勒（Max Scheler）就曾指出，知識的產生具有其同步性結構，存在於各年代、各地域之中（關永中 2004, 265-296）。當吾人在探究知識產生的同時，尚需理解知識內涵必定鑲嵌於歷史脈絡，切莫脫離知識在本質上所處的外在環境。

　　何漢理（Harry Harding）、李侃如（Kenneth Lieberthal）等學者檢視西方中國研究社群的發展路徑後，皆指出中國研究社群在研究議題與方法途徑上，出現明顯的代際差別（Harding 1993, 14-40）。何漢理將中國研究社群分為三個世代：第一世代學者受早期冷戰氛圍的影響，研究視角受到極權主義典範的影響。第二世代學者集中討論1960～1970年代毛澤東時期的中國鉅變，及其產生的影響。第三世代學者則恰逢改革開放年代，他們的學術訓練與接觸中國的機會，遠遠優於前二代學者，能運用更好的研究方法，對中國有更深刻的了解。

　　近來，部分學者如歐博文（Kevin O'Brien）對這種代際遞移帶來的典範轉移深感憂慮。歐博文認為新一代的中國研究學者著迷於數理計量模型，且不再熱衷於和中國研究同行對話。由於各學科開始熱衷中國議題，反而使得中國研究社群出現「去中心化」的趨勢（O'Brien 2011, 535-541）。甘思德（Scott Kennedy）、羅德明（Lowell Dittmer）、蔡曉莉（Lily L. Tsai）等人則對中國研究社群這類方法論「快速趕超」的趨

勢，抱持比較樂觀的態度。他們認為中國研究議題和方法論的創新，不單提供政治學更多養分，也能從不同視角理解中國，因此中國研究不能自外於各學科前沿的研究方法（Dittmer, and Hurst 2002, 11-48; Kenned 2011; Tsai 2010, 246-265）。這些不同觀點顯示海外中國研究社群正面臨「社會科學」（學科導向）與「區域研究」之間的選擇。

裴宜理（Elizabeth J. Perry）在討論代際差異產生的方法論衝突時，曾提出一個有趣的視角。他指出，成立「費正清中國研究中心」的宗旨，就是為了在中國研究中引入當時新興的社會科學方法與理論（Perry 2007, 1-22）。在裴宜理的觀察，中國看似眼花撩亂的政經情境中仍有許多歷史的制度遺緒，如何使用創新的方法找出這類「矛盾點」，正是突破這類研究困境的旨趣所在。

事實上，這種學術關懷的視野可以對照東亞所的知識社群發展。政大東亞所的成立與臺灣中國研究社群的發展息息相關。臺灣的中國研究社群歷經數次轉變，每一階段皆與當下的國內外政經局勢有關。在冷戰時期，臺灣的中國研究曾長期被政大國際關係研究中心，及培育下轄研究人員的政大東亞所主導。當時，兩單位曾是與西方中國研究知識社群齊頭並進的重鎮。1968 年東亞所的成立，對於培養臺灣研判大陸情勢的專業人員，貢獻甚大。當時政大東亞所在培養人才時雖然仍重視對大陸的敵情分析與政策研判，但學術色彩已漸為濃厚。此外，劉曉鵬更特別指出，這些機構的設立除了政策目的，也有學術研究的需要（劉曉鵬 2013, 145-174）。就此而言，這與費正清中國研究中心的成立或有類似之處。

近年來，東亞所除了面臨政策智庫與學術研究的轉型選擇外，海外社會科學化的浪潮同樣衝擊其原來強調厚資料與深入理解對岸的區域研究根基。東亞所歷史見證了臺灣中國研究知識社群從匪情研究轉至社會科學研究的發展。林碧炤認為，臺灣的中國研究發展歷經傳統匪情研究、轉型時期與社會科學化時期（簡郁芳 2004, 17-21）。楊開煌就研究對象與取材，將臺灣的中國研究區分為匪情研究、中共研究與中國大陸研究等三階段（楊開煌 2000, 71-105）。寇健文指出，在 1990 年代末期，影響東亞所朝向社會科學發展的因素，除了國際中國研究學群的方法論以外，臺灣高教環境的變遷也產生很大的推力，特別是強調國際化的期刊發表機制、大學學術評鑑與頂尖大學計畫，促使各大學投入大量資源與人力，尋求適當的國際學術地位（Kou 2014, 9-53）。從一個廣泛角度思考，海外與臺灣的中國研究社群，面臨的問題都是相同的。在這個過程中，東亞所的知識社群也利用了既存優勢，突破現實困境，在海外發表成果。

總的來說，從知識社會學的面向來看，東亞所的學術發展揉合於區域研究與學科導向的光譜之間，並受到國際冷戰格局、美國學術發展的轉變，以及國內對大學評鑑要求等諸多因素的影響。我們可以將相關內容整理於表 7-1。

表 7-1　兩種學術典範的比較

	區域研究	學科導向
研究途徑	歷史、文件分析	政治學、社會學、經濟學
形成背景（國際因素）	冷戰格局的東西對峙	冷戰結束，以及社會科學的發展
形成背景（國內因素）	對中共鬥爭的需要	大學學術環境的改變
著作發表的場域	區域研究的專屬期刊	政治學、社會學、經濟學的期刊
學術旨趣	重視中國特色與脈絡	淡化中國特色，將之放置在國際比較的視野

資料來源：作者自行整理。

參、東亞所「黨政研究」在國際「中國研究」的表現

　　為了呈現東亞所知識社群與國際「中國研究」社群的差異與互動過程，表 7-2 統計 2011 至 2018 年為止，東亞所知識社群在國際「中國研究」頂尖期刊的出版趨勢。在以下三節，我們會對這些研究出版品進行內容分析，探討其中呈現的方法途徑與細部課題。為聚焦討論主題，本文所採取的篩選步驟主要下：第一，論文篩選主題除限於中國研究外，也涵蓋兩岸關係、國際政治等議題。第二，我們涵蓋的知識社群對象，除東亞所現任的專任教授外，還包括了臺中港等地主要學術機構政治學相關系所中，畢業於東亞所的中國研究學者。[2] 第三，我們參照2018年度區域研究國際期刊的影響係數（impact factor），篩選出 3 份「中國研究」領域具代表性的刊物，前後時間延伸（2000～2018年），共計 23 篇研究論文。[3]

　　我們以英文論文作為樣本，主要有兩個考量。其一，在 2000 年之後，東亞所學術

---

[2]　除任教於東亞所的學者外，表 7-2 幾乎涵蓋中港臺等地大學與研究機構政治學相關系所學歷背景，是畢業於東亞所的學者。但可能仍有相關疏漏，如任職於非政治學相關機構的中國研究學者。此外，統計範圍除包含中國研究外，部分主題為兩岸關係、國際政治的論文也納入統計。譬如兩岸關係議題的近年發表可見 Keng, Tseng, and Yu（2017, 956-981）；Wu（2000, 407-428）；Wu（2005, 35-60）等。國際政治議題的發表可見 Shih, and Huang（2013, 351-365）。

[3]　在論文數計算上，我們以中港臺等地大學與研究機構網站，學者的官方簡歷論文發表情況為準，我們並納入在這三份期刊已允許刊登，但尚未正式出版的論文。要注意的是，在本文以下各節期刊發表的討論上，尚未出版的論文暫不予討論。

社群比較有顯著投稿英文期刊的趨勢，這可以充分說明其社群在 2000 年之後的發展狀況。其二，由於英文爲國際語言，因此英文論文在國際學界的傳播性，確實要高於中文論文。

這三份期刊分別是《The China Quarterly》、《The China Journal》及《Journal of Contemporary China》，在 2018 年的影響係數（impact factor），分別是 2.276、2.25、1.575，是區域研究類別「中國研究」主題，影響係數最高的前三名刊物。這些期刊都採取了雙向匿名審查制，且具備一定學術格式，皆收錄在社會科學引文索引（Social Sciences Citation Index，簡稱：SSCI）名單，其論文也在業內評價都具備一定水準。在海外的中國知識研究社群，這三份期刊的歷史也別具代表性，以《The China Quarterly》爲例，他是海外討論中國研究議題最早創辦的刊物，由現任哈佛大學政府系教授馬若德（Roderick MacFarquhar）於 1960 年創辦，在中國研究期刊的影響係數中，長年盤踞首位。本文將以每篇論文爲單位，在下三節討論東亞所知識社群在這三份期刊的發表情況。而初步觀察，東亞所知識社群在這三份期刊的發表，有以下特色：

第一，東亞所知識社群在這三分期刊的發表，自 2013 年後，歷年有增長趨勢，每年平均發表數有 3.5 篇。這可能說明東亞所在歷經社會科學化的轉型趨勢後，在學術對話上日漸能與國際社群接軌。第二，從論文發表數在這三份期刊的分布觀察，研究刊載於《The China Journal》的比例最高，共有 10 篇。《The China Quarterly》及《Journal of Contemporary China》，各有 6 及 9 篇。東亞所知識社群在《The China Quarterly》發表的數量最少，說明作爲海外中國研究知名度最高的期刊《The China Quarterly》，其通過審查的難度是最高的。此外，在《The China Quarterly》6 篇發表論文中，有一篇獲

表 7-2　東亞所知識社群歷年中國研究頂尖期刊的發表數（黨政研究 2000～2018）

期刊	發表年度																			總計
	00	01	02	03	04	05	06	07	08	09	10	11	12	13	14	15	16	17	18	
CQ	0	0	0	0	0	0	0	0	0	0	0	1	0	1	1	1	0	2	0	6
CJ	0	0	0	0	0	1	0	0	0	0	0	0	0	2	1	2	0	1	3	10
JCC	1	0	0	0	0	0	0	0	0	0	0	0	0	1	0	1	1	2	3	9

說明：1. 僅計算東亞所相關學者論文於該分期刊的當年發表數。

　　　2. CQ是《The China Quarterly》的簡寫，CJ是《The China Journal》的簡寫，JCC是《Journal of Contemporary China》的簡寫。

資料來源：作者自行整理。

得《The China Quarterly》當年度頒發的年度最具創意論文獎（Gordon White Prize），顯示東亞所知識社群，確實有潛力向國際研究社群，產出具原創性的發表。第三，這幾篇論文，有朝向幾個特定議題集中的趨勢，譬如中共黨政組織與機構、黨史議題也占一定比重。具體而言，這可能也反映東亞所知識社群，尋求海外發表的潛在優勢。我們於下節分別探討。

肆、東亞所社群在《The China Quarterly》的發表狀況

在本節，我們討論東亞所知識社群在《The China Quarterly》近年的發表方向。首先，我們會簡介《The China Quarterly》的刊物發展史。再來，則說明東亞所知識社群近年於這期刊的發表，並分析歸納大致的方向。

《The China Quarterly》創辦於 1960 年，是由倫敦大學亞非學院負責編務，劍橋大學出版社出版，現任主編是 Tim Pringle，他目前於倫敦大學亞非學院任教，研究領域為勞工運動與發展學。創刊主編為知名文化大革命史學者馬若德。他是國外第一份專門研究當代中國的學術刊物，起初由美國中央情報局的「自由文化基金會」（Congress for Cultural Freedom，簡稱 CCF）出資營運。在 1967 年，自由文化基金會解散，該刊移交由倫敦大學亞非學院營運。馬若德後來回憶《The China Quarterly》的刊史，認為這次事件標誌了刊物的編輯方向從此由政策分析，走入區域研究、社會科學等議題的重大轉向（MacFarquhar 1995, 692-696）。在 1970 年代後，該刊成為海外中國研究領域的標誌性刊物，並偏好收錄具原創性、研究課題在領域具前沿趨勢的論文，在收錄論文中，中共黨史、中國現代史的發表也具一定比重。

以下，我們概述東亞所知識社群近年在該刊的發表趨勢。鍾延麟 2011 年的論文，是他在《文革前的鄧小平：毛澤東的「副帥」（1956～1966）》一書出版前，對鄧小平研究的探索。在過去的研究中，鄧小平在「反右傾」運動的角色甚少被討論。這篇論文指出，鄧小平領導的中共中央書記處實際上有效且嚴格監督了這場政治運動的進程。此外，該文還為中央書記處在文革前中共政治體制的角色，提供了一個案例研究。大體上，在鄧小平就任總書記入主書記處後，其職能與機構大幅擴編，有助於了解中央書記處在中共建政初期的發展（Chung 2011, 391-411）。蔡文軒等人 2013 年的論文揭開中共宣傳體制「寫作組」制度的面紗。寫作組制度起源於 1960 年代中蘇論戰期間，當時負責起草論戰所需的大部分文章。目前人民日報有完整的寫作組制度，負責傳播中宣部制定的思想和政策。此外，根據作者對內部人員訪談，不同寫作組的「筆名」，隱晦地

體現作者的派系屬性與立場，使基層官員能通過識別這套隱晦的「政治密碼」，洞悉黨內的內部爭論（Tsai, and Kao 2014, 394-410）。蔡文軒等人於 2014 年的論文，則探討中共政治一個有趣的現象，即爲何有些地方省分的改革實驗總是成功，爲何有些省分總是失敗。本文提出一個論述：在最小化風險前提下，中央領導層與地方省委書記存在政治默契，「實驗點」的推動與擴大必須有中央的足夠支持。地方的經濟條件也影響改革實驗的類型，譬如富裕省分的領導人傾向於提升「行政效率」的改革措施，確保經濟持續快速增長。相對落後的省分，領導人無法奢望經濟一夕之間騰籠換鳥，反而傾向推動「社會維穩」的改革（Tsai, and Dean 2014, 339-358）。

　　蔡文軒與寇健文 2015 年發表文章則探討中共「後備幹部」制度。這項制度體現中共選拔接班人的標準和程序，在晉用的政治級別（遵循梯隊接班原則），與政治周期（歷年全國黨代會前晉用，黨代會後培訓）都存在慣例。篩選接班人則有三個原則：年齡、政治忠誠與執政評比。本文並認爲，這些後備幹部可說是中國共產黨的門徒（disciples），在捍衛官方意識形態上提供了後盾（Tsai, and Kou 2015, 1-20）。寇健文 2017 年的作品討論習近平時期中共「黨軍關係」（Party-military relations）出現的重大變化。解放軍長期在中共政治體制，有其重要地位。在習近平主政後，呈現了權力集中於單一文職領導人的趨勢，並有以下特徵：一、重新強調軍委會主席負責制；二、成立跨部門的協調機制，大規模改組軍事指揮系統；三、大規模的高階將領調動，並任用親信等。具體而言，這是因爲後革命世代領導人與高階將領間，存在大型組織經常面對的委託代理問題（principal-agent problem），因此習近平透過前述作法，降低委託代理問題發生的風險。然而，風險很難完全消除，未來習近平仍將面對許多不確定因素（Kou 2017, 866-885）。

　　耿曙與曾于蓁等人在 2017 年發表的文章，從「易感群體」的概念對於兩岸關係的交流進行研究，案例則是臺南市的學甲區，探討大陸經濟惠臺政策是否能夠影響臺灣民眾之政治態度。學甲區一直是民進黨堅定的支持者，但 2009 年莫拉克颱風之後，當地虱目魚養殖業受到重創，加上既有的產銷結構問題，爲大陸推動對臺經濟政策提供了機遇。在北京的政治主導下，一些大陸著名企業也相繼簽署了相關「契作協定」，爲當地漁民帶來新收入。研究結果發現單靠經濟利益的給予，並不能提升當地民眾對大陸的好感，還需再配合正面友好形象的塑造。換言之，經濟因素僅是必要條件並非充分要件，惠臺攻勢還需其他條件配合才能影響臺灣民眾政治態度（Keng, Tseng, and Yu 2017, 956-981）。

　　檢閱東亞所知識社群在《The China Quarterly》發表的論文後，我們歸納出一些特色，或許能反映這份期刊在收錄發表的偏好方向。一、中共黨政機構與制度的議題仍是

重心，相東亞所出身的學者，但更喜好從制度的角度，進行獨創性觀察（如對寫作組在中共宣傳體制的地位為何、或對地方政治實驗的多樣性提供解釋）；二、具有歷史視野的分析能提供更多研究縱深（如鍾延麟在 2011 年的發表，實際上兼顧黨史議題的新見解、並揭露中央書記處罕為人知的組織運作）；三、研究具創新意義（如後備幹部制度的發現，有利於理解中共的接班人栽培機制），為海外中國研究社群提供更多未來的研究課題。

伍、東亞所社群在《The China Journal》的發表狀況

我們在本節討論東亞所知識社群在《The China Journal》近年的發表方向。我們首先簡介《The China Journal》的刊物發展史，再來說明東亞所知識社群近年在這份期刊的發表情況，並歸納特徵。

《The China Journal》創辦於 1979 年，刊物前身為《The Australian Journal of Chinese Affairs Studies》。該刊由澳洲國立大學當代中國研究中心（Contemporary China Centre, Australian National University）創辦並負責編務，[4] 芝加哥大學出版社出版。澳洲國立大學當代中國研究中心，被認為是當今最具水準的中國研究中心之一。譬如《The China Quarterly》前主編沈大偉就認為，該中心的學術水準，及澳洲的中國研究水準在僅次於海外中國研究重鎮美國。《The China Journal》這份刊物的影響，更提升了澳洲在海外中國研究的知名度（人民網 2010）。此外，早期刊物刊登的文章偏好中共黨史，近期則關注社會學議題。現任主編為安戈（Jonathan Unger）與陳佩華（Anita Chan），他們目前都於澳洲國立大學當代中國研究中心任職。安戈的研究議題包括中共政治與黨史、中國的社會分層、農村轉型等領域。陳佩華則包括中國的勞工議題、工會與維權，以及紅衛兵世代的政治社會化過程。自 1990 年後，他們兼任刊物主編至今，並在 1995 年刊物更名為現今名稱，持續擴張《The China Journal》在國際的影響力。

以下，我們簡述近年東亞所知識社群在該刊的發表情況。吳玉山 2005 年的文章討論 2004 年臺灣總統大選後，國內政治因素對兩岸關係的影響。該文認為，基於選票極大化的政治邏輯，2004 年大選前後，各政黨在意識型態光譜上都出現顯著轉變。他以經濟整合、統獨偏好兩個意識形型態立場為二維象限，分析各黨的光譜位置。具體來

---

4 澳洲國立大學當代中國研究中心，與澳洲國立大學在 2010 年成立的中華全球研究中心（Australian Centre on China in the World），存在合作關係。

說，這兩個光譜反映民眾心理的長期變化、兩岸經貿關係的轉變等兩個國內政治因素。選舉周期則使得各黨必須隨時調整意識形態位置，以獲取選票。這是臺灣 1980 年代末期民主化後的直接後果（Wu 2005, 35-60）。

　　鍾延麟 2013 年的論文聚焦於鄧小平在大躍進運動時期的角色。在毛澤東的充分授權下，鄧小平實際上就是大躍進的執行者。本文認爲應重估鄧小平在這場運動的角色與責任，及爲中共政治帶來的負面影響（Chung 2013, 154-173）。他在 2015 年的論文以彭眞爲研究對象，認爲學界看待彭眞在與毛澤東關係上存在誤差。彭眞作爲中央書記處書記與北京市最高領導人，在文革前一直擁護毛的路線，大躍進時期「反右傾」運動、全民大煉鐵和人民公社熱潮，皆積極響應。再者，過去研究多將彭眞定義爲劉少奇的忠誠追隨者。本文卻揭示當 1962 年中共高層對大躍進路線出現分歧時，彭仍堅持與毛澤東相同的觀點。直至 1966 年文化大革命前期，彭與毛才分道揚鑣（Chung 2015, 129-143）。

　　蔡文軒等人在 2013 年發表的文章提出中共政治體系可稱爲一個「學習型」政黨。這個「學習型」政黨的概念源自延安整風時期，毛澤東爲了維持黨內的路線正確，宣稱黨應變成一所「無期大學」，爲此構建了一套學習機制。一旦黨內出現分歧，中共高層運用各類學習與閱讀的討論活動，統一黨內意見。在改革開放後，黨內「學習」內容雖大有改觀。譬如爲了協調高層對改革的引導，在政治局的「集體學習」會議，邀請越來越多學者，討論經濟和法制議題。但這類學習會議，事實上由黨內的中央辦公廳與中央政策研究室設定討論議題，並由總書記定案。在「學習」過後，最終由中央書記處下放「學習」型文件，這是高層「統一意見」的產物（Tsai, and Dean 2013, 87-107）。

　　蔡文軒等人在 2015 年的文章揭露中共高層體制的「秘書政治」。政治秘書與領導人的關係極爲緊密，並爲其建立極爲私密的訊息管道。作者認爲這層非正式關係爲秘書晉升提供了許多政治資本，但爲中共政治的制度化帶來更多不穩因素（Tsai, and Dean 2015, 158-185）。蔡文軒在 2017 年的文章則討論罕爲人知的中共高層的喪禮儀式。作者認爲，中共高層善透過安排重要政治人物的治喪規格、不同等級的黨內評價，表達對其的歷史定位。透過這類儀式性的安排，當政者能夠鞏固政權的合法性。亡者的死亡儀式，似乎更是獻給獨裁者的一場政治表演（Tsai 2017, 51-71）。

　　寇健文與蔡文軒在 2014 年的文章則對中共的菁英甄補制度提出「小步快跑」的概念。在幹部晉升時，級別的「年齡限制」是不少幹部仕途更上一層樓的阻礙。礙於黨政領導幹部的任期制規定，幹部必須通過「逐級晉升」向上流動。然而，幹部若要作滿每一職務的完整任期，一個 30 歲的副科級幹部，從基層晉升至正國級領導人，年齡將達到 75 歲。在現實的高層政治中，這種高齡化的現象在 1990 年代後就極爲罕見。作

者認為，要破解這種幹部升遷的年齡困境，中共在制度晉升的過程中，設置某些「快車道」。該文就此提出三種繞開年齡限制的策略：共青團晉升、掛職鍛鍊與破格提拔。這三種策略為中共幹部的年齡困境，提供部分活化效果。但這些作法的隱憂，是擾亂正常的幹部晉升程序，為中共幹部晉升的制度化，帶來潛在的負面影響（Kou, and Tsai 2014, 155-175）。

總結來說，東亞所學術社群在《The China Journal》發表的文章有下列特色，或能理解這份期刊的偏好。一、除了願意刊登中共黨史議題的新聞釋外，也刊登對菁英政治的獨創觀察；二、該期刊對中共高層互動中的非正式政治（如秘書政治、高層喪禮儀式）有高度興趣；三、該期刊也願意刊登對正式制度（如政治高層學習會議的作用、菁英政治的「小步快跑」晉升）有新意的研究發現。

陸、東亞所社群在《Journal of Contemporary China》的發表狀況

在本節，我們討論東亞所知識社群近年來，在《Journal of Contemporary China》的發表情況。首先，我們會簡介《Journal of Contemporary China》的刊物發展史。再來，說明東亞所知識社群近年於這份期刊的發表，並分析歸納大致的趨勢。

《Journal of Contemporary China》創辦於 1992 年，是本文分析的三份期刊之中創辦時間最晚的刊物，但影響力指數近年提升很多。該期刊由現任美國丹佛大學美中合作中心（Center for China-U.S. Cooperation, University of Denver）主任趙穗生創辦，並由美中合作中心負責編務至今。趙穗生創刊初期就將方向定位於政策研究，以便和其他兩份歷史悠久的刊物區別，還強調將社會科學途徑與中國研究議題結合（新京報網 2018）。整體而論，這份刊物偏好政策分析與國際政治主題的作品。

近年來，東亞所知識社群在該刊的發表情況大致如下。在兩岸與國際關係的議題上，吳玉山 2000 年的文章是兩岸關係研究的回顧型論文（review article）。這篇文章首先提出兩岸互動、國內政治與國際環境三種分析面向，據此提出了九種相關的研究途徑。這九種途徑分別是分裂國家模式、整合理論、大小政治實體模式（power asymmetry model）、選票策略極大化模式（vote maximizing model）、發展型國家典範、戰略三角模式、國際體系理論、政治心理學與認知理論。該文分析這些途徑的優缺點之後，也指出它們為當年的兩岸關係現況提供多元的分析視角（Wu 2000, 407-428）。王嘉州在2018年的文章，檢視中國惠臺政策實施十年以後，對臺灣民意的影響。

他使用 2005 至 2015 年杜克大學亞太安全研究中心委託，政大選研中心執行的 7 波「臺灣民意與國家安全」民調資料分析。從政權的接受程度檢視，2015 年臺灣民眾對中共政權的接受度平均為 3.95（分數尺度為 0-10 分），2005 年為 3.77，顯示惠臺政策應略有作用。他同時使用了迴歸模型，分析了民眾對中共政權接受程度，影響的最主要因素，分別是：臺灣認同、交流經驗、是否赴中國就業、兩岸關係評價（緊張或和平）、及政黨認同。就此，民眾的政治社會化過程、理性選擇（ration choice）評估與認同政治，仍影響其長期對中國政權評價（Wang 2018, 137-150）。

石之瑜與黃瓊萩在 2013 年發表論文提出一個中國模式的全球治理概念——宣揚自我責任（preaching Self-Responsibility）。作者認為，基於不同的政治文化傳統，包括儒家文化的不干預傳統與自治理念、強調說服的社會主義集體倫理、參與國際組織的不佳經驗等，中國模式的全球治理將更強調義務與改革、勸說與示範（而非公開制裁），來維護全球領導的地位，與西方典範不同（Shih, and Huang 2013, 351-365）。

蔡文軒於 2016 年的論文，探討中共於近年新興的網絡威權主義（Networked Authoritarianism），與近年熱門的中國網絡輿論審查議題對話。作者認為，中共在網絡技術的運用上已有效強化其對網絡言論的控管，從而達到威權鞏固的目的（Tsai 2016, 731-744）。蔡文軒等人 2017 年的文章揭露甚少被討論的「領導批示」制度。該文透過公開資訊與訪談，梳理了領導批示制度的運作秘密。所謂領導批示，是各級領導寫在下級呈報公文、材料的批語，用於審批具體事項，傳遞自己對於某些事項的看法和意見。但這類公文呈報到上級機關，不是每份都能得到高層青睞。公文能否得到領導批示，秘書扮演一個關鍵角色，因為他握有放置文件順序的權力（Tsai, and Liao 2017, 297-310）。

王嘉州在 2015 年的文章，則以理性選擇論的角度，探討中央在採取宏觀財政調控時，地方（省）領導人可能採取的策略，這些地方與中央的策略互動過程可分作三類：一、開拓的（pioneering）：一個地方領導人出面，領導其他省執行中央政策；二、從眾的（bandwagoning）：與其他地方一同審慎的配合中央政策；三、抵制的（resisting）：抵制甚至修改中央政策。據此，他並認為以下因素會影響地方領導人的行動策略：省如何預測中央政府的宏觀調控行為，省委書記的任期，及省委書記與最高領導人胡錦濤的個人關係（Wang 2015, 315-337）。

王韻等人在 2018 年的論文，探討習近平時期的統一戰線工作。本文認為政治協商會議代表的中國式協商式民主（consultative democracy），對於當代中國的治理仍起了重要作用。此外，在 18 大後，中共的統戰工重新整合，包括部門的重組與人事任命，都有新風貌。包括省級統戰部門擴編、團派政治新星的流入等，都活化了習近平時期的

統戰工作。與過去相比，中共對少數民族、宗教事務的控管能力得到強化。不過，這種強化和整合統戰工作的模式，仍須面對執政合法性的問題（Wang, and Groot 2018, 569-583）。

張鈞智與趙建民在 2018 年發表的文章，則分析近年全國人大的轉變。兩位作者認為，全國人大在政治體制中扮演更專業化的角色。實證指標包括社會菁英參與程度的提升、任期制的硬性規定與立法能力增強的改變。不過，作者也指出，受到黨國體制與成員資格等因素影響，全國人大的自主性仍然受到限制（Chang, and Chao forthcoming）。

檢閱東亞所學術社群在《Journal of Contemporary China》發表的文章之後，我們可以歸納出一些特色，間接了解這份期刊的偏好。一、政策制定過程的研究較易獲得青睞；二、與當前政治現象、新興政治議題有關的作品較能得到關注；三、在本文分析的論文中，三份期刊在兩岸關係與國際政治議題上共刊登 5 篇文章，其中三篇就刊登這份期刊（參考下節表 7-3）。這說明了該刊確實偏好國際政治與兩岸關係的議題。相對的《The China Quarterly》和《The China Journal》在這方面收錄的文章，就來的比較少。

柒、東亞所在「中國研究」的國際位置：傳承與創新

在本節，我們首先嘗試回答一個問題：東亞所學術社群在國際中國研究社群究竟占據了什麼位置？要回答這個問題，我們需要更深入分析這些論文所屬的議題領域。透過歸納的方式，我們更能理解這個知識社群在國際發表的優勢所在。

本文透過議題領域與期刊的交叉分析，呈現前述問題的答案。議題領域包括以下幾類：菁英政治、中共黨史、黨政制度與機構、幹部甄補、中央與地方關係、輿論控制與宣傳工作、統一戰線工作、黨軍關係、兩岸關係與國際政治。因某些論文可能橫跨數個議題領域，所以領域的篇數總和超過論文發表的總數。根據表 7-3，不同領域確實出現明顯落差。在黨政議題方面，尤其是菁英政治與黨政制度與機構議題，遠高於其他領域的論文數量。其次，中共黨史研究仍占據一定分量。這兩點反映政大東亞所長期累積的學術傳統，使得該社群在探討菁英政治的互動、共黨政制度與機構分析時，能提供更多制度細節和具歷史縱深的分析。最後，在《The China Quarterly》、《The China Journal》兩份期刊中，涉及菁英政治與黨政制度與機構議題的文章比較多，說明社群的相關研究獲得一定程度認可。此外，在一些特定議題，如中共的輿論控制與宣傳、統一戰線、黨軍關係等研究也有部分斬獲。這些文章大致都涉及到習近平時期的政治變革，但東亞所學者們指出，這些改革仍保留部分的政治傳統，如毛澤東時期的特色。

表 7-3 領域與期刊的交叉分析（2000～2018 年）

次領域	論文總數	期刊名		
		The China Quarterly	The China Journal	Journal of Contemporary China
菁英政治	13	5	6	2
中共黨史	3	1	2	0
黨政制度與機構	14	5	4	5
幹部甄補	3	1	1	1
中央與地方關係	2	1	0	1
輿論控制與宣傳工作	2	1	0	1
統一戰線工作	1	0	0	1
黨軍關係	1	1	0	0
兩岸關係與國際政治	5	1	1	3

說明：某些論文可能屬於一個以上的次領域。
資料來源：作者自行整理。

　　綜合以上觀察，我們可以說「傳承與創新」是東亞所知識社群取得國際位置的利基。首先，高度重視黨史的元素。正如者裴宜理曾經指出的，中國「革命傳統」大量因素，是改革取得成功的重要關鍵。同樣地，這類革命傳統也讓中共政權維持高度的適應性（Perry 2007, 1-22）。東亞所知識社群的英文作品大致延續了同樣的思路，兼顧社會科學與歷史學的揉合，是其一大特色。

　　其次，結合西方社會科學的分析方法，研究菁英流動長期趨勢。這類具體研究成果可見於寇健文自 2003 年建立的「中共政治菁英」資料庫（http://cped.nccu.edu.tw）。這個資料庫收集中國大陸政治菁英的基本資料，包括姓名（中文與羅馬拼音）、年齡、出生地、族別、生歿時間、學歷、工作經歷、入黨時間，以及參加工作時間等等項目。目前收錄範圍包括 1949 年以後迄今曾任副部級以上之黨政軍群幹部，合計超過 4,000 位以上退休或現任幹部。該資料庫的成果，也引起了國際學界的重視。

　　第三，歐博文擔心的中國研究受到專業學科影響，導致主題「碎片化」問題，在東亞所知識社群中並不存在。歐博文認為，西方中國研究的長期歷程有兩大特色：一是課

題化，另一為學科化。由於各社會科學學科（如政治學、社會學與經濟學等）開始關心中國議題，不同學科的中國研究者，更傾向與所屬學科對話，較少與整個中國研究的知識社群對話。具體造成的風險是沒有任何一個「碎片」（課題）能夠完整拼圖出中國情境的真實全貌。其次，中國研究容易在這樣的過程中喪失特殊性。

歐博文指出：「我們這些研究中國的學者不再跟以前一樣在區域研究期刊上相互切磋。相反的，我們致力於跟那些研究其他國家的社會資本、民眾抗爭、腐敗問題、政治信任、產業鏈條的學科同行對話。我們的目標讀者在變化，我們越來越把精力放在取悅學科同行上，而不是強調我們的研究發現對於理解中國有什麼意義。」（O'Brien 2011）持平而論，隨社會科學研究方法的創新，西方的中國研究社會確實更傾向與專業學科本身對話，這對向西方取徑的臺灣中國研究知識社群而言，可為一種警示。歐博文其實是對新一代西方中國研究學者在區域研究的基礎訓練不足，感到憂慮。例如研究者更強調的是學科訓練與方法論，但對於中國的政經演變或歷史背景不夠熟悉。從事計量分析的學者可能不需要實地觀察，便可以取得大量資料，逕行分析。

不過，以上問題在東亞所的學術訓練傳統下，比較不是問題。一是臺灣具有中華文化圈的優勢，類似的西方語言文化造成的知識落差問題相對較小。二是過去「匪情研究」歷史傳統，使這個社群在解讀政治高層的菁英互動、關係掌握，可能僅次於中國本土出身的海外學者。三則是東亞所在課程安排上，仍是少數強調中共黨史、意識形態等課程教學的研究機構。這些訓練為東亞所社群在進行中國研究的相關研究上，提供部分優勢。

進一步而論，當前國際中國研究知識社群面對的專業學科或區域研究之間，兩者孰輕孰重的爭議，以前也曾經出現過。最早期的中國研究學者堅持漢學導向，後來比較共黨研究與社會科學方法的抬頭，使得中國的獨特性開始被質疑（Perry 2007, 1-22）。近來，更多新興研究方法不斷出現，如隨機實驗法、準實驗研究設計等，或巨量數據分析的抬頭（Gary King 等人一系列對網絡輿論控制研究的方法推展），[5] 再度引起部分研究者的憂慮。究竟是專業學科與方法創新優先？還是區域特殊性優先？這類類似的討論。若回到中國研究最先回答的問題上，即「如何正確地解讀中國」，以上的爭論或可化解。專業學科（研究途徑與研究方法）與區域特殊性的角度，兩者都不宜偏廢，並應相輔相成。區域研究可能過去重視某一地域的史實、情境、文化與特色，忽略學理性的創新。社會科學若過於流入科學與量化方法的洪流，而忽略一些歷史事件與體制運作的細節，可能出現有漂亮但失真的研究結果。事實上，研究取材與方法的選用並無優劣之

---

[5] 參見 King, Pan, and Roberts（2017, 484-501）。

分，端視研究議題的需要而進行選擇。惟如何從中國的實際經驗出發，正確有效的理解「中國」，是研究者應當思索之課題（王信賢 2000, 44-45）。

捌、結論：東亞所的未來與挑戰

本文以「知識社會學」的角度，討論政大東亞所與國際中國研究的連結與差異。首先，我們認為，國際中國研究與東亞所知識社群同樣面對中國鉅變，在發展進程中都不斷出現典範轉移。在歷史進程與過程，臺灣的研究社群並未擺脫與西方研究者同樣的困境。其次，我們以中國研究為例，指出東亞所知識社群在試圖揉合區域研究與學科導向的努力。而其研究的風格與成果，在近年來可以見諸於相關重要的中國研究期刊。

總結來說，東亞所繼承的「匪情研究」血脈，結合了社會科學的方法與概念，讓臺灣在國際中國研究社群上，取得一定的地位。但值得注意的是，許多東亞所相關學者主要的投稿場域，例如《The China Quarterly》、《The China Journal》與《Journal of Contemporary China》，都屬於區域研究的範疇，比較偏向區域研究的期刊，並不屬於政治科學或社會學等學科導向的領域。這對於東亞所社群的發展來說，或許是一個警示。這象徵著東亞所傳統透過黨史資料、文件詮釋與質化研究的路術，可能受到區域研究的學者所欣賞，但不被學科取向的新興研究者所認同。這些學科取向的研究者，更趨於量化統計與理論導向，而對於所謂的「中國故事」不見得有太多興趣。[6]

這無疑是進一步壓縮了東亞所學術社群的論文發表空間。面對這個挑戰，筆者認為有幾個可以思考的方式來面對。首先，是不能偏廢過去的傳統與路術。東亞所知識社群的強項在於黨史與文件判讀等訓練，這是臺灣在中國研究上獨樹一格的特色。在以美國政治學為主流所掀起的量化浪潮下，東亞所吸收西方社會科學知識之際，應同時強化傳統研究取向的價值。

其次，與相關學科導向的學者進行合作，透過質性與量化方法的交融，讓研究的視角更為全面。舉例來說，中共黨報用語與暗碼的研究若能結合「機器學習」（machine learning）或「爬蟲技術」（crawler technology），透過電腦的程式輔助，向中共官網

6　根據筆者近年來投稿的經驗，從審查意見給的評價來看，審查人可以區分為區域研究出身與學科導向出身的兩類。前者基本上給筆者不錯的意見，但後者對筆者論文的評價就不高，認為論文的理論貢獻與因果關係都不足。更值得警惕的是，即便是《The China Quarterly》等區域研究的期刊，有越來越多的比例已經開始邀請學科導向訓練的學者擔任審查人。

或電子媒體來抓取相關字彙，進行大數據的分析，則可以讓中共黨報的用語規範作出更為清晰透徹的研究。[7]這種跨學科的學術合作，也是東亞所學術社群可以考量的作法。

　　東亞所五十年的發展，可說是臺灣「中國研究」的縮影。從匪情研究到現今的學科導向研究，東亞所的研究路術已經逐漸多元，但仍保有匪情研究傳統中，極為重視的歷史分析與文件判讀。未來，在區域研究與學科導向的選擇上，筆者以為東亞所不可偏廢過去的路術，也就是在區域研究的範疇內繼續茁壯，並設法透過國際合作或其他途徑，讓西方學界對於區域研究的價值性，予以重新重視。此外，東亞所社群也可以和更多的學科合作，讓傳統的區域研究添加上更多科學性的方法。東亞所知識社群絕不可抱殘守缺，但也不能自廢武功，而必須尋求一條穩健妥當的發展道路，繼續引領臺灣的中國研究，在國際舞台上發光發熱。

---

[7]　這方面的研究，國內學者諸如陳至潔等人已經有相關的文章發表。相關著作，參見 Chen, and Hsu（2018, 534-553）。

參考文獻

一、 中文

新京報網，2018，〈改革開放四十年：我在中美學界架起一座橋梁〉，http://www.bjnews.com.cn/opinion/2018/08/20/500168.html，查閱時間：2018/09/11。

人民網，2010，〈西方學者視野中的國外中國問題研究 —— 訪美國喬治·華盛頓大學教授沈大偉〉，http://dangshi.people.com.cn/GB/138903/138911/11863217.html，查閱時間：2018/09/11。

王信賢，2000，〈當代西方「中國研究」之新制度典範分析〉，《中國大陸研究》，43（8）：44-45。

李宗義、張弘遠、許雅淑，2011，〈社會學與中國研究：臺灣的位置（1955-2005）〉，《東亞研究》，44（1）：33-74。

寇健文，2010，〈中共菁英政治與質性分析：原始資料來源與分析方法〉，《臺灣政治學刊》，9（2）：233-278。

黃紀，2005，〈臺灣政治學者在國際期刊之出版現況〉，《人文與社會科學簡訊》，7（1）：41-51。

褚塡正，2015，〈當代中國學在臺灣：政治大學東亞研究所的肇基與嬗遞（1968-2015）〉，臺北：政治大學東亞研究所博士論文。

楊開煌，2000，〈臺灣「中國大陸研究」之回顧與前瞻〉，《東吳政治學報》，11：71-105。

裴宜理著、劉平譯，2006，〈「告別革命」與中國政治研究〉，《思與言》，44（3）：231-291。

劉曉鵬，2013，〈敵前養士：「國際關係研究中心」前傳，1937-1975〉，《中央研究院近代史研究所集刊》，82：145-174。

簡郁芳，2004，〈一個新道途：中國研究在臺灣的發展—專訪國立政治大學副校長兼國關中心主任林碧炤博士〉，《當代中國研究通訊》，2：17-21。

關永中，2004，〈謝勒知識社會學的背景—文化社會學〉，《臺大文史哲學報》，60：265-296。

二、 英文

Chang, Chun-chih, and Chien-min Chao. "Specialization without Autonomy: An Informational Approach to the Development of Permanent Committees in China's National People's Congress." *Journal of Contemporary China* (forthcoming).

Chen, Titus C., and Chia-hao Hsu. 2018. "Double-Speaking Human Rights: Analyzing Human Rights Conception in Chinese Politics (1989-2015)." *Journal of Contemporary China* 27(112): 534-553.

Chung, Yen-lin. 2011. "The Witch-Hunting Vanguard: The Central Secretariat's Roles and Activities in the Anti-Rightist Campaign." *The China Quarterly* 206: 391-411.

Chung, Yen-lin. 2013. "The CEO of the Utopian Project: Deng Xiaoping's Roles and Activities in the Great Leap Forward." *The China Journal* 69: 154-173.

Chung, Yen-lin. 2015. "The Unknown Standard-Bearer of the Three Red Banners: Peng Zhen's Roles in the Great Leap Forward" *The China Journal* 74:129-143.

Dittmer, Lowell, and William Hurst. 2003. "Analysis in Limbo? Contemporary Chinese Politics amid the Maturation of Reform." *Issues & Studies* 38(4) / 39(1): 11-48.

Harding, Harry. 1993. "The Evolution of American Scholarship on Contemporary China." In *American Studies of Contemporary China*: 14-40, ed. David Shambaugh. N.Y.: M.E. Sharpe.

Keng, Shu, Jean Yu-chen Tseng, and Qiang Yu. 2017. "The Strengths of China's Charm Offensive: Changes in the Political Landscape of a Southern Taiwan Town under Attack from Chinese Economic Power." *The China Quarterly* 232: 956-981.

Kennedy, Scott. 2011. "Overcoming Our Middle Kingdom Complex: Finding China's Place in Comparative Politics." In *Beyond the Middle Kingdom: Comparative Perspectives on China's Capitalist Transformation*: 3-21, ed. Scott Kennedy. Stanford University Press.

King, Gary, Jennifer Pan, and Margaret E. Roberts. 2017. "How the Chinese Government Fabricates Social Media Posts for Strategic Distraction, not Engaged Argument." *American Political Science Review* 111(3): 484-501.

Kou, Chien-wen. 2014. "The Changing Role of the Institute of International Relations in Taiwan's China Studies: Trajectories and Dynamics." *Issues & Studies* 50(1): 9-53.

Kou, Chien-Wen. 2017. "Xi Jinping in Command: Solving the principal-agent problem in CCP-PLA relations?" *The China Quarterly* 232: 866-885.

Kou, Chien-Wen, and Wen-hsuan Tsai. 2014. "'Sprinting with Small Steps' towards Promotion: Solutions for the Age Dilemma in the CCP Cadre Appointment System." *The China Journal* 71: 155-175.

Lieberthal, Kenneth. 2010. "Reflections on the Evolution of the China Field in Political Science." In *Contemporary Chinese Politics: New Sources, Methods, and Field Strategies:* 266-278, eds. Allen Carlson, Mary E. Gallagher, Kenneth Lieberthal, and Melanie Manion. New York: Cambridge University Press.

MacFarquhar, Roderick. 1995. "The Founding of The China Quarterly." *The China Quarterly* 143: 692-696.

O'Brien, Kevin J. 2011. "Studying Chinese Politics in an Age of Specialization." *Journal of Contemporary China* 20(71): 535-541.

Perry, Elizabeth J. 2007. "Studying Chinese politics: Farewell to Revolution?" *The China Journal* 57: 1-22.

Shih, Chih-yu, and Chiung-chiu Huang. 2013. "Preaching Self-Responsibility: the Chinese Style of Global Governance." *Journal of Contemporary China* 22(80): 351-365.

Tsai, Lily L. 2010. "Quantitative Research and Issues of Political Sensitivity in Rural China." In *Contemporary Chinese Politics: New Sources, Methods, and Field Strategies*: 246-265, eds. Allen Carlson et al. New York: Cambridge University Press.

Tsai, Wen-hsuan. 2016. "How 'Networked Authoritarianism' was Operationalized in China: Methods and Procedures of Public Opinion Control." *Journal of Contemporary China* 25(101): 731-744.

Tsai, Wen-hsuan. 2017. "Framing the Funeral: Death Rituals of the Chinese Communist Party's Leaders." *The China Journal* 77: 51-71.

Tsai, Wen-hsuan, and Chien-wen Kou. 2015. "The Party's Disciples: CCP Reserve Cadres and the Perpetuation of a Resilient Authoritarian Regime." *The China Quarterly* 221: 1-20.

Tsai, Wen-hsuan, and Nicola Dean. 2013. "The CCP's Learning System: Thought Unification and Regime Adaptation." *The China Journal* 69: 87-107.

Tsai, Wen-hsuan, and Nicola Dean. 2014. "Experimentation under Hierarchy in Local Conditions: Cases of Political Reform in Guangdong and Sichuan, China." *The China Quarterly* 218: 339-358.

Tsai, Wen-hsuan, and Nicola Dean. 2015. "Lifting the Veil of the CCP's *Mishu* System: Unrestricted Informal Politics within an Authoritarian Regime." *The China Journal* 73: 158-185.

Tsai, Wen-hsuan, and Peng-hsiang Kao. 2013. "Secret Codes of Political Propaganda: The Unknown System of Writing Teams." *The China Quarterly* 214: 394-410.

Tsai, Wen-hsuan, and Xing-miu Liao. 2017. "Concentrating Power to Accomplish Big Things: the CCP's *Pishi* System and Operation in Contemporary China." *Journal of Contemporary China* 26(104): 297-310.

Wang, Ray, and Gerry Groot. 2018. "Who Represents? Xi Jinping's Grand United Front Work, Legitimation, Participation and Consultative Democracy." *Journal of Contemporary China* 27(112): 569-583.

Wang, Chia-chou. 2015. "Pioneering, Bandwagoning, and Resisting: The Preferences and Actions of

Chinese Provinces in the Implementation of Macroeconomic Regulation and Control Policies." *Journal of Contemporary China* 24(92): 315-337.

Wang, Chia-chou. 2018. "Primordialism, Instrumentalism, Constructivism: Factors Influencing Taiwanese People's Regime Acceptance of Mainland China's Government." *Journal of Contemporary China* 27(109): 137-150.

Wu, Yu-shan. 2000. "Theorizing on Relations across the Taiwan Strait: Nine Contending Approaches." *Journal of Contemporary China* 9(25) : 407-428.

Wu, Yu-shan. 2005. "Taiwan's Domestic Politics and Cross-Strait Relations." *The China Journal* 53: 35-60.

第八章

東亞所所友在兩岸及中國大陸新聞報導的實踐

張裕亮

壹、前言

誠如政治學者吳玉山指出：「兩岸關係可說是臺灣當前面對最爲重要的政治議題，而且在未來的一段相當長的時間內也都會是如此。」（吳玉山 2009）因此，兩岸記者作爲突破 1949 年以來兩岸關係長時期對峙、隔絕的破冰者，以及之後在各階段扮演的「匪情」資料分析解讀者，第一線報導中國大陸政經社會發展，觀察兩岸兩會會談等影響兩岸關係互動的紀錄者，所報導的內容對臺灣民眾型塑彼岸的觀感，對我方政府及智庫決策考量，以及對未來兩岸關係發展想像的建構，都影響甚鉅。

本所畢業的所友，任職於國內知名媒體大陸新聞中心的兩岸記者，從 1978～1987 年的「匪情」資料解讀分析、1987～2000 年從大陸新聞轉型到兩岸新聞報導，以致於 2000 年迄今相互駐點後的兩岸新聞報導歷程中，這些所友憑藉著豐富的經濟資本、文化資本、社會資本及象徵資本，在長時期的兩岸記者職涯中，善盡了「知中派」的稱職角色。本文即試圖藉由訪談多位東亞所畢業的資深兩岸記者及參考相關文獻資料，紀錄下這段仍在進行式中的兩岸及中國大陸新聞報導實踐。

貳、1978～1987 年的新聞實踐：「匪情」資料解讀分析

兩岸自 1949 年分隔以來，雙方經歷了長時間的軍事對峙，由於官方及民間均無往來，當時的大陸新聞報導往往只是作爲「反共」的宣傳。由於中國作爲社會主義極權統治政權，資訊保密是其政權運作方式，黨政官員對外界發言有其嚴密制度，非經高層領導許可，都不得對外爲之。中國官僚體系缺乏現代性的經驗運作，使其官方公布資訊的正確與否，眞僞難辨。再加上，大陸社會久經文革摧殘，並與外界長期隔絕，民情保守資訊閉鎖，使得外界不易掌握大陸實況。

從 1978 年底中共 11 屆 3 中全會推動改革開放以來，大陸情勢變化引起國際更多關注。作爲海峽對岸、「反共」前沿基地的臺灣，紙媒肩負了蒐集輿情、監測環境及踐行

民眾知的權利的社會公器，如何準確掌握中國大陸一手動態，當務之急自是成立大陸研究室。例如，《中國時報》即在大陸改革開放伊始的 1978 年底 11 屆 3 中全會後，成立專門蒐集與研究大陸訊息的大陸研究室，下轄大陸研究組及匪情資料組，開始報導專業大陸新聞。

　　當時，本所碩士班 4 屆毛鑄倫、碩士班 7 屆卜大中、博士班 2 屆（碩士班 8 屆）齊茂吉、博士班 3 屆（碩士班 8 屆）俞雨霖，都曾歷任過大陸研究室主任。博士班 6 屆（碩士班 15 屆）譚志強，在稍後應聘就任。博士班 2 屆（碩士班 11 屆）、之後為本所專任教師的李英明，以及同為博士班 2 屆、之後為本所專任教師的魏艾也曾兼職其間。當時大陸研究室主要從香港進口香港報刊、大陸報刊、書籍，以及蒐集《中央人民廣播電台》、《福建人民廣播電台》播報內容。[1]

　　《聯合報》則是在 1982 年創立大陸問題研究室，首任主任是作家出身，並以武俠小說評論家聞名的葉洪生。碩士班 11 屆，之後擔任《聯合報》大陸新聞中心主任韓劍華回憶道，他於 1982 年進入《聯合報》大陸問題研究室，是接替本所碩士班 4 屆的郭冠英職務，當時與他共事者還有碩士班 15 屆（博士班 8 屆），之後為本所專任教師的關向光。[2]

　　至於《中央社》，從早期作為中國國民黨黨營通訊社，到之後轉型為國家通訊社，為了對中國大陸問題加強研究、分析與報導，使國內外讀者了解大陸問題真相，更早在 1963 年 6 月即設置匪情新聞組，隸屬於總編輯室，收錄《新華社》英文新聞廣播，並在香港購買有關的報刊，予以研究、分析、撰稿，是中華民國新聞事業機構中，最早設立專責處理大陸新聞的單位。至 1965 年 2 月，匪情新聞組改隸資料供應部，擴大蒐集資料，分析大陸問題（中央社六十週年社慶籌備委員會 1984）。

　　1980 年夏天考進《中央社》大陸新聞室，碩士班 8 屆、之後擔任大陸新聞中心主任的黃季寬回憶到，當時兩岸關係仍處於對立狀態，但中共已於 1978 年底舉行 11 屆 3 中全會，啟動改革開放，《中央社》為了加強大陸問題分析與報導，於 1980 年 7 月將原隸屬資料供應部的匪情新聞組擴編為大陸新聞室，編發大陸問題分析新聞及特稿，直接向總編輯負責，目的是「加強蒐集有關消息與資料，指定專人深入研究大陸問題，隨時撰寫分析新聞與特稿，向國內外報導」（黃季寬 2011；中央社七十年編輯委員會 1994）。

　　此階段，《中國時報》、《聯合報》大陸研究室及《中央社》大陸新聞室的日常編

---

[1]　作者訪談《中國時報》大陸新聞中心副主任、現任副總編白德華，2019 年 8 月 6 日。
[2]　作者訪談前《聯合報》大陸新聞中心主任韓劍華，2019 年 8 月 1 日。

探作業，仍需大量依賴國際性通訊社、大陸及香港報章雜誌，並選擇性地採用中國大陸《新華社》、《中國新聞社》等電訊，以及《中央人民廣播電台》、《福建人民廣播電台》播報內容。同時，對於這些國際性通訊社、大陸及香港報章雜誌、中國官方傳媒等二手資訊的解讀，都考驗了記者的專業素養。由於當時仍處於戒嚴時期，《中國時報》、《聯合報》及《中央社》是少數能夠透過特定代理商，從香港進口大陸及香港報刊、雜誌資料等。韓劍華表示，以《聯合報》而言，其大陸研究室在編輯部關有專室，門上還掛著「匪情資料」牌子，以符合警備總部及新聞局定期聯檢等管理規範，當時大陸研究室記者就從這些報刊資料尋找題材撰寫稿件，並解讀分析文件背後涵義，還談不上採訪新聞。[3]而白德華及黃季寬也提及，當年《中國時報》大陸問題研究室及《中央社》大陸新聞室，由於蒐集的相關「匪情資料」均需列管，因此辦公室都是位處獨立空間，也加深其單位的神祕性。[4]

參、1987～2000 年的新聞實踐：從大陸新聞到兩岸新聞報導

1987 年 9 月，臺灣《自立晚報》記者李永得、徐璐以「非法」手段，突破政府禁令，從東京轉赴北京，首開臺灣記者前往中國大陸探訪先例（楊開煌 1992）。李永得、徐璐是於 9 月 15 日凌晨 1 時 10 分搭乘中國民航客機途經日本抵達北京首都機楊，開始歷史性的大陸之行。李永得、徐璐表示，由於臺灣即將開放民眾前往大陸探親，作為記者有責任對大陸的現狀和接待情況進行採訪，以便臺灣民眾在訪問大陸前有個思想準備。明顯地，在兩岸隔絕近四十年後，作為首批突破鐵幕進行採訪的臺灣記者來說，李永得、徐璐在傳遞大陸民情資訊的同時，也扮演了促進兩岸交流參與者的角色。

緊接著，1987 年 11 月 2 日，政府開放一般民眾赴大陸探親，而民間大報已派員赴大陸，名義上是探親，實則採訪新聞，為海峽兩岸新聞交流展開新頁。同時間，1987年 11 月，大陸中華全國新聞工作者協會負責人受中國國務院辦公廳委託發表談話，歡迎臺灣新聞界來大陸採訪、交流。隔年 1 月 1 日，政府接續開放報禁，報紙版面大量擴張，先從傳統的 3 大張增為 6 大張，之後更擴版為 10 大張、12 大張，甚至到 15、16張。因應言論的解禁與報紙的快速增版，促使媒體對對岸的大陸新聞需求大增，在報導

---

[3] 同前註。

[4] 作者訪談前《中國時報》大陸新聞中心副主任、現任副總編白德華，2019 年 8 月 6 日；作者訪談前《中央社》大陸新聞中心主任黃季寬，2019 年 8 月 13 日。

的質、量上都有明顯的變化（楊志弘 1993）。

《聯合報》搶先於 1988 年元月報禁解除後，隨即開創大陸版，當時是半版的彩色版，介紹大陸各地城市、特區情形。稍後，因應開放民眾前往大陸探親後的採訪需要，1990 年元旦《聯合報》大陸問題研究室更名為大陸新聞室，1991 年元旦改制為大陸新聞中心，由專欄組主任王震邦接任，新聞重點朝兩岸及大陸新聞報導轉向。1995 年韓劍華接掌主任，之後依序為文現深、王玉燕、劉秀珍。2019 年起由碩士班 22 屆（博士班 24 屆）汪莉絹，接任大陸新聞中心主任。[5]

《中國時報》也是在 1988 年初，推出以大陸風土人情為主要內容的大陸版，當時是以非新聞版面的旅遊等軟性報導為主，主要置於文化版落裡，內容包括大陸的文物、地理、旅遊勝地、城市外貌等，大體仍是二手資料的改寫。但據了解這與社方高層預期規劃版面內容有所落差，因此在 1988 年 4 月 21 日，經董事長余紀忠指定大陸研究室主任、博士班 3 屆（碩士班 8 屆）俞雨霖，以及大陸研究室研究員、博士班 6 屆（碩士班 15 屆）譚志強等 4 人，負責規劃嶄新大陸版。[6] 新的大陸版在數次試版，並經董事長余紀忠審閱核可後移置第一落版面，說明大陸版的新聞報導已日益重要。同時，由於當時甫經解嚴政治氣候仍屬敏感，更關鍵的是大陸新聞報導事涉專業知識，在新聞判讀、稿件選取、製作標題及版面編排上，落實編採合一作業是最穩妥安全之計，因此將編輯中心政治小組主編、碩士班 15 屆張所鵬，調為大陸研究室副主任，並同時擔任該版主編。筆者（博士班 14 屆）當時甫進《中國時報》編輯中心政治小組，即擔任該版編輯，協助主編，參與大陸版的編輯過程。

1989 年 4 月 22 日，《中國時報》於調整編輯部組織體制的同時，也因應大陸新聞報導的形勢與需要，將過往以研究為主的大陸研究室，改制為以大陸新聞採訪為主軸的大陸新聞中心，自此大陸研究室改頭換面，由新聞二線進入以一線採訪為主的大陸新聞中心階段。《中國時報》並於 1991 年，首度招考大陸新聞中心記者 4 人，並陸續增聘多位記者（中國時報五十年報史編輯委員會 2000）。

1989 年八九民運迄六四事件時，《中國時報》大陸新聞中心及《聯合報》大陸問題研究室，均派遣記者前往現場採訪，紀錄下關鍵的歷史一頁。當時，《中國時報》派遣的記者，包括博士班 6 屆（碩士班 15 屆）譚志強。任職《自立晚報》、碩士班 15 屆黃德北，則在六四事件後因與學運領袖王丹會晤，遭中共公安強行帶走，之後在各界聲

---

[5] 作者訪談前《聯合報》大陸新聞中心主任韓劍華，2019 年 8 月 1 日；作者訪談《聯合報》大陸新聞中心主任汪莉絹，2019 年 8 月 2 日。

[6] 根據銘傳大學廣電系助理教授杜聖聰，提供訪談前《中國時報》大陸新聞中心記者譚志強內容，2015 年 6 月 12 日。

援下才獲釋。八九民運期間 5 月 20 日，任職《中央社》大陸新聞部的黃季寬，根據《新華社》和《中央人民廣播電台》的資訊，報導北京宣布戒嚴令。

1989 年六四天安門事件後，中國對臺灣媒體的態度有了轉變，並公布限制臺灣記者採訪的相關規定，前一時期的熱潮也日趨平緩（中央日報 1989）。1989 年 9 月 15 日，當時中國國台辦副主任唐樹備宣布「關於臺灣記者來大陸採訪的注意事項」，這項規定臺灣記者在中國大陸採訪時，必須遵守「三限」：定時、定點、定對象，而且針對赴中國大陸採訪的申請程序及關卡上都較以往繁複，審批也更爲嚴格（章奇宏 2003）。從 1990 年開始，中國大陸負責新聞交流申請的相關主管單位，開始針對經常前往採訪的臺灣記者列檔管制，臺灣記者採訪大陸新聞的發展，也陷入谷底（黃肇松 1991, 32）。直到 1990 年 3 月，中國大陸再度打開採訪之門，12 名臺灣記者獲准採訪中國 7 屆全國人大 3 次會議，才從「三限」等規定後，首次略爲放寬，讓臺灣記者再次進入新聞交流採訪的活動中；隨後，同年 9 月的北京亞運，更讓臺灣記者赴大陸採訪的開放程度從谷底逐漸回溫（楊志弘 1993）。

稍後，伴隨著 1992 年鄧小平南巡，中國大陸重新啓動經濟改革後，掀起第二波臺商投資大陸熱潮，大陸各地省市紛紛展開雙臂歡迎臺商前往投資，也進而帶動臺灣傳媒第二波大陸熱。白德華說道，當時《中國時報》社方認爲製作大陸各省市專題報導，可提升臺商、臺灣民眾對大陸各地區認識，因此責成大陸新聞中心全權負責。當時針對一個省市，往往派出二至三輪記者，先由記者採訪地（市）級領導或當地企業，最後再由主任或總編輯採訪省級領導，採訪費用一年甚至高達 1,000 萬元，前後執行約近 20 個省分，直到 1994 年千島湖事件發生後才停止。[7] 另一些資料也指出，在 1992 年和 1993 年間，《中國時報》與《聯合報》兩大報均以大陸採訪爲重點，《中國時報》大陸新聞中心每年預算高達 2,500 萬元（中華民國新聞評議委員會 1996, 22），占到報社全部採訪費用的四分之一到三分之一（Wei 2000）。

至於《中央社》大陸新聞室，則於 1992 年 8 月改稱大陸新聞部，設有研究組和新聞組。大陸新聞部除訂有《新華社》、《中國新聞社》、《香港中國通訊社》三家大陸通訊社社稿外，每天收聽、收視北京《中央人民廣播電台》、《中央電視台》的新聞節目，並進口大陸和香港的報紙、刊物。同時，還不間斷地在北京派駐記者，有計畫地在大陸各地巡迴採訪，以及從大陸各大城市即時獲取重大經濟動態的消息，並積極推動兩岸新聞交流，曾邀請《新華社》、《中國新聞社》三位記者來台採訪中國國民黨 14 全大會（中央社七十年編輯委員會 1994）。1991 年，中國大陸當局終於開放《中央社》

7　同註 1。

赴大陸輪駐採訪，黃季寬成為大陸新聞部第一位派往北京記者，曾採訪中共 14 大、15 大和 8 屆人大 1 次會議等重要會議（中央社九十年編輯委員會 2014）。1993 年 7 月，《中央社》大陸新聞部記者、碩士班 20 屆張蕙燕，採訪大陸人大副委員長程思遠，談到鄧小平健康情況，內容獲得各媒體轉發（中央社七十年編輯委員會 1994）。

　　而 1977 年本所畢業後即進入《中央社》，長期擔任大陸新聞部主任的碩士班 5 屆張榮恭，除了多次以新聞人身分訪問大陸，也在中國國民黨系統中參與兩岸實務 30 年，例如 1995 年因應大陸領導人江澤民提出「江八點」，受命起草了「李六條」。張榮恭對推動兩岸和平的更重大貢獻，是在 2005 年促成連戰、吳伯雄、江丙坤等國民黨高層人士訪問大陸，是江丙坤「破冰之旅」、連戰「和平之旅」以及「連胡會」的幕後重要推手（劉匡宇 2019）。

　　在此同時，1990 年 11 月 21 日，臺灣方面成立了「財團法人海峽交流基金會」（以下簡稱：海基會）。1991 年 12 月 16 日，「海峽兩岸關係協會」（以下簡稱：海協會）在北京成立。1992 年 10 月 26 日至 10 月 30 日，海基會在香港和海協會針對兩岸「文書驗證」及「掛號函件」事宜，進行第二次工作性商談，主要是為了準備 1993 年辜汪會談而先期舉行的事務性協商。1993 年 4 月 29 日辜汪會談，雙方簽署兩岸公證書查證協議、兩岸掛號函件查詢補償事宜協議、兩會聯繫與會談制度協議及辜汪會談共同協議等四項事務性協議，而兩岸由當局授權的談判機制，象徵兩岸關係的解凍和發展，引起國際社會矚目。兩岸從 1991 年 11 月開始至 1995 年 5 月，展開一連串政治性的協商與對談，如辜汪會談、焦唐會談、犯罪防範與協商兩岸文書驗證、掛號函件等議題，前前後後共舉行了 18 次的會談（郭婉玲 2003, 48-50）。也因為海基會、海協會展開接連談判，大陸新聞重心逐步轉移至兩岸新聞，中共對臺政策成為關注焦點。

　　在大陸記者來臺採訪方面，1991 年 8 月，《新華社》記者范麗青、《中國新聞社》記者郭偉鋒赴臺採訪「閩獅漁事件」處理情況，成為四十年來第一次赴臺採訪的大陸記者。1992 年 9 月，18 名大陸記者組團赴臺採訪，正式開啟兩岸新聞雙向交流的大門。

　　明顯地，伴隨著兩岸交流各個層面的逐步推展，兩岸關係新聞已逐步取代大陸政治要聞，成為在大陸採訪的重點，《中國時報》於是將大陸新聞版轉型為兩岸新聞版，再於 1997 年初改為兩岸三地新聞版（中國時報五十年報史編輯委員會 2000）。《聯合報》也是在這個階段，將大陸版改為兩岸版。

　　至於臺灣記者赴大陸駐點採訪，大陸方面於 1994 年，同意臺灣媒體不間斷地派遣記者來大陸採訪（即駐點採訪），之後，中國國務院於 1996 年 12 月 1 日公布〈關於臺灣記者來祖國大陸採訪的規定〉，明載「採訪時間每次一般不超過一個月」，正式開放臺灣記者赴大陸駐點採訪（國務院臺灣事務辦公室 2002）。然而其實在這項政策開放

之前，臺灣媒體就採取輪替的方式，持續在大陸接力採訪，早已形成「變相駐點」。例如，《中國時報》於 1990 年於北京駐點，2005 年於上海駐點。《聯合報》於 1991 年於北京駐點。《中央社》於 1992 年於北京駐點。

總的來說，從 1987 年至 2000 年，臺灣傳媒兩岸記者在經歷了突破兩岸新聞交流，以迄於駐點採訪，同時在優渥的經濟資源挹助下，記錄了中國大陸政經社會的急劇轉型以及日益密切的兩岸各項交流等，包括震驚全球的六四天安門事件。透過這些事件的報導，臺灣傳媒培養了一批具備專業素養、工作熱忱的兩岸記者。這些兩岸記者群中，本所畢業的所友在其間扮演舉足輕重的角色。

在《中國時報》大陸新聞中心，此時期由博士班 3 屆（碩士班 8 屆）俞雨霖主政，網羅多位本所所友，包括博士班 6 屆（碩士班 15 屆）譚志強、碩士班 15 屆張所鵬、碩士班 17 屆徐尚禮、碩士班 18 屆韓國瑜、碩士班 19 屆盧伯華、碩士班 19 屆方諾妮、博士班 10 屆（碩士班 19 屆）林琳文（之後，轉任《聯合報》專欄組主任）、博士班 21 屆（碩士班 20 屆）白德華、碩士班 20 屆宋秉忠、碩士班 20 屆王嘉源（之後，轉任《中國時報》國際新聞中心）、碩士班 21 屆沈麗山、碩士班 23 屆張守一、碩士班 27 屆朱建陵（之後，轉任《中央社》國際暨兩岸新聞中心主任）。[8]

在《工商時報》大陸新聞中心，它是在 1990 年成立，曾於 1998～2005 年擔任主任的白德華表示，首屆主任是曾擔任《工商時報》總編輯的童再興，之後由碩士班 17 屆李孟洲（之後，轉任《投資中國信息網》社長）接任。碩士班 28 屆江今葉（之後，轉任《中央社》大陸新聞中心）、碩士班 26 屆鄭正鈴，都曾一度供職其間。白德華補充道，由於《工商時報》大陸新聞中心記者需要了解大陸經貿狀況，因此有些記者是來自淡江大學大陸研究所。[9]

在《聯合報》大陸新聞中心，這個階段出身本所者，包括碩士班 11 屆韓劍華、博士班 24 屆（碩士班 22 屆）汪莉絹、碩士班 16 屆何明國（之後，轉任《中國時報》、《旺報》大陸新聞中心）、碩士班 17 屆徐尚禮（之後，轉任《中國時報》大陸新聞中心）、碩士班 19 屆徐東海。至於從《中國時報》大陸新聞中心轉任《聯合報》專欄組的林琳文，以其東亞所知識背景，負責兩岸相關研討會以及加強與大陸學術界等各界人士聯繫。[10]

8　同註 1。
9　同註 1。
10　作者訪談前《聯合報》大陸新聞中心主任韓劍華，2019 年 8 月 1 日；作者訪談《聯合報》大陸新聞中心主任汪莉絹，2019 年 8 月 2 日。

　　在《中央社》大陸新聞中心，這個階段出身本所者，包括碩士班 5 屆張榮恭、碩士班 8 屆黃季寬、碩士班 20 屆張蕙燕、碩士班 28 屆江今葉。[11] 在《中央日報》綜合新聞中心大陸組，1997 年新任社長黃輝珍，為了增強對大陸新聞報導，延攬了博士班 14 屆張裕亮擔任大陸組組長，當時成員還包括博士班 15 屆（碩士班 22 屆）陳重成、碩士班 25 屆林風佑等。另外，當時從《中國時報》大陸新聞中心副主任轉任《中央日報》主筆室主筆的張所鵬，對兩岸及大陸新聞報導也常提供專業意見。而分別任職綜合新聞中心專欄組的博士班 13 屆（碩士班 23 屆）許志嘉，以及任職綜合新聞中心編譯組的碩士班 15 屆張佑之，也在兩岸及大陸新聞報導、編譯上時有助益。之後，盧伯華於 1999 年轉任《勁報》國際大陸新聞中心主任，邀請張裕亮擔任中心的大陸組組長，成員還包括碩士班 31 屆彭蕙珍（之後，轉任《蘋果日報》）。

　　另外，碩士班 17 屆謝金河，目前擔任《財訊》社長兼發行人、財信傳媒董事長，曾主持東森電視台《老謝看世界》，以及目前年代《數字臺灣》節目主持人，以其財經背景出身，在其發行刊物及主持節目中，對分析大陸經濟議題等有其獨到見解。

肆、2000 年迄今的新聞實踐：相互駐點後的兩岸新聞報導

　　2000 年 11 月，民進黨政府宣布開放 4 家大陸中央級媒體記者以輪替方式來臺駐點採訪；2001 年 2 月，《新華社》記者范麗青、陳斌華來臺駐點採訪，成為大陸首批赴臺駐點採訪記者。2004 年 7 月，民進黨政府批准《中國新聞社》記者赴臺駐點採訪，使獲准赴臺駐點的大陸新聞單位增至 5 家。目前，總計有 5 家中央級大陸傳媒《新華社》、《人民日報》、《中央電視台》、《中央人民廣播電台》、《中國新聞社》、5 家地方級大陸傳媒《福建日報》、《東南衛視》、《湖南電視台》、《廈門衛視》、《深圳特區報》赴臺駐點採訪。

　　至於臺灣記者赴大陸採訪方面，中國國務院臺辦接續在 2002 年 12 月、2005 年 9 月、2006 年 12 月、2008 年 11 月頒布相關規定，逐步下放臺灣記者赴各省、自治區、直轄市等採訪的審批權；同意臺灣記者赴大陸駐點採訪時限，由一個月延至三個月，且地點不限；同意臺灣記者赴大陸採訪只需徵得被採訪單位和個人的同意即可；臺灣記者可以通過有關部門指定的服務單位，聘用大陸居民從事輔助工作，因採訪報導需要在依法履行報批手續後，可以臨時進口、設置和使用無線電通信設備。

---

[11] 作者訪談前《中央社》大陸新聞中心主任黃季寬，2019 年 8 月 13 日。

　　目前在中國國務院臺辦登記的臺灣駐點傳媒，包括《旺旺中時媒體集團》（《中國時報》、《旺報》、《工商時報》、《中天電視台》、《中國電視公司》）、《聯合報系》（《聯合報》、《經濟日報》）、《東森電視台》、《TVBS 電視台》、《年代新聞台》、《三立電視台》、《中央通訊社》。以《中國時報》大陸新聞中心為例，2013年時每月都有定期派遣記者前往採訪，地點以北京、上海、廣州為主（目前僅派駐 1 人赴北京採訪）。以《旺報》兩岸要聞組而言，2013 年時在北京、上海、福建（廈門）、湖南（長沙）有定期派遣記者前往採訪，每次以 1 位為原則（福建（廈門）、湖南（長沙）駐點，目前均已取消），在重慶及香港有特約記者。《聯合報》大陸新聞中心方面，2013 年時於北京、上海、廣州、重慶有派員（廣州、重慶駐點，目前均已取消）[12]（張裕亮 2013）。2007 年《中央社》兩岸新聞中心，也在上海增設駐點。

　　在兩岸傳媒都可以互派記者駐點採訪後，臺灣傳媒對於大陸的報導，已經從1978～1987 年的「匪情」資料解讀分析，經歷 1987～2000 年的大陸新聞到兩岸新聞報導，以迄於 2000 年迄今的相互駐點後的兩岸新聞報導，臺灣兩岸記者得以在當地建立紮實人脈，近距離深入報導，提高了報導的可讀性。同時，也有 10 家大陸媒體記者駐點臺灣。依照兩岸新聞交流的邏輯而言，兩岸記者理應更能以客觀報導準確地描繪出對方的圖像。

　　然而，同樣從 2000 年起，影響臺灣傳媒兩岸及中國大陸新聞報導產製的內外在因素開始改變，包括：首度政黨輪替後兩岸政經環境轉變、旺旺集團接手《中國時報》後傳媒所有人兩岸及大陸觀的更迭、兩岸共同採訪新聞盛行、中國置入性行銷廣告登臺、大陸交流參訪問團密集訪臺、兩岸電視台合製專題報導節目、大陸視頻網站登陸臺灣、中國國臺辦關切臺媒的中國報導、中資背景《中國評論網》倡議兩岸共同新聞、總部移置北京的《多維新聞網》等，都使得臺灣媒體再現的兩岸及大陸新聞報導也開始出現差異，臺灣兩岸記者過往遵循的產製工作常規、新聞專業性與角色認知受到衝擊。

　　在此種大環境轉變下，臺灣傳媒的兩岸記者有的選擇轉換到意識形態立場迴異的傳媒或政黨。有的以迂迴之道自處，在報業高層要求與專業記者間夾縫求生。有的另闢蹊徑，投身言論尺度相對寬鬆的網路傳媒找到生存空間。有的放棄多年專業記者身分轉換跑道，另圖生涯規劃；有的則轉任杏壇，潛心教書研究；有的選擇離職，展現某種程度的反抗。當然，也有的投身兩岸記者職場三十多年，屆齡退休。

　　目前，在《聯合報》大陸新聞中心任職者，有博士班 24 屆（碩士班 22 屆）汪莉絹，

---

[12] 作者訪談前《中國時報》大陸新聞中心副主任、現任副總編白德華；作者訪談《聯合報》大陸新聞中心主任汪莉絹，2019 年 8 月 2 日。

她同時從 2019 年起接任大陸新聞中心主任。原本也任職《聯合報》大陸新聞中心任職的碩士班 34 屆林琮盛，之後轉任《旺報》兩岸要聞組，目前擔任民進黨中國事務部副主任。

2008 年《中國時報》第二代接班人余建新，因爲私人鉅額投資雷曼兄弟連動債風波，不堪鉅額財務虧損，最終由中國旺旺集團負責人蔡衍明接手經營，並於 2009 年 8 月 11 日創辦全版報導中國大陸及兩岸議題的《旺報》。蔡衍明在創刊致詞時指出：「成立旺報的目的，是爲了要作到『臺灣優先、兩岸第一』。」並提出經營媒體的四大理念：「旺臺灣、旺中國、增進兩岸了解、讓全世界華人都快樂」（旺報發刊詞 2009）。目前在《旺旺中時媒體集團》任職者，包括《中國時報》社長、碩士班 22 屆王丰，《中國時報》副總編輯、博士班 21 屆（碩士班 20 屆）白德華，《旺報》執行副主筆、碩士班 16 屆何明國，《旺報》副總編輯、碩士班 20 屆宋秉忠，《旺報》兩岸要聞組主任及《中國時報》大陸新聞中心主任、碩士班 41 屆陳君碩，《旺報》兩岸要聞組記者、碩士班 47 屆呂佳蓉。

《中央社》大陸新聞中心組織則幾經更易，2011 年之前，從大陸新聞部改爲兩岸新聞中心，2011 年國外新聞中心與兩岸新聞中心合併爲兩岸暨國際新聞中心，2012 年分設爲大陸新聞中心、國外新聞中心，2016 年又從大陸新聞中心改爲目前國際暨兩岸新聞中心。目前擔任《中央社》國際暨兩岸新聞中心主任爲碩士班 27 屆朱建陵，成員還包括碩士班 30 屆林克倫、碩士班 47 屆柳秉言、碩士班 50 屆繆宗翰。[13]《自由時報》由於社方立場，並未設置大陸版，也沒有大陸新聞專責單位，而是由國際新聞中心翻譯外電有關中國新聞報導，碩士班 30 屆陳泓達即任職《自由時報》國際新聞中心。

另外，曾任職《中國時報》大陸研究室主任的碩士班 7 屆卜大中，在經歷了長期精彩豐富的媒體生涯，甫在 2018 年從《蘋果日報》總主筆退休。至於原本長期擔任《中國時報》大陸新聞中心主任的博士班 3 屆（碩士班 8 屆）俞雨霖，在此階段轉任 2005 年在香港註冊成立，以推動「兩岸共同媒體」理念的《中國評論通訊社》新聞總監、臺灣《中評社》社長。其次，1999 年由大陸旅外人士何頻創立，2009 年被港商于品海收購，辦公地點亦由美國轉移至北京的《多維新聞》，目前也在臺北設有分處。目前《多維新聞》媒體性質，論者多以近似《鳳凰衛視媒體集團》定位。目前任職《多維新聞》，包括碩士班 38 屆（博士班 28 屆）鄭文翔、碩士班 41 屆許陳品、碩士班 41 屆陳鄭爲、碩士班 46 屆黃俊傑。

---

[13] 作者訪談前《中央社》大陸新聞中心主任黃季寬，2019 年 8 月 13 日；作者訪談前《中時電子報》編輯黃以謙，2019 年 8 月 3 日。

伍、東亞所課程提供兩岸記者實踐的專業養成

　　長期來，臺灣傳媒記者產製兩岸及大陸新聞報導，有兩種途徑最爲關鍵，一是在臺北編輯室內根據各類消息來源選擇、判讀與取用；二是前往大陸實地採訪報導。這可說是多年來臺灣傳媒兩岸記者產製新聞的主要工作常規。在臺北編輯室的作業，過往迄今主要包括了如何選擇、判讀與取用中國傳媒消息來源、西方傳媒消息來源、香港傳媒消息來源、獨立網站。近年來，伴隨網際網路的迅速發展，中國大陸網路論壇、博客、微博以及視頻網站的相繼成立及開通，也成爲重要的消息來源。中國大陸視頻網站訊息更成爲電子傳媒取用、截取畫面的重要管道。

　　由於兩岸及大陸新聞報導涉及高度的專業性，過往臺灣傳媒成立的大陸研究室或者大陸新聞中心，即網羅了多位政治大學東亞所博、碩士及國際關係研究中心的研究員，以其專業知識能力，蒐集、研究、判讀所謂「匪情」資訊，再據此翻譯、改寫成新聞稿。同時，長期來各傳媒大陸新聞中心在徵聘從業員時，是否具備中國大陸專業知識背景，也是考量重點，因爲這涉及對資訊的蒐集、解讀，消息來源的建立與判讀，以及新聞稿的撰寫。至於前往大陸實地採訪報導，除了參加中國外交部、中國國臺辦例行記者會之外，中國傳媒記者、外國傳媒駐北京記者、產官學界、企業界，也都是重要的消息來源，而是否具備中國大陸專業知識背景，更往往是與消息來源互動的重要資本。

　　接受筆者訪問的數位畢業於本所所友的資深大陸新聞中心記者，都異口同聲表示，透過東亞所諸如中共黨史、共黨理論、馬克思主義、中共黨政專題、中共政治、中共外交、中共社會、中國大陸經濟與社會發展專題等課程紮實的訓練，特別是 1997 年東亞所課程引進「學群」概念，規劃共同必修、黨政學群、社會經濟學群、國際政治與兩岸關係學群課程後，不僅在關注大陸議題面向上更爲多元寬廣，更在中國研究方法課程上學習到西方社會科學理論、田野調查訪談或問卷調查等經驗性研究方法，對於日後從事兩岸及大陸新聞報導時，面對各種紙本、網路、視頻網站消息來源的選擇、判讀與取用，起到關鍵的作用。同時，藉由這些課程扎下的專業知識，在與受訪者接觸談話時，對中共歷史及黨政發生的重大運動及事件有相互了解及話題，進而拉進彼此的關係。[14]

14　作者訪談前《聯合報》大陸新聞中心主任韓劍華，2019 年 8 月 1 日；作者訪談前《中國時報》大陸新聞中心副主任、現任副總編白德華；作者訪談《聯合報》大陸新聞中心主任汪莉絹，2019 年 8 月 2 日；作者訪談前《中央社》大陸新聞中心主任黃季寬，2019 年 8 月 13 日。

陸、結語

　　場域（champs）理論是法國思想學家布迪厄（Pierre Bourdieu）探討行動主體和結構之間關係的工具，也是其與心理學或互動主義（interactionist）取向上的差異點。在Bourdieu看來，社會空間就像市場體系一樣，人們依據不同的特殊利益，進行特殊的交換活動；而社會空間是由許多場域的存在而結構化的，這些場域如同市場一樣，進行多重的特殊資本競爭，包括經濟、文化、社會和象徵資本（邱天助 2002）。

　　援引 Bourdieu 的場域理論觀之，可以將 1978 年迄今臺灣各家媒體再現的兩岸及大陸新聞報導，視為兩岸記者憑藉不同資本爭取社會空間的場域。明顯的，東亞所所友出身的兩岸記者，憑藉著有關中國大陸各面向的紮實課程訓練，積累了豐厚的义化資本（指語言、意義、思考、行為模式、價值與稟性（disposition），可稱為「訊息資本」（informational capital），同時可以教育資歷的形式制度化），以及各家媒體提供優渥的經濟資本（採訪費用、設備等條件）及社會資本（借助報社聲譽及個人採訪建構的豐厚人脈），使其在產製兩岸及大陸新聞報導的歷程中，建構了專業獨特的品牌報導。同時，藉由東亞所 50 年發展歷程建構的象徵資本（對社會世界的理解、認知，甚至指稱、界定的能力），受訪的數位畢業於本所所友的資深大陸新聞中心記者強調，在長時期的兩岸記者職涯中，都以「知中派」自居，一則希望藉由專業客觀的報導，不從意識型態出發，正確解讀、分析及預判中國大陸現況及政策，讓臺灣民眾及政府不致於誤讀及誤判，二則扮演好兩岸橋梁角色，以對話取代對抗，消除誤解，讓臺灣讀者正確了解認識大陸，也讓大陸讀者正確了解臺灣。

參考文獻

一、 中文

中央社六十週年社慶籌備委員會，1984，《中央社六十年》，臺北：中央社六十週年社慶籌備委員會。

中央社七十年編輯委員會，1994，《中央社七十年》，臺北：中央通訊社。

中央社九十年編輯委員會，2014，《中央社九十年》，臺北：中央通訊社。

中華民國新聞評議委員會編，1996，《媒體如何採訪報導大陸新聞》，臺北：中華民國新聞評議委員會。

中國時報五十年報史編輯委員會，2000，〈民族認同互利互榮—對海峽和平與交流合作的努力〉，《中國時報五十年》：160-177，臺北：中國時報社。

中央日報，1989，〈天安門事件前後中共對我之態度及有關舉措〉，7月5日。

旺報，2009，〈臺灣優先兩岸第一：旺報創辦人蔡衍明董事長創刊致詞〉，8月12日。

吳玉山，2009，〈十年的知識薪傳：重新檢視爭辯中的兩岸關係理論〉，《中國大陸研究》，52（3）：113-127。

邱天助，2002，《布爾迪厄文化再製理論》，臺北，桂冠圖書。

韋奇宏，2003，〈兩岸新聞採訪交流的結構與變遷（1979~2001）—新制度論的分析〉，《問題與研究》，42（1）：124。

張裕亮，2013，〈兩岸媒體互設常駐機構之策略與影響〉，《行政院大陸委員會專案研究報告》，臺北：行政院大陸委員會。

黃季寬，2011，〈兩岸新聞的第一堂課—新聞線上三十年〉，《跑在新聞最前線》，臺北：中央通訊社。

黃肇松，1991，〈採訪大陸新聞實務問題之探討〉，大陸傳播媒體學術研討會論文，臺北：銘傳大學大眾傳播學系主辦。

郭婉玲，2003，〈兩岸新聞交流歷程之探索（1987~2003）〉，臺北：中國文化大學大陸研究所碩士論文。

國務院臺灣事務辦公室，2002，〈關於臺灣記者來祖國大陸採訪的規定〉，http://www.gwytb.gov.cn/qt/twjzcfzn_44073/201401/t20140114_5527816.htm，查閱時間：2019/11/05。

楊志弘，1993，〈海峽兩岸新聞交流之探討〉，《報學》，8（7）：71-72。

楊開煌，1992，〈海峽兩岸新聞事件報導之比較研究—個案之分析〉，《東亞季刊》，23（4）：16。

劉匡宇，2019，〈「貓王」張榮恭：籌謀劃策四十載，歸去來兮兩岸情〉，http://www.waou.com.mo/news_h/shownews.php?lang=cn&id=39443，查閱時間：2019/11/05。

二、 英文

Wei, Ran. 2000. "Mainland Chinese News in Taiwan's Press: The Interplay of Press Ideology, Organizational Strategies, and News Structure." In *Power, Money, and Media: Communication Patterns and Bureaucratic Control in Cultural China*: 337-365, ed. Chin-chuan Lee. Evanston, Illinois: Northwestern University Press.

第九章

東亞所東南亞研究的回顧與展望

孫采薇

壹、前言

在臺灣，東南亞研究一向並非政治學界的主流。根據陳鴻瑜教授的分析，一方面由於臺灣的對外關係以美日與西歐為主，而學者不論是從學術訓練背景、或是研究興趣觀之，也多半是以這些地區為重點；另一方面，過往東南亞經濟尚未起飛，與臺灣的經貿往來也不熱絡，因此，不論是從市場取向、或是政府政策考量，東南亞也很少是研究熱點（陳鴻瑜 1996, 70-73）。職是之故，一直到 1960 年代後，臺灣的若干國立大學才開始有教授東南亞的零星課程，而直至 1990 年代以降，因為政府南向政策（1993）的提出，臺灣的東南亞研究才逐漸展開，而形成一個較為穩定的學術社群（陳琮淵 2004, 134）。

然而，政大在 1968 年創辦東亞研究所時，卻因為創所所長吳俊才的堅持，而將東南亞置於 4 個研究領域之一，並延請當時國內少數的東南亞專家學者，開設了數門與東南亞相關的課程，形成東亞所早期難能可貴的特色之一。可惜的是，隨著前輩的仕途高升或屆齡退休，多數東南亞課程都逐漸停開。其後因著時局變遷，東南亞課程歷經幾波起伏，一直到政府大力推動南向與新南向政策後，並隨著新生代學者的補進，東亞所在跨入千禧年後，才重新開啟了較為全面的東南亞研究地圖。

另一方面，師資與課程供給的起伏，以及其所關注議題焦點的改變，最直接的影響，便是東亞所學生對於東南亞國家與相關議題研究的消長與議題趨勢變化，而反映於博碩士論文的產出之上。因此，本文以下的章節，首先將回顧東亞所東南亞課程設置與師資傳承；其次，本文將檢視東亞所自第 1 屆至第 49 屆（以入學年而言，則是 1968～2016 年期間）已畢業博碩士班學生的學位論文中，針對有以東南亞區域為研究對象的論文，作數量趨勢與議題變化的分析；最後，在與臺灣學界整體東南亞研究的現狀作簡單對照的基礎之上，本文將提出對東亞所東南亞研究的未來展望。

貳、東亞所的東南亞課程設置與師資傳承

東亞所最初的課程規劃，包括了「共黨理論蘇共東歐」、「中國大陸問題」、「東南亞及東北亞」、與「中國文化及三民主義」等四大領域。這個設計反映了東亞所創立者對於所的定位，既然是為了培養反共大業的學術理論菁英而建立，則除了共黨世界為研究主體之外，也著重培養對非共世界的了解。而此傳統也讓東亞所有向除了中國大陸以外區域（特別是東亞與亞洲其他地區）擴張的可能，使得所的發展彈性更大（吳玉山、褚塡正 2018, 17-18）。在東南亞方面，當時所開的課程，包括「東南亞史」、「華僑問題研究」、以及「亞洲經濟發展問題」。另外根據 1971 年的資料，當時碩士班還須考「學科考」，科目則包括「東南亞史」以及「中共黨史」（褚塡正 2017, 124-126）。

而雖然東南亞研究在東亞所的定位，僅是補充學生對於亞洲周邊國家的了解，但根據早期畢業所友的回憶，上述這三門課的師資都是一時之選，並且授課內容也具獨特性。「東南亞史」是由吳俊才所長親自講授，而與「印度史」上下學期輪流開設。吳所長所講授的東南亞史最大的特點，就是彌補西方過分強調 16 世紀以後殖民國家在東南亞的成就與貢獻，而補充東方文化對東南亞歷史發展的重要性；而其最大長處，「就是將東南亞地域作一整體看待，注重它的共同性，使學生能於短期間對東南亞地區有一扼要整體的了解」（李國祁 1997, 67-71）。「華僑問題研究」是由當時的僑務委員會委員長高信先生講授，高信先生出身僑鄉，並且自 1962～1972 年間長期擔任僑委會委員長，在當時政府與僑界關係密切並且對僑務工作極度重視的背景之下，高先生教授此課程在臺灣自是不二人選。至於「東南亞經濟發展問題」，則是延請當時甫學成歸國的農復會技正李登輝教授。李登輝是農業經濟專家，原本吳俊才所長規劃其講授「世界經濟史」一門課，但是「李先生很謙虛，他說這個題目太大，因此改成比較小範圍的亞洲經濟發展史，而在課堂上實際講授的，是東南亞的綠色革命」（施哲雄 2019，訪談口述）。

可惜的是，這三門別具特色的東南亞課程，在 1970 年代末至 1980 年代初，陸續因授課教師的仕途高升或屆齡退休、並且後繼無人而停開。「華僑問題研究」在高信先生 1972 年退休後，本由吳春熙先生接手，吳先生自 1950 年任僑務委員會委員，專精東南亞及華人社會研究，並曾於 1964 年到史丹佛大學胡佛研究所擔任客座。不過，吳先生於 1976 年再赴美任研究員，這門課便因此停開（褚塡正 2017, 239-242）。「東南亞史」在吳俊才所長於 1976 年轉任薩爾瓦多大使後，原本由陳水逢教授接續講授，陳教授曾於新加坡南洋大學講學，並有關於東南亞研究的專書著作《東南亞各國略史與現勢》

（1969）及《東南亞各國的政治社會動態》（1977）。不過，隨後陳老師便在東亞所另開設「東北亞各國政府與政治」，東南亞課程轉而由政治系的江炳倫教授接任，並改名為「東南亞各國政府與政治」，其內容也從對於歷史文化的著重，轉而聚焦於當代各國政治的發展。[1]並且由於這門課是設於政治系之下，等於東亞所的東南亞史與東南亞政治等課程，自 1980 年代初起便已停開。最後，李登輝的「亞洲經濟發展」，則因其 1978 年擔任臺北市長後，而面臨公務繁忙與定時授課需求的兩難，最後在 1981 年李先生當上臺灣省主席之後完全停開。

　　東南亞師資的後繼乏人，其實並非特殊。在 1980 年代，東亞所原始規劃的四大領域課程中，「東南亞及東北亞」與「中國文化及三民主義」兩大領域均呈現前輩相繼凋零而無以爲繼的狀況；而隨著時局變遷，「共黨理論蘇共東歐」領域中的多門課程，也顯現不合潮流的問題。1991 年，張煥卿前所長對於課程進行調整，東亞所朝向單純化與獨立化兩個方向走，即把東歐和東南亞東北亞的課程大幅取消，而把中國大陸問題研究中的各子科目分開，分別獨立由專業老師授課（褚塡正 2017, 119-135）。不過，根據陳鴻瑜教授的回憶，這項調整受到了校方的質疑，也因此造就東南亞課程重回東亞所的契機：

　　　　「我爲何會到東亞所開課？張所長他有次參加學校教務會議，會上有人質疑東亞所所名和教學課程內容不相符，因爲教學課程都是跟中國大陸有關，建議該所改所名，不然就是增加東南亞和東北亞的課程，才名實相符。在此情況下，張所長遂來找我商量，所以我才到貴所兼課。」（陳鴻瑜 2019，訪談資料）

　　陳鴻瑜教授是江炳倫教授的學生，也是現今國內研究東南亞歷史、政治、國際關係而著作等身的東南亞權威。他自 1980 年至政大國際關係研究中心服務，而從 1992 年起受邀在東亞所兼課，課程則包括「東南亞各國政府與政治」以及「東南亞問題研究」。陳老師的開課，標誌著東亞所東南亞研究的短暫復甦，可惜的是，陳教授於 1995 年 8 月借調至國立暨南國際大學創辦東南亞研究中心，這兩門課又因此停開。

　　有趣的是，陳鴻瑜教授此後的數次轉任經歷，也部分見證了臺灣東南亞研究的正式

---

[1] 根據施哲雄所長的回憶，由於江炳倫教授是華僑出身，所以福建口音很重。但是也因此背景，江教授對東南亞的華僑與少數族群問題很有興趣，著作包括《戰後東南亞華僑研究英文著作之評介》（1972）與《南菲律賓摩洛反抗運動研究》（1999）。

萌芽與生根。自 1990 年代中期開始，由於政府大力推動南向政策（1993），東南亞研究獲得較大的重視，包括淡江大學、暨南大學、中山大學、成功大學等，均陸續設立東南亞研究中心或研究所，而陳教授便先後擔任過暨南大學東南亞研究中心主任、暨南大學東南亞研究所創所所長（1997）、以及自政大退休後轉任淡江大學東南亞研究所所長（2006）。另一方面，1994 年 9 月，中央研究院在新任院長李遠哲的倡議下，成立了「東南亞區域研究計畫」，並開始提供獎學金給以東南亞為論文研究對象的本國籍博碩士生，而激勵了較多年輕學者投入東南亞研究。東亞所於 2016 年新聘的兩位由國關中心轉任的教授：楊昊與孫采薇，都曾是中研院培育計畫的獎助學者。目前楊昊在所內開設的是「中國與東南亞政經發展」（上學期）與「東南亞國際關係專題」（下學期），而孫采薇則開設「東南亞區域政治」（上學期）與「東南亞比較政治」（下學期，英文授課）。另外，東亞所於 2014 年聘任的黃瓊萩教授，對於東南亞的經濟整合及對中國的外交政策，也有深厚的研究。在加入這些生力軍之後，東亞所的東南亞研究，正如同臺灣東南亞研究的整體趨勢一般，呈現盎然生機，並具體表現於下一節將要分析的學生博碩士論文的成果之上。

參、東亞所學生的東南亞研究成果

一、 數量與趨勢

從 1968 年至 2016 年，在東亞所目前有建檔的 775 本碩士畢業論文中，有 35 篇論文有關東南亞，占總數的 4.5%；而在 156 本博士論文中，則僅有 4 篇與東南亞相關，占總數的區區 2.6%（見表 9-1 左半）。不論是以數量或比例來衡量，東亞所的東南亞研究的確不算多。然而，根據張曉威的統計，在 1963～1996 年期間，臺灣各大學有關東南亞研究的博碩士論文數量，若以所別而言，政大東亞所排名第三，僅次於文化大學民族與華僑研究所以及政大外交研究所（張曉威 1997, 75）。但東亞所 1968 年方成立碩士班，1981 年才設博士班。在另一個研究中，林開忠與林坊玲統計了 1962～2007 年臺灣大專院校人文社會學科領域的東南亞研究碩博士論文，則在此期間，全臺灣以東南亞作為研究對象的碩博士論文僅有兩篇（見表 9-1 右半）。[2] 而在 1971～1980 年期間，臺

---

[2] 同時期東亞所也有兩篇有關東南亞的碩士論文產出，分別是碩班第 1 屆的吳正志《戰後西馬來西亞華文教育之研究》與第 2 屆的林國雄《中共與越共關係之研究（1950-1960）》。不過，因為不知林開忠與林坊玲的原始資料，並且本文中的東亞所畢業論文統計是以「學生入學學年度」而非「論文通過年」排序，因此兩套數據之間應存在一至二年的差距，是以不能武斷認定

灣共有 27 篇東南亞研究的論文，於此同時，東亞所則有 10 篇論文有關東南亞，合理推估東亞所在彼年代的臺灣整體東南亞學術研究產出，應占逾三分之一。換言之，1980年代之前，在臺灣人文社會學界普遍忽視東南亞這塊區域之際，東亞所卻是臺灣東南亞研究的先驅與領頭羊之一。

表 9-1　東亞所與臺灣人社學科領域的東南亞研究博碩士論文數量比較

東亞所			臺灣人社學科領域（雙林版）	
學生入學年	碩士論文	博士論文	論文通過年	碩博士論文
1968 ～ 1970	2	（未成立）	1961 ～ 1970	2
1971 ～ 1975	7	（未成立）	1971 ～ 1980	27
1976 ～ 1980	3	（未成立）		
1981 ～ 1985	4	0	1981 ～ 1990	45
1986 ～ 1990	1	0		
1991 ～ 1995	2	1	1991 ～ 2000	111
1996 ～ 2000	2	0		
2001 ～ 2005	3	0	2001 ～ **2007**	212
2006 ～ 2010	3	2		
2011 ～ 2016	8	1	n.a.	n.a.
合計	35	4		398

資料來源：東亞所部分由作者自行統計，臺灣人社學科領域見林開忠、林坊玲（2008, 69）。

　　然而，若從趨勢來看，則東亞所學生的東南亞研究，卻隨著 1970 年代末所上師資的陸續離開以及諸課程的停開，而急速下降。在 1980 與 1990 年代共二十年期間（1981～2000），當臺灣學界東南亞研究論文呈現每十年均倍數成長的整體趨勢之下，東亞所一共只有 10 篇博碩士論文以東南亞為研究對象。至 2001～2010 年，在臺灣東南亞研究受到政府政策激勵而興起的大環境之下，東亞所也開始有較多學生選擇東南亞相關議題作研究（8 篇，其中有兩篇博士論文）；而隨著新一代研究東南亞的學者加入東亞所師資陣容並較具系統地提供東南亞相關課程之後，在 2011～2016 年僅僅六年期

雙林版的兩篇論文均出自於東亞所。

間，東亞所就有 9 篇博碩士論文的提出，達到歷年來的最高點。

二、　研究領域與議題

　　若進一步把 39 篇博碩士論文依照研究領域與議題作分類（見表 9-2），則從學科領域區分，屬於國際關係範疇──即探討國家之間關係、區域組織、或是國際事務相關議題的論文共 32 篇，占總數的 82%。而屬於區域政治範疇──即探討個別國家的國內政治經濟發展相關議題者，僅有 7 篇（18%）。而在國際關係範疇的 32 篇論文中，占最大宗者是探討東南亞各個國家與大國的關係，共計 21 篇，但其中只有一篇是探討美越關係（喬一名，1972 碩班，《美國尼克森總統對越戰政策之研究（1969-1972）》），其他 20 篇都是以中國大陸為主要關切對象，所探討的議題包括各國對中國外交關係與邊界事務者 12 篇，中共與其他共黨關係者 3 篇，中國對東南亞安全戰略的影響者 3 篇，以及中國對周邊國家的文化滲透與統戰者 2 篇。其次，是以東南亞國家國協這個區域組織為研究主體的論文，共有 8 篇，這其中多達 5 篇是探討中國在不同議題上對東協的影響，只有 1 篇關切的是東協與日本的關係──並且是由日本籍學生所撰寫（物田耕造，1981 碩班），而只有 2 篇是關心東協本身的發展與經濟合作等議題。最後，有 3 篇論文的研究焦點是南海問題，包括探討美國與中國的南海政策、以及特定南海主權聲索國的立場。另一方面，在區域政治範疇的 7 篇論文中，「華人」則成為明顯的關切焦點，包括有 2 篇論文探討印尼華僑或華人政策，2 篇論文探討馬來西亞的華文教育或華人政黨組織；而剩下的 3 篇論文，則分別討論了緬甸軍人在政治上的角色、新加坡現代化歷程、以及馬來西亞公民社會的發展。

表 9-2　東亞所東南亞研究博碩士論文的議題分類

領域範疇	篇數	議題	篇數
國際關係	32（82%）	與中國關係	20
		與其他大國關係（美越）	1
		東協與中國關係	5
		東協與其他國家關係（日）	1
		東協組織發展	2
		南海議題	3

（接下頁）

領域範疇	篇數	議題	篇數
區域政治	7	政經發展議題	3
		族群（華人）議題	4

資料來源：作者自行統計。

從以上的整理可以清楚看出，由於東亞所的學生所受的學術訓練內容是以中共政權與中國大陸為中心，因此其論文題材的選擇，即便是以東南亞國家或區域組織為研究對象，還是不脫以中國大陸為關切的核心。總結來說，在 39 篇論文中，從題目上便顯示與中國大陸有直接相關者，即占 28 篇（表 9-2 灰色欄），占總數的 72%。

三、 研究國家

最後，若把前述 39 篇博碩士論文，去除以東南亞整體或東協為研究主體的 15 篇論文後，則有 24 篇是以東南亞單一國家為關注對象的研究。而依照研究國家作分類，則如表三所示，東亞所學生較多以越南（6 篇）、印尼（6 篇）、以及馬來西亞（5 篇）三國為主要研究對象，緬甸與新加坡也各有 3 篇論文，泰國研究僅有 1 篇，其他東南亞國家則是掛零。這個趨勢是跟臺灣整體趨勢略有不同的：依據林開忠與林坊玲的統計研究，在 1962～2007 年期間，研究國家的熱門排行榜前三名是新加坡（78 篇，19.6%）、馬來西亞（70 篇，17.6%）、與泰國（56 篇，14.1%），而繼之以越南與東南亞研究的各 52 篇（13.1%），印尼的 44 篇，菲律賓的 25 篇，以及柬埔寨的 6 篇。不過，從表 9-3 也可以看出，至少到 2007 年為止（東亞所則是 2016 年止），國內的東南亞研究，尚未將觸角伸向汶萊、寮國與東帝汶這三個國家。

而根據林開忠與林坊玲論文的分析，新加坡、馬來西亞、與泰國雖然是臺灣東南亞研究的熱點，從時間上來看，論文明顯增長時期，卻是 1991 年代以後的事。究其因，則與歐美的東南亞研究一樣，臺灣的東南亞研究也是在臺灣政治、經濟、與文化發展下的產物，而晚近二十年間，臺灣與東南亞國家較有綿密互動，新加坡、馬來西亞、與泰國三國，又有比例較大的華人族群，而與臺灣有較多的文化類似性。相較之下，東亞所的學生從 1960 年代末期，便對越南與印尼兩國展現較多的研究興趣，這應該是著眼於兩國與中國大陸的特殊關係：越共與中共雖同屬共黨政權，但從中越戰爭、到領土糾紛、到南海議題，兩國都顯現高度緊張的態勢；而印尼與中國自 1967 年因前者的反共與排華殺戮而斷交，直至 1990 年復交後，才開始有互助合作的可能，並牽涉到印尼對於境內華人群體的政策方針。此外，緬甸與中共在地緣政治上的親近性以及複雜關係，

也解釋了在國內緬甸研究相對稀缺的其況下，東亞所仍有 3 篇針對滇緬界務、中共革命輸出、以及緬甸軍事政權變遷等議題作探討的原因。而在 2010 年代因為新生代學著注入東亞所，其對於東南亞研究議題的多元關懷，也影響到學生的論文選擇，一個明顯的例子便是楊昊教授所指導的學生，論文題目便包括孔子學院在東南亞的擴展（趙嵎，2009 碩班）、與馬來西亞以及新加坡對中國的經濟園區外交（吳九穎，2014 碩班；呂佳蓉，2014 碩班），而這些議題都與中國在東南亞晚近勢力拓展的新形式有關。

表 9-3　東亞所東南亞研究博碩士論文的主題國家

國家	東亞所 博碩士論文數	臺灣人社學科領域 博碩士論文數
東南亞／東協	15（38.5%）	52（13.1%）
越南	6（15.4%）	52
印尼	6	44
馬來西亞	5	**70（17.6%）**
緬甸	3	14
新加坡	3	**78（19.6%）**
泰國	1	**56（14.1%）**
菲律賓	0	25
柬埔寨	0	6
合計	39	397

資料來源：東亞所部分由作者自行統計，臺灣人社學科領域見林開忠、林坊玲（2008, 71）。國家排序以東亞所論文數多寡為依據，而雙林版的前三名則以粗體強調之。

最後，研究對象國家的選擇，很大程度也與學生的背景有關：日本籍的學生關心東協與日本關係（物田耕造，1981 碩班）、馬來僑生則關心馬來西亞國家機器與公民社會的關係（潘永強，1996 碩班）、泰國籍學生會從文化軟實力的角度看中泰關係（林漢發，2006 碩班）、越南籍學生則始終心繫於越中的領土邊界問題（寧靈龍，2011 碩班）。此外，由於東亞所有為數不少的在職學生就讀，因此個別外派經驗也當然的影響到論文題材的選擇：曾有外派新加坡經驗的 13 屆博班學生謝福進（1993），寫就了後冷戰時期中共與東協安全戰略關係之研究，而曾駐印尼二十餘年的 33 屆博班學生鄧克

禮（2013），理所當然的關心印中關係，甚至其公子 49 屆碩班學生鄧峻丞（2016）、也因兒時生活體驗而選擇研究印尼華人政策的變遷。

肆、展望

　　東亞所的東南亞研究，在所上的定位自始便是學術補充的性質：由於其與中國大陸地緣相近，不論是從歷史文化層面、抑或是政治經濟發展上，均呈現剪不斷理還亂的複雜態勢；並且此區域是亞洲外交與政治舞台拼圖上，雖不是最重要卻不可或缺的環節，因此東亞所既身居中國大陸研究的重鎮，對東南亞區域的研究，也不可能避而不談。然而，因為終究不是核心關懷對象，在臺灣東南亞研究氛圍活絡之前，東亞所雖起風氣之先，卻因支援師資的不足，授課時斷時續，而終未能形成穩定的氣候。不過，臺灣自從 1993 年以降，在數波政府南向政策的激勵下，東南亞研究已從初期各個學術單位篳路藍縷的單點奮鬥，逐漸發展到研究網絡與人力資源培育的建制化，而至目前東南亞學術社群的穩定以及議題觸角的豐富與多樣化（楊昊、陳琮淵 2013, 3-26）。在此整體潮流之下，東亞所雖不再是東南亞研究的領頭羊，卻身居網絡之中的一員，反而享受著比以往更為充裕的研究支援體系，而這不論是對於教師們的長期研究、課程的持續、與學生的培育，都是相當可喜的發展，並且也落實了東亞所創所者的部分初衷，從學術傳承的角度來看更具意義。

參考文獻

吳玉山、褚填正，2018，〈東亞所的創建與中國大陸研究：政治與學術的互動〉，《東亞研究》，49（2）：1-28。

李國祁，1997，〈憶叔心師兼論其在印度史及東南亞史上的貢獻〉，《愛國與愛才：懷念吳俊才先生文集》，臺北：灝皓文化

林開忠、林坊玲，2008，〈臺灣的東南亞研究博碩士論文：現象與分析〉，《亞太研究論壇》，41：66-75。

張曉威，〈臺灣各大學研究所有關東南亞研究博碩士論文統計分析〉，《東南亞季刊》，2（2）：74-79。

陳琮淵，2004，〈臺灣東南亞研究的十年回顧座談會〉，《亞太研究論壇》，25：134-137。

陳鴻瑜，1996，〈臺灣的東南亞研究：回顧與展望〉，《東南亞季刊》，1（2）：66-74。

楊昊、陳琮淵，2013，《臺灣東南亞研究新論：圖象與路向》，臺北：洪葉文化。

褚填正，2017，《當代中國學在臺灣：政治大學東亞研究所的肇基與嬗遞（1968-2015）》，臺北：臺大政治系中國中心。

附錄：東亞所歷屆的東南亞研究畢業論文（入學年 1968～ 2016）

	學年	屆別	姓名	論文題目	指導教授
1	1968	1	吳正志	戰後西馬來西亞華文教育之研究	高　信
2	1969	2	林國雄	中共與越共關係之研究（1950-1960）	崔垂言
3	1971	4	蔡達棠	東南亞國家區域經濟合作之探討	李登輝
4	1971	4	廖添富	滇緬界務之研究	李毓澍
5	1972	5	喬一名	美國尼克森總統對越戰政策之研究（1969-1972）	杭立武
6	1972	5	張榮恭	中共「九大」後對海外華人之統戰工作	陳裕清
7	1973	6	王錫圭	馬共與中共關係之研究	杭立武
8	1973	6	劉天均	中共與印度尼西亞底關係	尹慶耀
9	1974	7	蔡燦汶	新加坡現代化發展過程	李登輝
10	1976	9	李定國	東南亞國家協會之研究	陳水逢
11	1977	10	古梓龍	戰後印尼對華僑政策之研究	陳水逢
12	1979	12	侯水源	中共對東協國家的外交政策	江炳倫
13	1981	14	物田耕造	東南亞國家協會與日本之關係	陳水逢
14	1982	15	陳美玲	中共革命輸出─緬甸個案分析	段家鋒
15	1984	17	彭慕仁	中共懲越戰爭的決策	蘇　起
16	1984	17	徐尚禮	印尼蘇卡諾政權與中共外交關係	江炳倫
17	1986	19	何忠良	西馬華人政黨政治之研究	江炳倫
18	1991	24	張執中	中共對南海政策：外交與軍事手段之運用	邱坤玄
19	1994	27	江雪秋	緬甸軍人與政治變遷	陳鴻瑜
20	1996	29	潘永強	馬來西亞國家機關與公民社會之研究	陳鴻瑜
21	1999	32	鍾延麟	1990 年代中共與新加坡關係發展之研究	陳鴻瑜
22	2002	35	楊蕙嘉	中國──東協自由貿易區計劃對東亞區域安全的影響	林碧炤

（接下頁）

	學年	屆別	姓名	論文題目	指導教授
23	2004	37	金佑霖	胡錦濤時期中共的東南亞安全戰略	邱坤玄
24	2005	38	潘振綱	冷戰後中共國家安全觀與安全戰略：對東南亞安全合作之意涵	邱坤玄
25	2006	39	林漢發	21世紀中國與泰國關係之研究：從文化軟權力的角度分析	邱坤玄
26	2007	40	林彥榕	糧食安全對國家參與國際建制的影響研究——以中國與東協建立東協十加一為例	邱坤玄
27	2009	42	趙晧崵	周遊列國？還是文化滲透的國際化？孔子學院在東南亞與中國形象政治的在地重塑及反饋	蕭新煌,楊昊
28	2011	44	寧靈龍	1991年以來越——中關係正常化後領土邊界問題之探討	朱新民
29	2011	44	鄭勇志	後中國－東協自由貿易區：印尼的衝擊與調適	顏良恭,吳德美
30	2011	44	黃華璽	再平衡VS.核心利益——美國重返亞洲對中國南海政策之影響	劉復國
31	2012	45	江宜澂	21世紀中共周邊外交戰略之研究——以東南亞國協為例	邱坤玄
32	2014	47	吳九穎	走出去？引進來？中國與馬來西亞兩國雙園合作架構中的互賴關係	楊　昊
33	2014	47	呂佳蓉	新加坡對中國大陸的園區外交（1990-2016）	楊　昊
34	2014	47	劉安恬	南海議題上的越南立場——新現實主義下的代理人戰爭	邱坤玄
35	2016	49	鄧峻丞	印尼對華人政策研究：對華政策自主性的喪失	黃瓊萩
博班					
1	1993	13	謝福進	後冷戰時期中共與東協安全戰略關係之研究	陳鴻瑜
2	2006	26	林祈昱	跨越地緣經濟：越中邊境合作與灣經貿策略	康榮寶
3	2010	30	周美伍	21世紀中共海權發展及其對亞太安全之影響：決定論與路徑論的對話	邱坤玄
4	2013	33	鄧克禮	印尼「互助外交」及其與中共關係之研究	李　明

第十章

尋求學術研究與政策分析平衡的中國研究：
東亞所的志業

王信賢、趙春山

壹、前言

社會學大師韋伯（Max Weber）曾在 20 世紀初發表關於「政治作為一種志業」（Politics as a Vocation）與「學術作為一種志業」（Science as a Vocation）兩場著名演講，深入分析學術知識與政治行動的性質、條件與限制，後也成為其傳頌一整個世紀的經典著作（Weber 2014）。關於學術與政治的分野，韋伯所指的對象雖屬個體層次，然而就組織層次或整體學科發展而言，仍具有極高的參考價值。就此，本文將從下列兩個相關聯的面向進行討論：一是「中國研究」（China studies）的性質，另一則是政治大學東亞研究所（以下簡稱「東亞所」）創所初衷與演變。

就第一個面向而言，不論從歷史或實際政治經濟發展來看，中國大陸對臺灣的重要性不言可喻，而「中國研究」對臺灣學術界而言當然也具有不同的意義；甚至有學者主張，由於中國本身發展歷程的特殊性，再加上其對臺灣的重要性，「中國研究」確實可以成為一門與政治學、經濟學或社會學等專業學科等量齊觀的「中國大陸學」（李英明1995）。然而，如同吳玉山教授所言：「大陸研究與兩岸關係對臺灣是生死攸關的大事，研究者需要懍於本身的使命，提醒大眾的注意，喚起政府的重視。臺灣的大陸研究禁不起抽象的空談，而需要有實用性。」（吳玉山2017）就此而言，「中國研究」對我國而言，不僅僅是學術研究，且是重要的政策研究。

就第二面向而言，身為國內中國大陸研究最具傳統的政大東亞所，其發展也和大環境緊緊相扣。東亞所雖設置於大學之中，但從創所之初就負有政策任務，如其官網所介紹：「民國56年2月14日，先總統　蔣公召見本所創所所長吳俊才先生時，面示創辦本所，由國立政治大學與改制前之『中華民國國際關係研究所』合作設立，目的是培養反共思想鬥爭的人才，分門別類研究共黨問題，有系統的整理和出版有關資料，並聯繫國內外的學者專家。」[1] 可見東亞所的設立具有極高政治意涵，但隨著時間的推演，其

---

[1]　參考國立政治大學東亞研究所網站：https://eastasia.nccu.edu.tw/intro/pages.php?ID=intro1。

政策色彩逐漸淡化，逐漸走向「學術研究」，然卻也因歷史遺緒與傳統而與政策研究分不開。

　　本文有兩個主軸：以「學術研究與政策研究」關係爲主、「區域研究與學科研究」關係爲輔，探討東亞所創所迄今的發展與變遷。除在文獻上探討前述兩關係外，本文也訪問了三位曾在政府部門或熟悉我國大陸政策決策過程的所友，以其親身經驗說明學術與政策研究間的平衡，以及東亞所在此方面的發展與挑戰。

貳、學術研究與政策研究的對話

　　1950 年代行爲主義（Behaviorism）盛行，政治學乃至於整個社會科學界爲了讓研究更爲「科學」，便以自然科學的研究策略和目標爲學習的典範。Gabriel Almond 與 Stephen Genco（1977）在一篇名爲〈雲朵、時鐘與政治研究〉（Clouds, Clocks, and the Study of Politics）的文章中則提出反思，其中，時鐘代表規則、可預測性與精準，也就是「學科」的要求；而雲朵則意味著變化萬端、無一固定型態，用以形容現實政治。換言之，政治學研究往往會在「學科要求」與「現實政治」間抉擇。同樣地，學科研究與區域研究間的張力亦復如此。

　　就此觀之，研究大致可分爲政策導向研究與學術導向研究兩種，有學者甚至提出雙社群理論（two-communities theory），強調學術研究者與政策制定者兩個社群是處於迥然不同的兩個世界，且各有不同的價值與態度（Caplan 1979）。比較兩者，至少有以下區別：

　　就目的而言，政策導向研究是爲了在決策、執行與評估等政策過程提出建議，也就是透過研究獲得研究結果，據此提供意見以解決政策問題或作爲政策制定的參考依據；而學術導向研究的研究目的則是爲了知識生產及知識創新，或經由研究來滿足研究者的研究興趣並累積學術資本。以國際關係研究爲例，學術研究通常探討世界觀或政治哲學層面的論題，將具體的國際問題作爲個案來研究，目的是爲了達到理論上的抽象或總結出國際政治的科學規律。而對於國家外交部門或決策機構面臨的許多具體問題的研究，尋求出對策方案，則往往指向政策性研究。由於一個國家所面對的具體國際問題變動不居地變換，這類研究若不是抱有影響政策的目標，可能很快就會失去價值（Walt 2005）。

　　其次，在研究產出時效方面，政策研究由於涉及政策實施或檢討的時效性，較學術研究所需的時間更短，學術研究可以多次修改到作者或審查人滿意爲止；但政策研究則

無法如此。再者，也正因時效性，兩者在使用的語言與邏輯推演方面也有所不同，學術專業術語是學者彼此交流的共同語言；但這些專業術語缺乏一般性與通俗性，因此當這些學者的理論放到政治圈時，往往使得學術界與政治圈的溝通產生落差；而政策研究也不像學術研究需歷史背景描述與詳細的邏輯推演，多僅需政策的研析與建議。

　　最後，兩種研究所在的機構有著極大的差異。一般而言，政策研究者多任職於智庫（think tank），而學術研究者多任職於大學或研究機構。以美國為例，智庫為一種相對穩定且獨立運作的政策研究和諮詢機構，其具有獨立性、非營利性、從事政策研究以及以影響政策為目的等特性，往往被認為是橋接知識與權力的重要機制（Stone 2007; UNDP 2003），也被稱為「沒有學生的大學」（university without students）（Weaver 1989）；然而，智庫與一般大學有著極大的差異。曾擔任美國密西根大學政治系教授、布魯金斯學會（Brookings Institution）資深研究員兼中國中心主任，且於 1998 年至 2000 年間擔任國家安全事務總統特別助理兼國家安全委員會亞洲局資深主任的李侃如（Kenneth Lieberthal）即提到：

　　　　我發現在美國重要的研究型大學，歡迎學者作研究，得出有意思的結論，出版研究成果，但坦白地說，他們並不關心這些成果對決策或對世界產生哪些影響。他們所要的是產生新知識；而布魯金斯學會則希望研究者產生新的理解，並使這些理解在世界上產生影響，對中國、美國或其他國家的政策產生影響。

　　此外，不少觀察家已經注意到學術工作者與政策研究者間的認知差距正在日益增大。Joseph Lepgold 和 Miroslav Nincic（2001）認為，近年來學者和政策研究者及政府官員間的專業性鴻溝大大加深，許多學者不再嘗試走出象牙塔，這些實際政策參與者也將會越來越忽視他們。Bruce Jentleson（2002）也提出類似的看法，其認為問題不僅是理論和政策間存在差距，而是這一猶如斷層般的鴻溝近年來在日益加大。針對此一問題，中國大陸國際關係學界也提出深刻的反省。知名學者王緝思（2009）即於「國際政治研究」組織一期關於「學術研究與政策研究」的專刊，其中有學者甚至呼籲「多研究些問題，少談些主義」（王棟 2009）。

　　就此而言，我們發現學術研究與政策研究似乎有所差異，但其間是否真具有不可調和的衝突？能否於其中尋求平衡？以下我們將就這些問題觀察東亞所的使命與發展。

參、帶有智庫性質的學術研究機構

超過半個世紀以來，西方特別是美國的中國研究，受到國際政經格局、社會科學研究方法典範、美國國內學術資源分配，以及中國政經制度變遷等的影響，歷經了不同階段的變化，也產生方法論典範的轉移（Shambaugh 1993; Walder 2004; 王信賢 2000）。而臺灣中國研究的發展與美國當代中國研究的建立類似，受到國際政治、兩岸關係以及臺灣政治發展的影響甚深，從早期的「匪情研究」（1949～1978）、中期的「大陸研究」（1978～1992 年左右），到「當代中國研究」（1992～）等共可區分為三個階段（楊開煌 2000; Kou 2014）。而東亞所從創立迄今，我們都可以發現其與臺灣中國研究的命運與大陸政策關係密切，我們可以從以下幾方面看出，東亞所的教師或所友，不論是實際的政策制定亦或是參與政策研究，基本上是學術機構與智庫的「有機結合」。

一、 東亞所創設目的

如前文所述，東亞所成立的目的是「培養反共思想鬥爭的人才」。在褚填正（2017, 35-196）書中的訪談記錄可發現，國民政府來台之時，關於共黨與大陸問題的研究僅限於情治與軍事單位，除了這類單位培養少數相關人才外，沒有一個學術機構有計畫、系統性地培養大陸研究專家，導致形成研究梯隊的斷層。因此吳俊才先生 1967 年向層峰建言，應迅速成立一個培養對敵鬥爭高級理論人才的研究所。並在蔣中正總統與蔣經國先生指示下成立東亞研究所。國際關係研究所（國際關係研究中心的前身）與東亞研究所間的關係極為密切，國研所是政府的重要智庫，專門負責國際與大陸問題上提供建言予政府參考，國研所為研究單位，東亞所則為教學單位，早年在東亞所表現傑出的研究生，日後可在國研中心實習，甚至畢業後可進入國研中心擔任研究工作。

劉曉鵬（2013）也指出，背後是國家最高領袖與國家安全局的政大東亞研究所，自然是為國家安全而培養人才，故「不能走一般大學之學術道路，我們要培養品學兼優，且富國家觀念之革命人才」。也因如此，考取的學生除須注重學科分數外，還須通過調查局安全查核。東亞所的位址與「國際關研究所」在一起，而非位於政大的木柵校園，初於臺北市區內的公企中心，後於指南山下授課，充分顯示其特殊性。故東亞所的創立與國家的命運分不開，本文一位受訪者即指出：「從東亞所創立的歷史，由蔣經國要求吳俊才先生創立專門培養『反共思想鬥爭人才』的研究所就可知道，東亞所不只是學術研究，也包括政策研究，甚至是對重大政策的參與。早期東亞所學生畢業，吳俊才老師

都會協助、分配同學的工作，包括國民黨、政府、研究單位與媒體等。」[2]

二、 大陸情勢研析

在前述「匪情研究」階段中，由於具有強力的政策任務，研究對象多以中共高層政治為主，常見的議題是屬於「高階政治」（high politics）的精英政治、黨史、意識型態、解放軍與外交等，主要研究方法是歷史研究或個人經驗推斷，是一種「看照片、猜測、閱讀秘件」的方法，研究機構、社群主要為與黨國關係密切的人員，或國家成立的研究單位，其研究目的乃是「敵情研究」。而由於研究者多側身於黨政研究機關中，研究對象以中共中央政權為主，由於國民政府過去和中共有長期鬥爭的經驗，因此掌握了一批難得的歷史文獻，又有情報單位在敵後蒐集資料，以及許多研究員個人親身經驗，因此特別專長於意識形態、中共黨史和中共的派系鬥爭，也因此對中國大陸實際政治發展的情報判斷也特別精準（吳玉山 2000）。

針對此，一位受訪者也指出：「東亞所的教育是『共產黨的觀點看共產黨』，用共同的語言（same language）更容易溝通，也可增加彼此互信，理解會更深入，這都有助於政策研究。最重要的是，這套訓練讓我們可以區辨哪些是真實的，哪些是中共所宣傳的。」[3] 其又提及：「對中國大陸重大事件的研判，東亞所一直都是最準的，包括早期老師輩如郭華倫老師等對『文革』是政治鬥爭的判斷，或是後來對『六四事件』、『九六台海危機』的判斷都是。當初對於中共會如何應對、採取何種行動都經過沙盤推演，事後證明很準。甚至也都參與了大陸政策文件或總統講話的撰寫。」[4]

三、 政策參與

而與前述相關的則是對政策制定的實際參與，從時序來看，東亞所的老師或所友在不同時期均發揮重要的政策影響力。東亞所在各任總統時期一直跟實際的大陸政策高度相關：

（一）「兩蔣」時期：東亞所前幾期學生，時任行政院副院長的蔣經國還都一一召見，除研究成果配合「國際關係研究所」外，當時課程的安排與講師，除了原本作「匪

---

[2] 作者訪談，受訪者 A，2018 年 6 月 28 日。
[3] 作者訪談，受訪者 A，2018 年 6 月 28 日。
[4] 作者訪談，受訪者 A，2018 年 6 月 28 日。

情研究」的之外，也請政府官員來上課。根據曾永賢教授在《從左到右六十年》一書中所述：「臺灣的『匪情教育』是從 1968 年成立政治大學東亞研究所開始，從第一期開始本人就擔任兼任教授。東亞所創立初期亦邀請在政府部門表現優異的官員擔任兼任教授，如當時在『農村復興聯合委員會』（農復會）工作的李登輝前總統，由於農業經濟專長被延攬至東亞所授課，兩人也因此結識。」（曾永賢 2009, 189）

（二）李登輝時期：1988 年初李登輝繼任總統，6、7 月間在學術界成立四個研究小組，包括政治組、經濟組、外交組以及大陸組等，大陸組由畢英賢擔任召集人，成員有趙春山、曾永賢、吳安家、趙先運、張榮豐等（曾永賢 2009, 222），其中大陸組的成員基本上都是跟東亞所有關。而在此時期，不論是政府的國家安全委員會副秘書長張榮豐，或國民黨中央大陸工作會主任張榮恭等，都是東亞所所友。甚至與對岸某些「管道」的建立，也都是透過本所所友。

（三）陳水扁時期：此一時期主要是透過重要的智庫，如「中華歐亞基金會」作為主要的決策依據與參考，其中「歐亞」的主要成員也是以東亞所所友為主，雖屬「參贊」性質，但對政策還是很有影響力。

（四）馬英九時期：這時期東亞所更多人協助馬政府處理大陸政策與兩岸關係，如馬政府國家安全委員會中，兩任負責大陸與兩岸情勢的諮詢委員都是東亞所的，也包括擔任陸委會副主委的趙建民。而在 2015 年 11 月所舉辦的「馬習會」更不用說，坐上談判桌的國安會諮詢委員邱坤玄、幕後運籌帷幄、時任亞太和平研究基金會董事長的趙春山，以及負責與媒體專業溝通的淡江大學大陸研究所張五岳教授等，都是東亞所老師或所友。[5]

四、 歷史資產與意義

如前所提臺灣中國研究的三個階段，到了第二與第三階段的「大陸研究」和「當代中國研究」，從知識社會學（Sociology of Knowledge）的角度而言，中國的改革開放、兩岸關係張力的緩解、社會科學典範的移轉以及學術人才的世代交替等，都使得臺灣中國研究的研究議題、研究方法或研究社群發生轉變。首先在研究議題方面，隨著鄧小平南巡後中國更加開放，兩岸關係趨於和緩、交流加速，使得與中國相關的資訊越來越容易取得，此時期的研究範圍不僅從中央層次到地方層次，研究議題也從「國家中心」擴增至「社會中心」。其次，大量的歸國學者加入研究行列，研究方法以西方社會科學為

5　作者訪談，受訪者 A，2018 年 6 月 28 日。

主，開始運用田野調查以及量化統計，研究典範則多追隨美國學術界潮流。最後，各大專院校開始成立相關研究所，各專業學門如政治學、經濟學、社會學與法律等也開始加入中國研究行列，使得中國研究成爲「顯學」。換言之，臺灣中國研究開始從「政策研究」轉向「學術研究」。

東亞所的發展當然不可能置身在此潮流之外，從過去「獨占」到競爭者劇增，從主要集中在中共黨史、意識形態教育到社會科學研究，更多元研究方法的引入等，都讓其承受更大的壓力。然而，正如陳至潔（2016）所言，過去包括對中共政治菁英的人格與其社會背景的分析，以及對中共派系鬥爭與高層政治人事更迭的關注與解釋，此部分在「匪情研究」學術化的過程中被保留下來，成爲臺灣下一代中國研究學者的必修課程。這多少也可以解釋爲何在冷戰過後、已經民主化的臺灣，其中國研究學者仍舊比他們的西方同行更爲關注中共黨史、中共意識型態變化、以及中共政治菁英選任過程等特定研究議題。可以說，冷戰時期臺灣的知識權力關係仍然明顯地建構了現今吾人所強調具有「臺灣特色」的中國研究典範。

除此之外，東亞所對大陸的深入了解，也有助於其與大陸學界、智庫的交往。根據陳德昇與陳欽春（2005）的研究，其透過大量的問卷調查後顯示，兩岸學術交流成效之良窳，主要的關鍵在於交流網絡的結構與相互信任的建立，而「網絡」與「信任」這兩項重要的學術交流評估指標，正是當代社會資本理論闡釋人類社會互動的實質內涵，也是兩岸營造共同利益的基礎建構。此外，在「交流方式評估」方面，「蹲點研究」的實質效益最受學者專家的肯定，而「交換教授或邀請講座」也是務實交流重要方式。

事實上，不論是關係網絡或是「蹲點」都是東亞所的強項，一位受訪者提到：「關於大陸的『基礎知識』以及『兩岸互動』都是東亞所最擅長的，也是過去遺留的資產，不論是對學術或政策研究都有幫助。」[6]而另兩位受訪者也不約而同、更具體提及：「黨史、意識形態是最基礎的，可以抓到中共的眞實面，另外就是實際的調查，『沒有調查就沒有發言權』，東亞所與大陸的交流也是最早的，現在大陸很多資深的涉臺人士一開始都是東亞所邀請的。很多大陸涉臺人士也都一再說，『還是東亞所較了解我們』，這是有道理的。」[7]

6　作者訪談，受訪者 C，2018 年 7 月 18 日。
7　作者訪談，受訪者 A，2018 年 6 月 28 日。作者訪談，受訪者 B，2018 年 6 月 27 日。

肆、東亞所與臺灣中國研究面臨的機遇與挑戰

如前所述，東亞所過往在政策研究方面有其優勢，但在 1990 年代臺灣中國研究向學術研究轉型過程中，卻也面臨諸多挑戰，其中不僅是東亞所本身的問題，也涉及區域研究的性質、學術環境與評價標準等因素。故在政策研究與學術研究結合或平衡方面，我們認為有以下需要加以省思。

一、 區域研究與學科專業間的張力

對東亞所這類區域研究所而言，「區域研究」與「學科專業」間的張力一直是長久存在的問題，如同〈雲朵、時鐘與政治研究〉一文所述，學科專業所要求的是規則與可預測性，然而區域研究所著力的是對研究對象系絡的深入了解以及發展動態的掌握（Almond and Genco 1977）。學科研究感興趣的往往是理論問題，研究對象作為一種個案，如政治學、經濟學、社會學等分別對中國政治、經濟與社會議題感興趣，以此來回答學科的理論問題，中國為一研究個案，藉以支持或批判學科理論；而對區域研究者而言，其可能更關心「中國」本身的發展動態，並透過中國的歷史、政治、經濟、社會、文化等「科際整合」予以解釋，兩者的要求與追求的目標顯然有些差異。

關於此，Kevin O'Brien（2011）在反思美國中國政治研究後認為，在美國的中國政治學研究中有兩種趨勢，其一，學科定位在不斷增強，尤其是年輕學者，中國政治研究和其他區域政治研究一樣，幾乎都被合併到比較政治和國際關係領域，回答的問題多不是區域的問題，而是理論的問題。其二，研究中國政治的學者傾向於選擇相對狹小的課題，也缺乏將其研究發現與政治體制運作結合起來。此種學科專業化有著令人擔憂的後果，包括不鼓勵跨學科的以中國為中心的討論，形成一種被新的學科術語和狹窄的關注點所隔離的研究孤島（Islands of research），其不僅抑制跨學科的研究，也阻礙我們對中國的政治、經濟以及社會形成整體認識的努力。

此外，這也涉及到研究方法的採用，Lieberthal（2010）即認為，早期美國政治學者所受的學術訓練很傳統，即大量閱讀相關資料，然後找出自己感興趣、試圖回答的問題，幾乎不用當下在美國政治學界頗為盛行的模型、博弈論、統計等研究方法。而現在很多年輕學者、學生他們研究一些不太重要，但卻可運用複雜的研究方法的問題，這使得美國政治學界培養的研究者過於強調方法，而缺乏對中國宏觀且深入的了解。

就此看來，區域研究與學科研究間確實存在張力，對教學機構而言最重要就是體現在課程上，過往東亞所課程包括中共黨史、意識形態，以及諸多選修課程也多是與中國

大陸爲核心的相關課程。事實上，東亞所之所以以此爲名，除了當時政治氣氛外，還有其他考量，一位受訪者提及：「創所之初東亞所不只作中國大陸研究，也作中國大陸周邊國家區域研究，包括印度、東南亞以及俄國，創所所長吳俊才強調也必須從周邊的區域來看中國大陸，這樣才會看得更清楚。」[8]

　　事實上，東亞所在 1980 年代就開始意識到要從過往的中共研究轉向社會科學，其中有一個很重要的作法是鼓勵老師出國留學，吸收更新、更多的社會科學理論與方法。以本文作者之一趙春山教授爲例，當時政大歐陽勛校長同意其留職留薪兩年，再加上國科會（現科技部）給予兩年補助總共四年到美國喬治城大學，所學的就是「比較共產主義」，以及如何把社會主義國家研究理論化的問題，回到東亞所接任所長後，增加東亞所三方面的課程，第一是社會科學研究方法，第二是比較政治研究，第三是共黨國家的社會問題，這也就是爲什麼東亞所後來會有中國大陸社會相關課程的原因。此外，從課程上來看，東亞所也強調從中國傳統文化看中國大陸的發展，所以有不少跟中國文化相關的課程，甚至聘請錢穆、陶希聖等大師來開設相關課程。就此而言，東亞所對學生的訓練以對中共黨史、意識形態爲主，並結合了西方社會科學理論、周邊國家研究，再加上中國的傳統文化，透過多方面了解中國大陸的發展。

　　就目前而言，作爲區域研究所，認識研究對象乃是基本功，以碩士班爲例，「中共黨史」依然列爲必修課程，爲全局性認識大陸，其他「群修課」包括「中共政治發展」、「中共經濟發展理論與政策」、「中國大陸社會轉型與變遷」、「中共對外關係」以及「兩岸關係：理論與實務」等，然而，爲適應學科發展，「研究方法與論文寫作」則列爲必修，此外，目前許多課程是試圖平衡「學科專業」與「中國現況」的，例如：「中國大陸與國際政治經濟學理論專題」、「國家理論與中國研究」、「組織理論與中國研究」、「新制度主義與中國研究」、「比較政治經濟學與中國大陸研究」、「國際關係理論與中共外交」、「比較政治與中國政治」、「國際關係與中國對外政經發展」與「跨國主義與中國大陸的人權」等。兩位受訪者也同時提及：「東亞所由於沒有大學部，我們的學生來自四面八方、五湖四海，各學科訓練都有，上課常常因此激盪出討論的火花。」[9]

　　就次而言，東亞所課程的安排致力於平衡學科理論與區域發展，一方面能從學科的理論關懷觀察中國大陸發展，另一方面也能將中國大陸的發展反饋、檢視理論的適用性，有助於學生同時理解學科理論與中國大陸現實。

---

[8]　作者訪談，受訪者 A，2018 年 6 月 28 日。
[9]　作者訪談，受訪者 A，2018 年 6 月 28 日。作者訪談，受訪者 B，2018 年 6 月 27 日。

二、 學術研究 vs 政策研究

在論及學術研究與政策研究的平衡時，身在學術機構的我們應要問的是「何種研究較能解決政策問題？」根據一份針對 10 個國家、2,700 多名從事國際關係研究與教學的學者所作的調查，將國際研究進一步區分為理論分析、量化分析、政策分析、區域研究、歷史個案研究、當代個案研究與形式模型等，其中一個問題是關於「國際關係研究對政策制定者是否有幫助」（Jordan, Maliniak, Oakes, Peterson, and Tierney 2009）。

從下表中我們可發現，縱使在個別國家「政策分析」與「區域研究」對政策制定者的助益各有高低，但整體而言，「區域研究」是高於理論與方法研究，甚至也高於「政策分析」，此外，「當代個案研究」亦獲得諸多研究者的肯定。這可以說明，研究者在「區域研究」與「當代個案研究」的客觀分析往往可以獲得決策者的重視。此外，理論與量化分析影響有限，而其中形式模型幾乎被所有國家研究者公認對政策最沒有幫助的。但這恰恰也可以反映出當前學術與政策間的鴻溝，一般學科專業期刊往往對理論、量化與形式模型相關的研究感興趣，而在學界其評價亦較高，而區域與個案研究則反之。

表 10-1　不同類型國際關係研究對政策制定的作用

類別	所有	美國	英國	加拿大	澳洲	紐西蘭	伊朗	以色列	沙烏地	香港	新加坡
理論分析	1.40	1.41	1.33	1.31	1.55	1.48	1.57	1.64	2.00	1.43	1.44
量化分析	1.64	1.62	1.68	1.61	1.76	1.60	1.75	1.50	2.00	1.29	1.69
政策分析	2.28	2.30	2.18	2.24	2.48	2.32	2.13	2.29	2.44	2.20	2.19
區域研究	2.31	2.36	2.23	2.15	2.38	2.50	2.04	2.23	2.67	2.07	2.06
歷史個案研究	1.85	1.89	1.76	1.75	1.86	1.67	1.42	1.85	2.11	1.87	1.56
當代個案研究	2.22	2.23	2.16	2.18	2.33	2.43	1.92	2.23	2.33	2.07	2.19
形式模型	0.97	0.97	0.95	0.82	1.10	0.86	1.25	1.00	1.78	0.71	0.94

說明：非常有幫助=3，有點幫助=2，不太有幫助=1，完全沒幫助=0。
資料來源：Jordan, Maliniak, Oakes, Peterson, and Tierney（2009）。

　　然而，學術研究與政策研究間是否存在不可調和的矛盾？Kenneth Lieberthal（2006）即認為，學者可以對研究對象國家的背景資料、政府菁英人事相關的網絡以及語言等各方面提供決策部門參考，亦即良好的學術研究能提供有「附加價值」的見解，當然學術研究的成果必須要與具體問題相關聯，並提出具有解決問題的方案方能對決策者產生影響。從另一個角度而言，決策者若希望制定出更好的政策，也需要提供機會以便從感興趣的學者提供的東西中獲取教益。理論素養可以使得政策研究的學者們變得更加「聰明」，因為理論是政策觀察者或制定者可以掌握的「路線圖」（朱峰 2009）。就此而言，學術與政策間的矛盾並非不能調和，培養具有良好學術訓練和理論修養，具備清晰邏輯思辨和分析能力的下一代決策者，是可以彌補學術與政策鴻溝的（Nye 2008; Goldman 2006）。

　　就此觀察東亞所，如前所述，東亞所老師、所友在政策界表現有目共睹，除直接參與政策規劃與制定外，一位受訪者提及：「東亞所這個系統出來的以各種方式提供政府政策建議，包括擔任政府部門相關委員會之諮詢委員（如陸委會諮詢委員）、參加政府或智庫的政策諮詢，抑或透過媒體發揮影響力等都是。」[10] 而還有一種方式就是直接進入官僚體系，一位受訪者說到：「我在任內幫忙協調、啟動『高考二級兩岸組』，中間經過多少折衝，現在也看到一些成果，很多東亞所所友考上，但近期各部門又開始不重視，這很可惜。最好的方式就是恢復過去的『特考』，才能特用，也才可以形成專業的系統。」[11]

　　從另一個角度而言，在政府服務的經驗，也有助於自身的研究與教學，一位受訪者提及：「過去的研究讓我在政府『學以致用』，而在政府工作的經驗，讓我充分體會到政府部門間協調的重要性，參與政策制定的那種臨場感使得教學更有說服力，這就是學術與政策完整的結合。」[12] 此外，由於過去的歷史，東亞所對於政策研究向來不會偏廢，除對中國大陸發展深入的了解外，從近年來聘請具實務經驗的學者開設如「談判策略」、「策略規劃與管理」、「兩岸政策規劃」以及「區域經貿整合與談判」等課程，亦可看出東亞所在平衡學術研究與政策研究間所作的努力。

---

[10]　作者訪談，受訪者 B，2018 年 6 月 27 日。
[11]　作者訪談，受訪者 C，2018 年 7 月 18 日。
[12]　作者訪談，受訪者 B，2018 年 6 月 27 日。

三、 道路崎嶇、前途光明？

　　就此看來，「中國研究」對我國而言，不僅是專業學科或區域研究之辯，也涉及學術研究和政策研究的分野。但兩者看似可以平衡但是否還面臨其他的挑戰？這不僅是東亞所的問題，也是臺灣中國研究圈都須嚴肅面對的。我們認為有以下幾方面需要強化。

（一）強化與增加專業智庫

　　智庫是一個國家「軟實力」的核心部分，諸如美國的布魯金斯學會（Brookings Institution）、戰略與國際研究中心（Center for Strategic and International Studies，簡稱CSIS）、英國的皇家國際事務研究所（The Royal Institute of International Affairs）、瑞典斯德哥爾摩國際和平研究所（Stockholm International Peace Research Institute，簡稱SIPRI）、日本的野村總合研究所（Nomura Research Institute，簡稱NRI）等知名智庫，不僅在本國的政治、經濟、文化、外交上發揮越來越重要的作用，且其所作的研究報告也具全球影響力。

　　就此觀察臺灣，在相關領域中，政治大學國際關係研究中心在1990年代之前一直是政府國際情勢與大陸政策的重要智庫，而東亞所也長期作為「準智庫」而存在，然而在全面與政治大學「接軌」後，東亞所全面回歸教學單位，而國關中心的角色也有待重新定位。而在與政府關係密切的智庫方面，亞太和平研究基金會、兩岸遠景交流基金會等，雖然具有穩定、制度化的政策研析能力，但專職研究人員有限，多扮演匯集、整合相關學者的角色，而甫成立的國防安全研究院之研析能量仍有待評估。此外，在政黨或民間智庫方面，能夠發揮的亦有限。如此，相較於對岸的涉臺智庫而言，顯然有極大差距。[13]

　　因此，我國實有必要強化、增設相關智庫，一方面，可作為培養政務官的來源，在部分國家，尤其是美國，智庫往往也扮演培育政策人才，特別是政務官，或成為離任政務官發揮其實務經驗的場域，此即政府與智庫間人才流通的「旋轉門機制」（revolving door mechanism）。[14]另一方面，可明確區隔政策與學術的社群，此外，由於國內學術機構的職缺漸趨緊縮的狀況下，也可讓相關系所培養的碩博士人才可以「分流」至政策研

---

[13] 關於中共涉台智庫機構可參閱：朱雲漢、明居正、楊志恆（1997）、郭瑞華（2009）、蔡瑋（1997）與邵宗海、蘇厚宇（2007）等。

[14] 「旋轉門」是美國智庫最具特色的現象之一。美國許多卸任官員，特別是政黨輪替後，會轉到智庫從事政策研究，而智庫的研究者也有不少到政府擔任要職，這種智庫學者、研究者和官員間的流通就是美國的「旋轉門」，此一機制使得智庫的興論影響力滲透到政策制定的各個層面。以致許多智庫被稱爲「影子內閣」、「美國的大腦」。

究機構。

　　針對此，一位受訪者提出另一種方向：「美國有些大學的研究機構，雖然在大學裡，但政策研究作得很好，也不影響其學術聲譽，如史丹佛大學（Stanford University）與喬治城大學（Georgetown University）等，其實東亞所也可以朝這個方向，發揮所的專業作權威性的政策研究，也不影響在學術界中的地位。」[15]

（二）培養政策人才

　　此外，另一個現實的問題是，若非待在「智庫」，有多少學者願意作偏向政策的研究？如同本文在一開始提及吳玉山教授所言中國大陸與兩岸關係研究對臺灣而言是「生死攸關的大事」，需要有實用性，前述表 10-1 也顯示，區域研究、政策分析與個案研究等確實對決策者較有助益。然而，對於剛入行的學者而言，是否有相關配套的機制讓學者從事「實用性」的研究，也是必須考量的。

　　就目前看來，一個明顯的現實是各大學的升等標準多以「學術表現」爲主，以政大爲例，在《國立政治大學教師聘任升等評審辦法》第 17 條「教師升等評審項目及標準」中，研究項目標準皆是學術研究。[16] 而到了學院、系所更是明顯，所有升等計分標準都是學術著作，如在東亞所所在的國際事務學院中，《國立政治大學國際事務學院教師聘任升等評審作業要點》的「升等研究項目計分方式」的「期刊論文」分成三級：「排序第一級每篇 40 分、第二級每篇 25 分、第三級每篇 15 分。」，等級越高之期刊學術「味道」越濃。在既有的升等壓力下，這也是爲何年輕學者多不願投入政策研究之故。一位受訪者提及：「現在年輕學者作大陸研究已經沒有我們這一代的情懷與熱情了，但最大的問題還是他們沒有作政策研究的動力，這跟學術大環境有關，但作這麼多數據、量化研究，到底有沒有追求到『眞理』？對國家實際需求有沒有幫助？這是值得考量的。」[17]

　　此一問題不僅出現在臺灣，在美國亦然，Stephen Walt（2005）認爲，學術界和決策圈內在的文化鴻溝日益增大，這很大程度是因爲學術領域和外交政策制度的發展趨勢所致，其認爲學術界的誘因結構和專業風氣發生了嬗變，而且作爲聯繫學術和政策的傳送帶的「涓滴」模式（trickle-down model）被削弱了。Joseph Nye（2009）也認爲此與整體的學術評價機制是相關的，因爲年輕學者刊登上專業學術期刊，或者被其他學者所大量引用而獲得好評進而有利於升等，其並不在乎使用清晰易懂英文或簡單的研究方法

---

[15] 作者訪談，受訪者 B，2018 年 6 月 27 日。
[16] 包括：1. 代表著作及參考著作；2. 參加國內外學術會議發表論文及應邀評論之質與量；3. 著作獲得獎勵之質與量；4. 主持研究計畫之質與量；5. 其他研究成果。
[17] 作者訪談，受訪者 B，2018 年 6 月 27 日。

探究政策議題。

　　但對美國而言，此問題仍有補救的機制，根據賓州大學「智庫與公民社會計畫」（UPENN Think Tanks and Civil Societies Program，簡稱 TTCSP）所公布的《2017 年全球智庫發展報告》（The 2017 Global Go To Think Tank Index，簡稱 GGTTI），指出 2016 年全球共有智庫 7,815 家，美國是世界上智庫數量最多的國家，多達 1,872 家，其有足夠的誘因吸引對政策感興趣的人才，並對政策分析作出貢獻。而在此報告中，中國則以 512 家排名第二，且近年來在官方大力推動下，其智庫發展也有長足的進步（McGann 2018）。故對臺灣而言，若不能增加相關智庫，也無法提供誘因吸引新一代學者投入相關的實用性研究，將會使政策研究出現嚴重斷層，這是極為嚴重的國安危機。

（三）跳脫政治立場

　　對中國大陸以及兩岸關係的態度一直是臺灣內部政治分歧的焦點或「斷層線」，民眾認同、政黨光譜、電視台平面媒體的識別都是以此為界，同樣地，這也影響了學術或政策研究的判斷。兩岸關係一直是「雙層賽局」（two-level game），在臺灣與對岸的第一層賽局中無庸置疑是「政治」議題，不管是政治、經濟、社會、文化皆然，即使我方不戴政治眼鏡，北京對臺政策無一不充滿政治性。而在第二層國內的部分，如前所述，當然具高度政治性，然也正因如此，讓專業的政策專家能發揮的空間受限。一般而言，政策議題與政治議題不同的是，其具有更大的討論空間，透過多方行為者的參與對政策方案進行檢視，也正因此能強化政策主張和結果，並培養對紛爭問題的解決能力。但以臺灣目前狀況看來，兩岸議題往往被導入「是與否」、「統與獨」的政治議題，少有轉圜的餘地，更缺少辯論的空間。這也是臺灣中國大陸與兩岸關係研究，特別是政策研究所面臨的問題。

　　針對此，一位受訪者提及：「臺灣中國研究與其他國家比較起來還有另一個問題，那就是『政治化』，很多研究不管是偏學術或政策，往往受政治立場或政黨因素所限制，即使研究者不受限制，外界也可能用政治的眼光檢視。」[18] 東亞所同樣也面臨此問題，一位受訪者說：「由於歷史因素，本所過去都認為是『偏藍』，現在有些所友在民進黨、立場『偏綠』，這樣也很不錯。」[19] 另一位學者也提及：「大陸研究涉及意識形態，會讓很多學者不願意涉入，若從國家利益、客觀的角度來看，應該鼓勵大家多參與。」[20]

---

[18] 作者訪談，受訪者 C，2018 年 7 月 18 日。
[19] 作者訪談，受訪者 A，2018 年 6 月 29 日。
[20] 作者訪談，受訪者 B，2018 年 6 月 27 日。

伍、結語

本文從學術與政策研究、區域研究與專業學科間的關係，探討東亞所創所迄今的發展與變遷。作爲以中國大陸爲主要研究對象的區域研究所，與專業學科間一直存在著張力，而以「反共思想鬥爭人才」爲創所目的，雖隱身在學術機構，卻是肩負著政策研究的使命。過去五十年以來，東亞所隨著自身內部的變化、臺灣的中國研究環境改變而興衰起伏，但肩負訓練熟悉中國大陸研究人才、專業知識傳播，老師與所友以各種方式對政策的參與等一直沒有改變。然而，本文也點出東亞所乃至臺灣中國研究所面臨的挑戰，包括專業智庫的不足、培養政策人才不易，以及此領域容易受政治立場影響等。

隨著中國大陸快速崛起、國際影響力大增，「中國研究」成爲國際學術與政策界的顯學，此種發展對臺灣有兩層意義。就學術而言，與大國相比，臺灣社會科學規模偏小，不僅限制學術生產的總量，且降低研究與教學的平均品質，乃至於降低學術評量、學術領導與學術政策的性質，其中有政治、社會、經濟與學術歷史等複雜因素（黃樹仁 2007）。故在主客觀環境限制下，社會科學的發展絕不能全面鋪開，而是要找出具關鍵優勢且爲國際所感興趣的領域，「中國研究」就是其中之一。而在政策方面，如前所述，中國大陸與兩岸關係的發展動態一直是影響臺灣最爲重要的外在因素，當初國際關係研究所與東亞所設置的目的也在於此，就此而言，我們累積了大量的知識與資訊；另一方面，臺灣長期被對岸利用政經、社會、文化、宣傳、人員等方式滲透，在目前國際所熱烈探討的「銳實力」（sharp power）（Walker 2018）中，應可說是全世界最具經驗，也是最該總結經驗者，這都有賴中國研究學界的參與。因此，對臺灣而言，不論從學術或政策，都應該要更加重視「中國研究」，這也是東亞所下一個五十年的責任所在。

參考文獻

一、 中文

Max Weber. 2014，《學術與政治：韋伯選集（I）》，錢永祥譯，臺北：遠流出版。譯自 *Science and Politics: Selected Works of Max Weber (I)*. 2014. Max Weber. 2014.

王信賢，2000，〈西方中國研究之新制度典範分析〉，《中國大陸研究》，43（8）：23-46。

王棟，2009，〈雙重超越的困境：中國國際關係理論與政策芻議〉，《國際政治研究》，3：12-28。

王緝思，2009，〈學術研究與政策研究相脫節的癥結與出路〉，《國際政治研究》，3：1-11。

朱雲漢、明居正、楊志恆，1997，《中共對台智庫角色之研究》，臺北：行政院陸委會。

朱鋒，2009，〈學術性的政策研究：路徑與方法〉，《國際政治研究》，3：29-39。

吳玉山，2000，〈政治與知識的互動：臺灣的政治學在九零年代的發展〉，何思因、吳玉山主編，《邁入二十一世紀的政治學》：3-48，臺北：中國政治學會。

吳玉山，〈紀念中國大陸研究的創建者、東亞所創所所長吳俊才先生〉，《東亞研究》，48（1）：100-103。

李英明，1995，《中國大陸學》，臺北：揚智文化。

邵宗海、蘇厚宇，2007，《具有中國特色的中共決策機制：中共中央工作領導小組》，臺北：韋伯文化。

張志洲，2009，〈國際關係中國學派的進路：兼論國際問題研究的政策性與學術性〉，《國際政治研究》，3：74-79。

郭瑞華，2009，〈中共對台工作機制研究：政府過程觀點〉，臺北：國立政治大學東亞研究所博士論文。

陳至潔，2016，〈建構相互主觀的想像體：剖析冷戰起源時期的國際關係研究所及其中國研究（1953-1975）〉，《人文及社會科學集刊》，28（1）：61-104。

陳德昇、陳欽春，2005，〈兩岸學術交流政策與運作評估〉，《遠景基金會季刊》，6（2）：35-82。

曾永賢、張炎憲、許瑞浩、王峙萍，2009，《從左到右六十年：曾永賢先生訪談錄》，臺北：國史館。

黃樹仁，2007，〈小國的學術困境：臺灣社會科學研究、教學與評量的反思〉，《臺灣社會研究

季刊》，65：117-180。

楊開煌，2000，〈臺灣「中國大陸研究」之回顧與前瞻〉，《東吳政治學報》，11：71-105。

褚塡正，2017，《當代中國學在臺灣：政治大學東亞研究所的肇基與嬗遞（1968-2015）》，臺北：國立臺灣大學政治學系暨兩岸關係教學與研究中心。

劉曉鵬，2013，〈敵前養士：「國際關係研究中心」前傳，1937-1975〉，《中央研究院近代史研究所集刊》，82：145-174。

蔡瑋，1997，〈中共的涉台學術研究機構〉，《問題與研究》，36（4）：29-43。

二、 英文

Almond, Gabriel A., and Stephen J. Genco. 1977. "Clouds, clocks, and the study of politics." *World politics* 29(4): 489-522.

Caplan, Nathan. 1979. "The two-communities theory and knowledge utilization." *American behavioral scientist* 22(3): 459-470.

Goldman, Emily. 2006. "Closing the Gap: Networking the Policy and Academic Communities." *Asia Policy* 1: 16–24.

Jentleson, Bruce W. 2002. "The Need for Praxis: Bringing Policy Relevance Back in." *International Security* 26(4): 169-183.

Jordan, R., D. Maliniak, A. Oakes, S. Peterson, and M. J. Tierney. 2009. "One Discipline or Many? TRIP Survey of International Relations Faculty in Ten Countries." https://www.wm.edu/offices/itpir/_documents/trip/final_trip_report_2009.pdf. (Accessed on September 18, 2018).

Kou, Chien-wen. 2014. "The Changing Role of the Institute of International Relations in Taiwan's China Studies: Trajectories and Dynamics." *Issues & Studies* 50(1): 9-53.

Lepgold, J., and M. Nincic. 2001. *Beyond the ivory tower: international relations theory and the issue of policy relevance*. New York: Columbia University Press.

Lieberthal, Kenneth. 2006. "Initiatives to bridge the gap." *Asia Policy* 1(1): 7-15.

Lieberthal, Kenneth. 2010. "Reflections on the Evolution of the China Field in Political Science." In *Contemporary Chinese Politics New Sources, Methods, and Field Strategie*: 266-277, eds. Allen Carlson, Marry E. Gallagher, Kenneth Lieberthal, and Melanie Manion. New York: Cambridge University Press.

McGann, James G. 2018. "2017 Global Go To Think Tank Index Report." https://repository.upenn.edu/cgi/viewcontent.cgi?article=1012&context=think_tanks. (Accessed on October 23, 2018).

Nye, Joseph. 2008. "International Relations: The Relevance of Theory to Practice." In *The Oxford*

Handbook of International Relations: 648-660, eds. Christion Reus-Smit, and Duncan Snidal. New York: Oxford University Press.

O'Brien, Kevin J. 2011. "Studying Chinese politics in an age of specialization." *Journal of Contemporary China* 20(71): 535-541.

Shambaugh, David L. 1993. *American Studies of Contemporary China*. New York: M.E. Sharpe.

Stone, Diane. 2007. "Recycling Bins, Garbage Cans or Think Tanks? Three Regarding Policy Analysis Institutes." *Public Administration* 85(2): 259-278.

Walder, Andrew. 2004. "The Transformation of Contemporary China Studies, 1977-2002." In *The Politics of Knowledge: Area Studies and the Disciplines*: 314-340, ed. David L. Szanton. Berkeley, Calif.: University of California Press.

Walker, Christopher. 2018. "What Is 'Sharp Power'?" *Journal of Democracy* 29(3): 9-23.

Weaver, R. Kent. 1989. "The Changing World of Think Tanks." *PS: Political Science & Politics* 22(3): 563-578.

Walt, Stephen M. 2005. "The relationship between theory and policy in international relations." *Annual Review of Political Science* 8: 23-48.

United Nations Development Programme. 2003. *Thinking the Unthinkable: From Thought to Policy: The Role of Think Tanks in Shaping Government Strategy; Experiences from Central and Eastern Europe*. New York: United Nations Publications.

附錄一

東亞所與韓國的中國研究

康埈榮、孔裕植

引言

　　韓國同學與東亞所可以說是命運共同體。從東亞所碩士班第二屆起，幾乎每屆都有韓國同學，累積迄今超過百人，是股不可忽視的力量。韓國的東亞所所友們學成歸國後，活躍於社會各處。經過五十多年的歷程，在韓國學界裡，東亞所所友們已經進入了第三代。東亞所所友們在韓國的中國研究方面的貢獻絕不亞於其他地區出身的研究者，甚至於凌駕其他學派，可以說，東亞所所友們在韓國建立中國研究這個學科方面功不可沒。筆者藉著此機會，宣揚韓國所友們的成就，並討論未來走向。

壹、韓國的中國研究之歷程

　　要介紹東亞所所友們對中國研究的貢獻，先要說明韓國中國研究的情況。韓國中國研究的歷史，其實非常淺薄，特別是屬於社會科學或區域學概念的中國研究更是如此。筆者擬先按時期說明韓國中國研究的內容。

　　直至 60 年代，韓國中國研究幾乎都限於文史哲方面，且多是學漢學的老一輩研究者。當時的韓國，社會科學的研究歷史較短，而且政治上是反共國家，當時的中國恰恰是一個共產國家，而且參加過韓戰，跟韓國人維持敵對狀態，所以幾乎沒有真正研究中國者。即使有，也僅侷限於傳統文化，至於研究當代中國，少之又少，可說是沒有。

　　70 年代以後，可說是韓國中國研究的萌芽期。隨著國際關係的變化，學術環境也有所變化。當時的中國研究，不是獨立學科，而是當作共產圈研究的一部分，社會科學或區域研究的概念也是從這個時期開始。但其成果僅是政府研究報告水準，無法達到學術研究要求的水準。

　　進入 80 年代，中國開始進行改革開放，且一批留美的海歸派，特別是國際政治學者，開始進行中國研究，他們引進了區域學的概念，雖然幾乎清一色是政治學領域，還開啓了韓國的中國區域研究的大門，並啓發了研究者的興趣，進而吸引新生代學者們的關注，但還是沒有擺脫共產圈研究的一個部分。且礙於政治因素，學者們也無法接觸有

關中國的資料，有許可證的人或機關才能閱覽相關資料。

　　80 年代中期以來，隨著中國參加首爾亞運和奧運，韓國對中國的關心也日益增加，而改革開放以後開始關心中國的韓國學生到中國學成歸國後，開始從事研究工作，這時期可說是韓國中國研究的起點。1992 年的「韓中」建交，更成為韓國中國研究的轉捩點，自此之後，韓國流行至中國留學。進入 21 世紀，留學中國的學生們學成歸國後，開始從事學術工作，不僅是區域學，而且是在各學科、各領域都有留中的學者，在數量上，這批人目前可說是韓國中國研究的主流。

貳、東亞所對韓國中國研究的貢獻

　　韓國的中國研究，因其歷史淺薄，加上政治因素，無法成為主流研究領域。這個學術社群大致上可以分為四個派別，一是在韓國國內受教育的「國內派」，此派學者的研究看似非常犀利、具有學術的素養，但因資料有限，無法延伸研究範圍。二是「留美派」，他們對社會科學的方法論是很優秀的，但多依賴二手資料，對中國的了解還是有不足之處。三是「留中派」，和中國建交後在中國留學的研究者，中文能力及對中國的了解程度上有相當的基礎，但因為在中國以中國的觀點學習，所以缺乏對中國的批判性研究。對研究範圍而言，目前韓國的中國研究範圍非常的廣泛，但缺乏香港與臺灣的研究，只在兩岸關係研究領域的一部分來研究臺灣而已。

　　第四派則是到臺灣留學的研究者，特別是東亞所培養出來的學者，擁有國內派、留美派、留中國等學者們無法具備的特色，就是中國共產黨的意識形態與中共黨史研究的傳統。在此傳統的基礎上，還具備社會科學研究方法的素養，加上對中國保持又犀利又客觀的批判性態度，這可說是「東亞學派」的最大長處。筆者認為研究中共黨史、黨政及共黨意識形態是東亞所的傳統，也是東亞所的強項，這個強項在韓國也成為東亞所所友的長處。在研究範圍方面，除了擅長的中共黨政以外，研究兩岸關係方面，所友們的成就也非常可觀，這也是所友們善用在臺灣讀書的好處的結果，最近臺灣的重要性日益增加，由於作為「知臺派」與「親臺派」，東亞所所友們也開始在韓國臺灣研究方面有積極的貢獻。

參、東亞所友在韓國中國學界活躍的現況

　　東亞所所友們，在不同的時期、階段都活躍於韓國的中國研究學界，且作了很大的貢獻。東亞所早期，沒有博士班，使得早期畢業的所友們，在世界各地的學校攻讀博士，學成歸國，不僅在學校教書，也在各個研究機構及政府單位工作，或者在工商界服務。1981 年以後在東亞所攻讀博士的所友們，多半在學校及政府、研究機構工作。

　　在 80 年代活躍的所友們，在留美派爲主的中國研究學界中闖出新的活路來，充分發揮了自己的長處。雖然留美派是主流，受過東亞所訓練的所友們建立了屬於東亞所特色的中國研究風氣，而他們還培養出學界的晚輩們，受他們的教育，學生們都到世界各處深造，攻讀學位，學成歸國後，繼承長輩們，繼續從事研究及教育，已經成爲韓國中國研究的中心勢力。其中一批學生，繼他們的老師，進入東亞所攻讀學位，且學成歸國，成爲韓國中國研究界的佼佼者。韓國外國語大學的崔寬藏教授、仁荷大學的崔翼晚教授、啓明大學的張炳玉及趙壽星教授（兩人爲夫妻）、湖西大學的申東允教授、韓國陸軍官校的朴東碩教授、明知大學的吉基祥教授、慶尙大學的金容大教授等，他們在韓國中國學界不僅占了一席之地，也造就了屹立不搖的地位。雖然他們已經屆齡退休了，但是他們還是以元老的身分繼續爲學界賣力，成爲後進榜樣。

　　此外，他們對學界的另一個貢獻就是培養第二代。受過他們薰陶的第二代學者們，在世界各地深造，學成歸國後從事學術工作，造就 90 年代韓國中國研究的興盛期。其中，有一批學生追隨老師的腳步進入東亞所深造，例如康埈榮（韓國外國語大學）、孔裕植（平澤大學）、金鍾賢（仁荷大學）、朴壯載（尙志大學）、李奎泰（關東大學）、李圭澤（湖西大學）、金源坤（南首爾大學）、林奎燮（慶熙網路大學）、金中燮（濟州大學）、李焱求（培材大學）、高成彬（濟州大學）與趙顯俊（建國大學）等一批優秀的學者們，學成歸國後，都在韓國學界占有一席之地。

　　除了學界之外，吳鎭龍（已故，對外經濟政策研究院）、崔春欽（統一研究院）、許昌武（韓國學中央研究院）等從事於政府研究機構，金丁均、咸台炅等分別在企業及新聞界服務。

　　在研究領域方面，第一代所友們多集中在中國政治方面，第二代所友們擴大研究範圍，如康埈榮研究中國社會主義發展戰略、金鍾賢研究社會階層、孔裕植研究企業與政府關係、李奎泰研究韓中外交關係、朴壯載研究政府職能變化、金源坤研究中國權力轉移、林奎燮研究意識形態、金中燮研究中國威脅論等。第二代研究者除了自己的專業以外，還擴大自己的專長，擴大到研究東北亞國際關係、中國的宏觀及微觀經濟、共產黨研究、中華經濟圈、兩岸關係等。除此之外，康埈榮和孔裕植在韓國外國語大學設臺灣

研究中心，並出版《臺灣研究》學術期刊，致力於在韓國傳播臺灣研究。此外，第二代所友們也積極參與各種有關中國研究的學會，如康埈榮擔任過韓中社會科學會會長、韓國臺灣學會會長，金源坤擔任韓國中國文化學會副會長，孔裕植擔任韓中社會科學學會副會長，以及李焱求擔任東北亞經濟學會會長等。

除了研究相關活動外，第二代繼承上一輩承先啓後的工作，在學校培養出第三代學者。目前正在攻讀博士班的金志烋同學是崔寬藏、康埈榮的學生，也將會是韓國第三代中國研究的成員。

目前韓國的東亞所所友們，都在自己的領域裡充分發揮自己的力量，其成果也不容小覷，且已成爲韓國中國學界的重要力量，並受到媒體的青睞，成爲公認的重要中國問題專家。然而，東亞學派在韓國的發展仍有限制，第一，歷史雖算悠久、畢業所友們的數量也還不少，但相對於留美派與留中派還是算少，所以無法形成一股更大的力量。第二，繼續培養出下一代成爲一個越來越艱辛的任務，碩士跟博士班的韓國學生越來越少，雖然是所有的學界都面臨的問題，但相較於上一代，東亞所的韓國學生更少。這都是東亞所韓國同學及所友們所要面臨的難題。

肆、結語

東亞所過去五十年的歲月中，培養出很多中國研究學者，其中韓國的學者也不少，表現也很出色。學長們已經是學界的泰斗，學弟們也不甘示弱，發揮出力量，在韓國學界獲得了不可取代的地位。過去五十年東亞所的發展，韓國同學們也助一臂之力，東亞所的發展，對韓國的中國研究作出很大的貢獻。在此我們也希望後繼有人，韓國與東亞所的緣分將持續到下一個五十年。

附錄二

東亞所與中國人民大學國際關係學院會議交流的歷程與意義

邱坤玄、張登及

壹、緒論

　　成立於 1968 年的政大東亞所是我國享譽國際、首屈一指的專業中國大陸問題研究機構。舉凡中共歷史、理論、政治、社會、經濟、外交與國際關係以及後來的對臺政策，都是東亞所研究的重點。1990 年代以後，兩岸學術交往隨著雙方的交流開放快速興起，既往主要依靠大陸地區與海外（包括俄國）報紙、廣播稿、文宣、書刊等靜態資料進行的學術活動，也迎來了新的機會和挑戰。東亞所借助過去獨占性的優勢，也率先與大陸重要院校、智庫開展學術交流。藉由這些交流，東亞所不同世代、不同學科訓練背景出身的師生，都能不斷親歷其境地體察與理解她的研究對象，以避免過度依賴舊的刻板印象或學理中的抽象概括，盲目論斷對岸的發展。因此，東亞所對臺灣的貢獻不僅是政策分析與學術、行政、傳媒、企業等人才儲備，還開創了世界中國研究的臺灣視野（the Taiwan perspective of China studies in the world），有其不可抹滅的成就。

　　在東亞所與大陸眾多學術和政策智庫交流中，形成了非正式夥伴關係的最重要定期、制度化交流機構，即是設於北京的中國人民大學國際關係學院（以下簡稱：人大國關院）。中國人民大學素有大陸的政大之稱，其前身是中共在 1937 年於延安創設的「陝北公學」。當時陝北另有「抗日軍政大學」訓練軍事幹部，陝北公學則負責培訓黨政幹部。1949 年底劉少奇訪蘇時，蘇聯決定協助中共建設一新型大學，此即 1950 年代與北大、清華等並列為全國重點大學的中國人民大學。此一重要地位延續至今，人大仍是大陸名列「985 工程」、「211 工程」最重要的文法政治類學校之一。而人大國關院前身則為人大外交系，是創校時的系所，後來與馬列主義教研室、政治系併入國際關係學院，在大陸重點大學國際研究分工上，專責研究馬列理論與蘇聯、東歐等社會主義國家。90 年代以後，學院國際交往與視野擴大，但黨政建設、意識形態與蘇聯東歐、一帶一路等研究，始終是人大有別於北大、清華、復旦國際關係學院的重要特點。

　　早在 1993 年，東亞所就曾與人大黨史系於黃山舉行會議，由兩校校長率團參加，開創兩岸大學學術交流的先河。1999 年 6 月 3 日與 4 日，東亞所邀請了人大與其他大陸大專院校學者來臺參加兩天一夜的「跨世紀兩岸高等教育學者學術研討會」，陸方正

是由時任中國人民大學校長的李文海教授率團。除了人大，陸方團員還有來自中國社科院的王逸舟、現代國際關係研究所（後改爲現代國關院）的宋寶賢等人。臺方則在時任東亞所所長邱坤玄等籌辦下，邀請了國策顧問曾永賢等主持會議。臺大、政大、東吳、中山等校中國大陸研究學者吳玉山、趙春山、丁樹範、施哲雄、魏艾、姜新立、楊開煌、石之瑜、李英明、劉雅靈等一同發表與評論。筆者認爲此一會議的模式，對後來東亞所——人大國關院系列會議的辦理，有相當程度的開創性意義。

此後東亞所與人大國關院進行無以計數的師生個別會議、訪問、訪談、座談。2006年人大國關院院長李景治鑑於兩岸學術交流數量眾多，東亞所與人大國關院學術交流必須具有品牌優越性，因此建議以「兩岸和平研究」作爲研討的名稱，東亞所欣然同意，嗣後研討會持續舉辦且成果令人矚目。作者因此先以這個系列 2007 至 2018 年的會議爲主要的研究對象。此外，也限於作者專業領域，眾多會議成果中，先集中檢視人大學者有關國際關係、外交與兩岸的發表。

要言之，東亞所與人大國關院的「兩岸和平研究」學術會議交流模式，其意涵不僅限於會議交換意見，因爲雙方都有開放此一論壇、供兩岸重要學術機構共同分享的共識，其理念創新外溢與政策倡議擴散的效果，不容忽視。兩校院所的會議，更是兩岸相關議題交流論辯的前沿性、指標性標竿。

理念創新與政策倡議自然不能完全擺脫時空條件的結構性限制，否則會議的交流內容就將成爲純哲學、純理論的清談。由於政大與人大雙方學者皆屬這些領域的一時之選，並能兼顧兩岸其他院校智庫的代表性，會議中的分析或倡議常能超前當時局勢，發揮前瞻性。本文限於時間，未能展開此一知識史研究必然需要的田野訪問，加上歷屆「兩岸和平研究」學術研討會的論文集與會議紀錄並不齊備，作者僅能就目前手邊現有的紙本資料與部分紀錄進行整理，並依照兩岸關係趨勢作三階段的初步切分。對國際政經結構限制下，兩岸知識社群相互切磋、開拓進取的歷程作一個初步的觀察。其中第一階段是 2007～2008 年，跨越政黨輪替，也是系列會議興辦初期。第二階段是 2009～2013 年，「太陽花事件」發生之前。第三階段是 2014 年迄今。筆者希望日後蒐集更完整的素材時，對東亞所——人大國關院交流的貢獻史跡，有更完整的呈現。[1]

---

[1]　本文完成要感謝政大東亞所辦公室提供部分會議論文集及會議紀錄。本文引述之學者見解悉依論文集紙本與紀錄爲準，未盡完善之處必多，尚祈各界讀者不吝提供有關資料並給予指正。

貳、2007～2008 年的會議：兩岸關係解凍下的秩序與和平

　　第一屆「兩岸和平研究」研討會於 2006 年在新疆烏魯木齊舉行，由新疆大學政治與公共管理學院承辦，會議資料惜未保存。第二屆研討會於 2007 年 5 月假政大舉辦，當時是前總統陳水扁第二任期，人大國關院李景治院長率團來臺，前行政院副院長蔡英文教授范會作主旨演講。演講除了強調對岸「一中原則」之前提不爲臺灣民眾接受，並認爲臺灣雖是力量較小的一方，「從國際上的歷史來看，較小一方可能轉趨激進、極端，所以兩岸互動的平衡和平的進程相當重要，她希望國際社會能協助維持這種平衡。」會議另由人大時殷弘、黃嘉樹、楊光斌與臺灣學者姜家雄、王信賢、董立文、王正旭、柳金財等發表專文。

　　時殷弘係人大國關院國際關係史與國關理論領域重要學者，他發表的「中國和平崛起與和平世界秩序」一文，已經考慮到崛起務必要避免引發冷戰，崛起也不能限於經濟增長。中國必須在民權保障上作出價值創新，才能於國際秩序的規範領域有所貢獻。此論於今觀之，仍非常有前瞻性。而黃嘉樹也是長期受到決策諮詢的人大兩岸關係重要學者，他發表「兩岸和平問題研究」一文論稱，由力量保障的和平是低度和平、由協議保障的和平是中度和平、由共同利益紐帶所保障的和平才是高度和平。在當時他認爲兩岸是低度和平，黃嘉樹此論後來確實與兩岸關係下一階段歷史發展的幾個重要議題：經貿協議與和平協議遙相呼應。

　　2008 年 8 月第三屆研討會適逢北京奧運，市區交通管制多，轉至人大北戴河會議中心舉行，重點是 520 政黨輪替後的兩岸關係前景。政大東亞所邀集臺方學者專家共 12 人赴會，黃嘉樹、時殷弘、魏艾、石之瑜、楊開煌等多人發表論文。時殷弘與北京聯合大學劉紅等的論文都指出，儘管兩岸關係轉向緩和，但政治定位、美國因素、雙方國際參與、惠臺如何落實等，都不容輕忽。雙方多篇論文都指明，儘管政黨輪替，雙方政府與民間的互信仍然相當欠缺，是未來穩住和緩關係中的隱憂。

　　2008 年 12 月適逢東亞所創辦四十週年，雙方在臺北又舉辦了第四屆兩岸和平研究研討會，主題訂爲大陸改革開放對兩岸關係之影響，與第三屆關注臺灣選舉之影響有所區別。此次會議人大由國關院執行院長陳岳與時殷弘、黃嘉樹、楊光斌等 8 位學者來臺，吳思華校長出席開幕、海基會江丙坤董事長發表了「二次江陳會的歷史意義」的主題演講，正向展望雙方簽署經濟合作協議與和平協議之遠景。吳玉山、陳德昇、徐斯儉、湯京平等臺灣多校學人參加會議和東亞所四十週年晚宴。此後和平研究研討會若在臺舉行，多半在年底結合東亞所所慶，並邀人大學者接受所慶餐會宴請，雙方情誼公私兩洽。

當屆與兩岸和國際關係相關的主要論文有時殷弘的〈改革開放以來中國對外戰略思想：意識形態基礎、根本綱領和當今挑戰〉、李寶俊的〈歷史的足跡與未來的道路：中國外交 30 年的回顧與思考〉、楊開煌的〈卅年對台政策 vs. 廿年大陸政策〉、黃嘉樹的〈改革開放與對台戰略的調整〉，以及邱坤玄與張登及的〈台灣國關學界的中共外交研究：理論選擇的回顧與前瞻〉。此次會議回顧性較強，人大學者也較為正面地認為，北京必須重視與爭取臺灣民意。隨著大陸社會發展多元化與多樣化，政治也可能更開明化，兩岸有可能達成「有條件承諾不使用武力」。

參、2009～2013 的會議：兩岸關係穩中有變

第五屆兩岸和平研究研討會於 2009 年 12 月 5 日在西安外國語大學舉行，政大方面由東亞所所長邱坤玄率團 8 人出席，西安外大校長劉越蓮開幕致詞。2009 年末為美國歐巴馬（Barrack Obama）總統上任後的第一任期初，歐巴馬且於同年 11 月首訪大陸，陸美關係和緩。當年美國次貸危機爆發了一段時間，臺灣縣市長與議員選舉也正好舉行，在野的民進黨已改善 2008 年之頹勢，反而國民黨「不統、不獨、不武」的說法遭到大陸鷹派質疑為「和平分裂」主張，成為研討會爭論的一個重要話題。人大學者向臺方同仁提問「先易後難」、「先民後官」、「先經後政」的方向與屬性，雙方都感覺到所謂「戰略意圖不確定」是日後關係發展的難題。

第六屆兩岸和平研究研討會時隔一年，於 2010 年 12 月 17 日在政大舉辦。當年 6 月兩岸正式簽署《海峽兩岸經濟合作架構協議》（ECFA），其效力尚沿續至本文截稿之時。目前民進黨執政，也不希望北京貿然取消。但 2010 年會議時，ECFA 已是爭議性議題。是次會議由人大國關院陳岳院長率團共 9 人來臺，會議主題訂為「ECFA 之後的兩岸關係與東亞區域整合」，並有北大國關院牛軍、西安外大胡瑞華等學者到會。人大方長平發表論文分析中國如何推動東亞一體化，楊光斌分析三十年間大陸發展戰略之次序選擇，黃嘉樹的論文討論了兩岸政治談判的動力與阻力，牛軍檢討中美關係三十年，是較為重要的論文。例如楊光斌指明大陸政治發展必然是先經濟、後社會，政治最後，不可能走西方道路；方長平認為除了 ECFA，當時東協也已從 10+3 走向 10+6，但關鍵挑戰還是美國，不會坐視被排除在外；牛軍坦承中美關係倚賴利益交集卻難化解結構性矛盾，只能依靠「管理」來緩和緊張；黃嘉樹預期兩岸談判前應先推動學者與智庫的協商，台北不應只期待大陸「片面」讓利。

第七屆兩岸和平研究研討會於 2011 年 7 月在吉林長春舉行，由吉林大學行政學院

共同主辦，東亞所由前所長趙春山教授率團，一行 8 人與會，會議中心主題是互信機制與政黨因素對兩岸之影響。由於此行時當 2012 年總統選舉之前，當時各界認爲爭取連任的馬英九總統優勢大幅縮小。陸方學者稱雖滿意過去的兩岸關係，但擔心國民黨爲保持選舉優勢，迎合民進黨若干主張。東亞所學者發表研究指出，大陸湧現部門利益牽制對臺政策，人大學者提醒此即大陸民意對政府之壓力。北大教授牛軍於會中特別提出臺灣在南海問題的立場與角色會衝擊兩岸關係。自 2009 年起，南海各聲索方衝突逐漸升高。大陸經濟規模超越日本成爲世界第二，中美關係一改歐巴馬前期的友好，結構性緊張浮現。加上國民黨選舉優勢逐漸侵蝕，雙方學者對這些變局都有所體察並提出不同的詮釋，相當程度預示了後來的發展。

　　第八屆兩岸和平研究研討會於 2012 年 12 月 21 日於政大召開，當時中共已於 11 月召開「十八大」，由習近平當選新任總書記，會議遂以「十八大之後的兩岸和平發展」爲主題，邀請海基會前副董事長邱進益發表從「九二共識談兩岸關係和平發展之願景」之主題演講，人大國關院計有金燦榮副院長、閆謹副院長及楊光斌、保建雲、王英津、牛彤等來臺共發表 7 篇論文。此次會議背景是國民黨馬英九贏得總統連任，前民進黨行政院長謝長廷 10 月訪問了大陸，減少了兩岸關係的若干不確定性。邱進益建議雙方應商談兩岸軍事互信機制，協商兩岸和平協議，但大陸學界對臺方執政黨主張「一國兩區」提出一些質疑。本年初發生了薄熙來事件，金正恩正式接替其父留下遺缺成爲北韓最高領袖，中菲黃岩島衝突及三沙市成立。當年 10 月又發生日本將釣魚台國有化事件，東海與南海漸趨緊張。習李新一屆領導班子將如何協調內外兩個大局，成爲會議內外討論的焦點。

　　2013 年 8 月第九屆兩岸和平研究研討會按例由人大主辦，此次會議於哈爾濱召開，黑龍江大學政管學院共同主辦，政大東亞所由所長寇健文率團，國際事務學院院長鄧中堅等共 10 人前往與會。此次會議的大背景是美國已經開始著手推動制衡大陸的「亞太再平衡」（re-balancing）措施，歐巴馬－希拉蕊團隊除了推動 TPP 談判，也在外交等領域全面出擊，當年除了朴槿惠執政的南韓，大陸的周邊關係緊張升高，菲國也已正式提出南海仲裁申請。人大教授王英津爲文指出臺灣內部政治對峙日益嚴峻，兩岸關係當時已經陷入停滯，若干法理定位問題更加難解。時殷弘也指明歐巴馬政府不接受美中新型大國關係，雙方前景存在諸多風險。

肆、2014 以後：邁向不確定的新時代

2014 年 3 月臺灣爆發大規模的反服貿抗爭，不僅迫使兩岸經貿談判停擺，也嚴重挫折了國民黨執政的正當性。當年年底九合一選舉國民黨大敗，民進黨奪得 13 席縣市長，臺北市由無黨籍柯文哲獲勝，相當程度顯示當時民意對國民黨兩岸政策的負面態度。因此當年在政大舉辦的第十屆兩岸和平研究研討會，主題訂為「服務貿易協定爭議之後的兩岸關係與東亞情勢變遷」，於 12 月 19 日舉行。

是次會議邀請了民進黨前主席施明德作主題演講。由於當年兩岸政治氣氛轉趨凝重，人大國關院僅有院長陳岳率時殷弘、黃嘉樹、王英津、李慶四等人來臺。東亞所方面另邀請了政大童振源、楊昊、師大范世平、新臺灣國策智庫劉世忠，與韓國成均館大學李熙玉、高英姬等看法多元的專家參會。會中黃嘉樹專文談「習近平對臺戰略頂層設計」，闡釋習當年「九二六講話」以「中國夢」為統一目標，以「心靈契合」推動統一。此外，時殷弘持續剖析了大陸對外戰略的困難，即在於很難平衡國力快速增長與「大眾民族主義」快速增長，此不能僅以加速軍力建設來解決。根據會議紀錄素材，當天會議改採半閉門（無媒體，限師生）交流，部分佐證了兩岸氣氛與國際局勢的改變。

第十一屆兩岸和平研究研討會按例移往大陸舉行，由人大國關院於 2015 年 8 月與西南交通大學在成都共同舉辦，主題訂為「亞太格局變化中的兩岸關係」，顯示早前中美關係結構性緊張又有所發展，大陸也開始積極推動「一帶一路」戰略。東亞所由所長寇健文率團，國際事務學院院長李明、臺大政治系石之瑜、師大公領系黃信豪等 9 人前往與會。由於時間鄰近 2016 年臺灣大選，且選情顯示對朱立倫繼任主席的國民黨相當不利，會議較多討論民進黨與蔡英文主席的兩岸政策。人大資深學者黃嘉樹為文認為蔡的「維持現狀」即是改變九二共識現狀，切斷了臺灣和「整個中國」的聯繫。北京聯合大學的劉紅則以為臺灣朝野其實都是「維持現狀」，大陸應自行掌握主導權，作好民進黨勝選的準備。人大王英津則提議是否可能承認「一國兩府」，前提是「一個中央、兩個地方」，前提是一國，兩岸都是地方。時殷弘則看到臺灣與香港問題的連動，指出臺、港社會運用網路動員，越來越民粹化且年輕化，是一種新政治。他認為大陸不宜同時迎向多線戰略緊張，只要沒有出現法理臺獨，北京仍著重經濟促統。

第十二屆兩岸和平研究研討會於 2016 年 12 月 23 日於政大舉行。此時臺灣已經如前屆會議學者預期，完成政黨輪替，同時美國也由川普當選新總統，並與蔡英文總統直通電話接受致賀。在此背景下，會議以「變遷中的亞太格局與兩岸關係」為題進行研討。同一時間東亞所也舉辦了「紀念吳俊才先生—中國大陸研究的創建者紀念會」。此次會議人大國關院計有時殷弘、田野、李慶四、王英津、林紅、黃大慧等 6 人出席，政

大邀請了李明峻、蔡明彥等外校學者與政庫人士參會。除會議外，並舉辦由邱坤玄教授主持、陳忠信、蘇起、時殷弘、王英津出席的圓桌論壇。會中人大學者一方面肯定蔡總統對憲法的表述，但也批評她拒絕九二共識。對於川普路線的詮釋，則確認他將為全球秩序帶來巨大衝擊，也認為他不排除拋棄盟友作交換的可能。對中日關係，則認為很難改善，這與後來發展頗有差距。

　　第十三屆兩岸和平研究研討會仍按例轉由人大國關院主辦，於 2017 年在內蒙古赤峰舉行，東亞所寇健文、趙春山、王信賢、施哲雄、魏艾、唐開太與淡江大學張五岳、師大黃信豪等 11 人前往與會。會議主題與第十二屆非常雷同，即「變動中的亞太情勢與兩岸關係」。較值得注意的是會中黃嘉樹特文分析比較了陳前總統與蔡總統的政策，認為陳前總統時期尚有小兩會機制，當時美國對中仍占有優勢，蔡總統時期雙方無機制，美國要高壓中國效果遞減，大陸之「準備」又更加充足了。而時殷弘仍關注中美關係，認為霸主衰落時期最為危險，川普可能不善於管理衰落，風險更大。他建議北京自我節制，「推遲勝利」，才能節約戰略資源。本次會議另一個特色，是雙方都有專文從民調出發，考察臺灣民意趨勢的改變；人大韓冬臨等以計量技術提出論證認為，臺灣民粹風潮與治理困境可使大陸反思普世民主的癥結，自行開通「可治理民主」的思路。

　　第十四屆研討會輪回政大東亞所主辦，並配合所慶五十週年活動進行。會議於 2018 年 12 月 22 日召開，人大國關院由楊光斌院長率學者時殷弘、周淑真、方長平、黃大慧、王英津、林紅、宋偉等 8 人前來，由東亞所所長王信賢主持接待，雙方進行四場次、一圓桌論壇的全天交流，並邀請東亞所所友中研院吳玉山院士、日本法政大學福田圓教授、新加坡聯合早報李氣虹主任等與會發表，堪稱熱烈。

　　2018 年時當大陸改革開放四十週年，韓、菲領導人改變，安倍開始調整日中關係，導致大陸周邊情勢略有趨緩。人大楊光斌院長提出大陸改革將採取「威權、民主、法治」三統一之途徑。時殷弘則繼續關注川普引發全球治理與國際秩序的危機，其根本原因是秩序在西方內部開始塌陷的「社會基礎」。他建議大陸維穩的優先領域應是金融與經濟，限制包括一帶一路等專案在內過多的資本外流，並在美國疏離盟友之際，盡力爭取東部與東南部周邊國家的友好。對美貿易戰如讓得妥當，也有利於深化改革。與時殷弘看法略有不同，所友張登及認為大陸可能繼續在朝鮮半島積極出牌，因為此涉及中美兩國國際秩序建設的模式之爭。最後是長期關注兩岸法理地位與中華民國議題的王英津教授比較了過去對臺的「交流發展模式」與習近平的「融合發展模式」。他認為後者將超越政黨輪替，取代過去「各自」獲益轉向「共同」獲益，不用太寄望過去有雙方公權力協助交流，可以由大陸官方直接接洽兩岸個人、企業與團體進行。王英津的分析很大程度體現了 2018 年以後習李當局對臺策略的特點。

伍、結語

政大東亞所與人大國關院舉辦兩岸和平研究學術研討會，可謂始終如一、風雨無阻，是兩岸中國研究最具代表性的制度化交流典範。其討論議題涉及面之廣、參與者代表性之周延、切入研析之深、持續辦理之毅力，不僅兩岸其他機制皆難出其右，且研討會超越了許多儀式性、績效性的活動，對十餘年來不同世代、校系、機構的參與者，都帶來了寶貴的切磋經驗和同行諒解。這種成果不僅是可度量的論文產出，更難得的是提供官方、業界等管道無法進行、無法取代的知識高度與高質量對話平台。而雙方卓見交錯激盪出的火花，又能相當程度超越不斷變動的兩岸政局，還不時成為領先指標。本文對兩岸和平研究學術研討會的成績，提出以下三點觀察，也可以提供國內外各界推動競爭政體間，雙方知識社群建設性互動的參考：

第一，開創循序漸進的制度化交流：從 1993 年由東亞所與人大黨史系合作，兩校校長率團在黃山召開會議，探討國民與共產兩黨的歷史，逐漸發展到學術理論與政策建議。從持續交流中累積互信。

第二，模糊與不超越底線：東亞所與人大國關院交流是兩岸交流默契與規範的典範。雙方清楚認識到模糊的性質、議題的尚未解決、持續運作的決心、可能導致關係破裂的紅線。例如 1999 年的學術研討會的名稱原來想以中國大陸政治與社會經濟發展為名，但是大陸方面認為不宜在臺灣討論這些議題，因此改為「跨世紀兩岸高等教育學者學術研討會」。會議得以順利進行，探討的議題與內容並未改變。雙方已經累積互信，不會跨越紅線，造成對方困擾，不僅是兩岸制度化交流的縮影，也是可行模式。

第三，功能性交流的外溢作用：人大國關院與政大東亞所的參與成員，也有部分在兩岸歷屆政府擔任重要黨政職務，參與兩岸事務的諮詢與決策。擴及其他研究單位和系所的人士（北大、清華、廈大、中國社科院臺研所、中國國際戰略基金會、中研院、臺大、師大、輔大、東吳、中山、淡江、銘傳、開南、致理等，以及大陸從北到南各省市參加主辦的重要院校等），甚至包含蔡英文、江丙坤、施明德、蘇起等退休資深政務官與政黨領袖、事務主管機關官員，都用主題演講等不同方式與會。除了理論探討之外，更有政策的建議功能。

本文限於篇幅與時間，只能在這條交流的長河中，酌取數個切片，佐證東亞所藉由與人大國關院認真切磋、誠懇交往取得的學術和實務成就。作者自我期許日後必將進行訪談與更多會議素材的蒐集，把研究對象漸次擴大到會議中的黨政、經濟、社會、文化等議題。也衷心期盼東亞所與人大國關院務必要持之以恆，把這個系列會議，代代相傳地辦下去。

附錄三

東亞所簡介與發展大事記

簡介

1967 年 2 月 14 日，中華民國總統　蔣中正先生召見中華民國國際關係研究所（本校國際關係研究中心前身）吳俊才主任，面示該所與國立政治大學合作籌辦一培養反共思想鬥爭人才之研究所，此乃本所肇始之源。1968 年秋，本所碩士班正式招生開課，成為臺灣第一個專門研究中國大陸問題的研究所，並由吳俊才主任兼任本所第一任所長。本所於 1981 年成立博士班，開始培養研究中國大陸問題之高階人才。隨著時代變遷，本所逐漸轉型為學術教學和研究單位，先後歷經隸屬法學院、社會科學院，並於 2001 年 8 月起，與外交學系、俄羅斯研究所共同組成國際事務學院。

本所所名指涉的「東亞」一詞，乃是中國大陸及其相鄰地區。故本所教學與研究的範圍，係以中國大陸為主，再適度涵蓋其他周邊區域。創所之初，主要培養「共黨理論」、「國際共黨運動」和「中國大陸問題」之學術研究暨政策分析的高級人才，並以東亞區域研究為輔。隨著世界局勢、中國大陸情勢與兩岸關係的演變，本所發展方向與研究重點也從早期的「匪情研究」轉變到「當代中國研究」，並進一步深化與擴展為「中國與東亞區域研究」。

本所累積逾半世紀中國研究的基礎，在歷任所長吳俊才、郭華倫、曹伯一、芮和蒸、趙春山、楊逢泰、張煥卿、施哲雄、邱坤玄、魏艾、李英明、寇健文、王信賢領導，以及所有專兼任老師努力下，揉和學科專業與區域研究、平衡學術與政策研究，在傳統研究基礎上，更強化社會科學訓練、鏈結國際的中國與東亞研究學術社群，以期培育具備專業分析能力和國際視野的「中國與東亞區域研究」暨「兩岸公共事務」人才。

大事記

■1968 年，中華民國國際關係研究所與國立政治大學合作，創辦本所碩士班。
■1968 年秋，於政治大學公企中心開班授課，閱讀資料則取自於中央日報大樓內部的國際關係研究所的資料中心，而學生宿舍則是公企中心附近的公寓。

■1969 年，設立「東亞問題研究班」（至 1975 年止，修學分不授予學位）。

■1970 年春，本所隨同國際關係研究所遷至文山區的萬壽路 64 號（現政治大學國際關係研究中心）。

■1979 年，本所教室及辦公室搬遷至獨立大樓。

■1981 年，本所成立博士班，開始培養中國大陸研究之高階人才。

■1981 年，教育部委託本所於暑假期間，培訓教授三民主義的中學老師，進行大陸事務之研究，為期五、六年。

■1987 年，政府解嚴，本所師生陸續赴中國大陸參訪和交流。

■1992 年夏，本所碩士班學生組團至中國大陸參訪，開兩岸學生組織性交流之先。

■1993 年 5 月，本所邀請社會科學院臺灣研究所、上海國際關係研究所、中國人民大學等相關學者參與本所舉辦之座談會，此為本所與大陸相關機構第一次之學術交流

■1993 年起，本所與本校公企中心合辦「大陸事務研究班」（至 2000 年）。

■1993 年 10 月，中國人民大學邀請本所教師至安徽黃山進行座談，議題為「第一次國共合作」，此為中國大陸第一次邀請本所教師赴大陸進行學術交流。

■1994 年起，本所所長首次由所內老師互選產生，改變之前由校長派任的作法。

■1995 年 8 月，本所邀請 14 位來自北京大學、中國人民大學、復旦大學、北京國際關係研究所等校學者，參與本所舉辦之「兩岸大學生文化交流──校園論壇兩岸社會發展學術研討會」，此為第一次大陸學者參與本所之學術研討會。

■1996 年 8 月，本所邀請 14 位來自中國人民大學、上海復旦大學、武漢大學、蘭州大學、浙江大學等校學者，參加本所舉辦之「兩岸新聞教育研討會」，此為第二次大陸學者參與本所之學術研討會。

■1999 年 6 月，本所邀請中國人民大學與其他大陸大專院校學者來臺參加二天一夜的「跨世紀兩岸高等教育學者學術研討會」，陸方由時任中國人民大學校長率團。

■2000 年 8 月，校本部綜合院館落成，本所由國際關係研究中心遷至政大校園內。

■2000 年 9 月，本所主辦「兩岸大學生文化交流：校園論壇」邀請中國人民大學、雲南大學、廣西大學、貴州大學及蘭州大學等校 20 名師生，來臺參加「廿一世紀人性關懷與追求研討會」以及臺灣學術及社會參觀訪問，此為本所首次邀請以學生為主的兩岸交流活動。

■2001 年 8 月，本所與外交系、俄羅斯研究所共同成立國際事務學院。

■2001 年 8 月，本所與中國人民大學共同合辦「國立政治大學與中國人民大學師生互訪團」，中國人民大學於 8 月中旬組團來臺訪問，本所則於 8 月底組團回訪，自此本所定期於暑假期間赴中國人民大學進行交流訪問。

■2001 年起，本所與政治大學公企中心合作成立「大陸事務碩士學分班」。

■2006 年，本所與中國人民大學國際關係學院共同倡議以「兩岸和平研究」為題，由兩校於兩地輪流舉辦學術研討會，此一交流模式延續迄今，為兩岸學界最穩定之制度化交流。

■2008 年起，本所碩士班入學新增推甄項目，讓入學管道更加多元。

■2016 年 2 月，本校為強化「教研合流」，鼓勵研究中心研究員轉任至教學單位，國際關係研究中心 5 位研究員轉任至本所擔任專任教師，進一步強化本所師資陣容。

■2016 年 12 月 25 日，舉辦吳俊才所長逝世二十週年紀念會。

■2018 年 6 月，本所組團赴韓國首爾，拜會本所韓國所友會，為本所成立五十年來首次組團訪韓。由於該年為東亞所成立五十週年，本次交流活動也為東亞所五十週年所慶系列揭開序曲。

■2018 年 12 月 21～22 日，舉辦東亞所五十週年所慶系列活動，分別與東亞所韓國所友會合辦「大國競逐中的東亞局勢」研討會、與中國人民大學黨史系合辦「中共黨史論壇」、與中國人民大學國際關係學院合辦第十四屆「兩岸和平研究」學術研討會，並舉辦「東亞所五十週年紀念會暨所慶餐會」。

國家圖書館出版品預行編目資料

從一所看一學科：政大東亞所與臺灣的中國大
　陸研究／政治大學東亞所著. -- 初版. --
臺北市：五南, 2019.12
　面；　公分
　ISBN 978-957-763-783-3（平裝）

　1.國立政治大學東亞研究所　2.中國大陸研
究　3.文集

525.833/101　　　　　　　　108020190

1PSA

從一所看一學科：政大東亞所與臺灣的中國大陸研究

作　　者 ― 政治大學東亞所

發 行 人 ― 楊榮川

總 經 理 ― 楊士清

總 編 輯 ― 楊秀麗

副總編輯 ― 劉靜芬

責任編輯 ― 林佳瑩

封面設計 ― 悠遊設計有限公司

出 版 者 ― 五南圖書出版股份有限公司

地　　址：106台北市大安區和平東路二段339號4樓

電　　話：(02)2705-5066　　傳　　真：(02)2706-6100

網　　址：http://www.wunan.com.tw

電子郵件：wunan@wunan.com.tw

劃撥帳號：01068953

戶　　名：五南圖書出版股份有限公司

法律顧問　林勝安律師事務所　林勝安律師

出版日期　2019年12月初版一刷

定　　價　新臺幣380元